Christina Thompson
Der Ruf des Kriegers

W0051566

PIPER

Zu diesem Buch

Als Christina Thompson zum ersten Mal nach Neuseeland
reist, will sie dort eigentlich nur ausspannen. Doch sie lernt
den Maori Seven kennen, verliebt sich in ihn, und bereits ein
Jahr später heiraten die beiden. Schnell erweist sich ihre Ehe
jedoch als ein wahrer Drahtseilakt. Ihre Wertvorstellungen
und Lebensentwürfe unterscheiden sich wie Tag und Nacht:
Christinas Leben basiert auf Vernunft und Rationalität, Seven
hingegen glaubt, dass die Toten uns im Traum besuchen
kommen, dass unser Ursprung in einem mythischen Land
namens Hawaiki liegt, und er lässt sich von Moment zu Moment treiben. Dennoch versuchen die beiden, sich eine gemeinsame Welt zu schaffen, eine Welt, die diese Unterschiede aufzufangen und in ein harmonisches Miteinander
zu verwandeln vermag. Eine Entdeckungsreise in die faszinierende Welt der Maori und der Versuch einer Versöhnung
mit einer fremden, magischen Kultur.

Christina Thompson, geboren 1959 in
Lausanne, wuchs in Boston auf. 1984
begann sie ihr Studium an der Universität von Melbourne. In dieser Zeit bereiste sie verschiedene pazifische Inseln, darunter auch Neuseeland, wo sie
ihren maorischen Ehemann kennenlernte. Christina Thompson lebt heute
mit ihm und ihren drei Kindern in
Boston und ist Herausgeberin einer
Zeitschrift in Harvard.

Christina Thompson

Der Ruf des Kriegers

Mein Leben mit einem Maori

Aus dem Amerikanischen von
Marion Hertle

Piper München Zürich

Mehr über unsere Autoren und Bücher:
www.piper.de

Mix
Produktgruppe aus vorbildlich bewirtschafteten
Wäldern und anderen kontrollierten Herkünften
www.fsc.org Zert.-Nr. GFA-COC-001223
© 1996 Forest Stewardship Council

Ungekürzte Taschenbuchausgabe
Januar 2010
© 2007 Christina Thompson
Titel der amerikanischen Originalausgabe:
»Come on Shore and We Will Kill and Eat You All«, Bloomsbury, USA 2008
Published in agreement with the author, c/o Baror International, Inc.,
Armonk, New York, USA
© der deutschsprachigen Ausgabe:
2007 Piper Verlag GmbH, München,
erschienen im Verlagsprogramm Pendo
Umschlaggestaltung: Cornelia Niere, München
Umschlagabbildung: Mike Powell / Getty Images (Porträt)
und Laif / Arno Gasteiger (Landschaft)
Autorenfoto: Meg Birnbaum
Satz: Fotosatz Reinhard Amann, Aichstetten
Papier: Munken Print von Arctic Paper Munkedals AB, Schweden
Druck und Bindung: CPI – Clausen & Bosse, Leck
Printed in Germany   ISBN 978-3-492-26346-7

Für Aperahama, Matiu und Dani Matariki

Die Zeit ist eine Landschaft,
eine Ebene unverbundener Seen, aus der Luft gesehen.
Annie Dillard, *Living by Fiction*

Inhalt

Anmerkung der Autorin

Dieses Buch ist eine Mischform aus einem historischen Roman und meiner persönlichen Lebensgeschichte und als solches bleibt es in einigen Teilen bei der Wahrheit und weicht in anderen von ihr ab. Ich habe versucht, mich sehr gewissenhaft an die historischen Fakten zu Neuseeland und den USA zu halten, und habe – abgesehen von ein oder zwei kleinen Ausnahmen – in den geschichtlichen Textteilen die richtigen Ortsnamen verwendet und historische Persönlichkeiten eingesetzt. Jegliche Irrtümer oder Unstimmigkeiten sind mein Fehler. Außerdem habe ich mir die Freiheit genommen, immer dann, wenn es um meine eigene Familie geht, die wirklichen Namen zu verwenden, also bei meinem Mann, meinen Kindern, meinen Eltern, meinen Großeltern und so weiter. Bei der Familie meines Mannes allerdings – und damit meine ich nicht entfernte Angehörige, von deren Leben nurmehr die Geburts- und Sterbedaten bekannt sind, sondern seine lebenden oder kürzlich verstorbenen Verwandten – bin ich mit meinem Material anders umgegangen. Es ist nicht ihre Geschichte, die ich erzähle, sondern meine; sie würde sich zweifellos vollkommen anders lesen, wenn sie einer von ihnen erzählen würde, und ich empfinde es nicht als angemessen, sie zu eng an meinen Text zu binden. Deshalb habe ich ihre Namen, die Namen der Orte, aus denen sie stammen, und die Einzelheiten ihrer Geschichte verschlüsselt.

Man könnte einwenden, dass diese Unterscheidung übergenau sei, und dass, was für die eine Seite gilt, auch für die andere gelten sollte. Aber in all diesen Jahren habe ich mit den Folgen des Kolonialismus gelebt und mir viele Gedanken darüber gemacht. Ich glaube, dass diese kleine Geste des Respekts, das Angebot dieses kleinen Schutzes, das Mindeste ist, was ich für diese Menschen tun kann, die sich mir gegenüber ausnahmslos freundlich und großzügig gezeigt haben und die, als sie mit mir sprachen und mir ihre Geschichte erzählten, niemals damit rechneten, sich als Charaktere in einem Buch wiederzufinden.

Prolog: Neuseeland, 1642

18. Dezember 1642: Die Sonne ist vor einer Stunde untergegangen, es ist zehn Uhr nachts oder vielleicht halb elf. Am Himmel ist im Westen noch ein letzter Lichtstreifen zu sehen. Die Besatzungen der beiden Schiffe *Heemskerck* und *Zeehaen* können das Licht vieler Feuer an der Küste erkennen und vier Kanus, von denen zwei in der sich herabsenkenden Dämmerung auf sie zuhalten. Dies sind nicht die ersten Anzeichen dafür, dass diese Insel oder dieser Kontinent – was es ist, wissen sie noch nicht – bewohnt ist, aber es ist das erste Mal, dass sie nahe genug sind, um Menschen zu erkennen.

Fünf Tage lang waren die beiden Schiffe an der Küste entlang Richtung Norden gesegelt, das offene, weite Meer mit starkem Wellengang und schäumenden Brandungswellen zu ihrer Linken, ein bergig aufragendes, von tiefliegenden Wolken verhülltes Land zu ihrer Rechten. Sie hatten sich in einigem Abstand vom Ufer gehalten, damit sie nicht vom plötzlich auffrischenden Südwestwind an die Küste getrieben würden. Um sicher an Land gehen zu können und herauszufinden, was für ein Land sie hier überhaupt entdeckt hatten, hielten sie Ausschau nach einer umgrenzten Bucht oder einem geschützten Hafen. Sie brauchten Holz und Wasser, frische Lebensmittel, Wild und Gemüse. Als die beiden Schiffe auf eine lange, flache Sandbank stießen, die sich östlich um eine große, offene Bucht wand, wurde der Schiffsrat einberufen und der Entschluss gefasst zu landen.

Die zwei Schiffe waren im August von dem holländischen Außenposten Batavia, das im heutigen indonesischen Archipel liegt, in See gestochen. Unter dem Kommando von Abel Janszoon Tasman, einem Kapitän im Dienst der Niederländischen Ostindien-Kompanie, war es ihre Mission, zu erkunden, was südlich von Java zwischen dem Indischen Ozean und der Küste der Neuen Welt liegt. Mit den Winden waren Tasmans Schiffe nach Westen und Süden bis nach Mauritius gesegelt und hatten dabei einen großen Bogen durch den Indischen und Antarktischen Ozean beschrieben. Als sie am südlichen Breitengrad nach Osten drehten, passierten sie eine Region, die weitgehend unerforscht war. Sie segelten südlich an Australien vorbei, ohne von dem Kontinent Notiz zu nehmen, und erreichten zum ersten Mal Land bei der Insel, die heute als Tasmanien bekannt ist. Zu Ehren des Generalgouverneurs von Niederländisch-Ostindien tauften sie sie Van Diemensland.

Hier legten sie lange genug an, um Rauch und Feuerzeichen wahrnehmen zu können. Von irgendwoher konnte man Menschen singen und einen Gong schlagen hören. Im Wald fanden sie Kerben, die im Abstand von anderthalb Metern in Bäume geschlagen waren, und weil sie diese für Stufen hielten, glaubten sie, die Menschen müssten Riesen sein. Aber die tasmanischen Aborigines blieben versteckt, »mit wachsamen Augen auf unser Vorgehen«, so glaubten zumindest die nervösen Holländer. Jedenfalls bot die Insel nichts von Interesse, weshalb Tasman wieder die Segel setzen ließ, um weiter nach Osten vorzudringen. Acht Tage später sichteten sie »eine große Landmasse mit starker Bodenerhebung«: der erste überlieferte Blick Europas auf Neuseeland.

Am Abend des 18. Dezember gingen sie bei 15 Faden Tiefe vor Anker. Der Wind schwächte mit der untergehenden Sonne ab und eine Stunde lang legte sich eine Flaute über die See, nur gestört von Stimmen und dem Spritzen von Rudern. Die Boote der *Zeehaen* wurden ausgeschickt, um die Bucht auszukundschaften, und als sie mit dem sich senkenden Licht zurückkehrten, folgten ihnen in einigem Abstand zwei Kanus. Diese näherten sich den holländischen Schiffen bis auf einen Steinwurf und hielten dort, auf den Wellen schaukelnd, inne. In beiden Kanus befanden sich jeweils ein Dutzend gut gebauter Männer von durchschnittlicher Größe; ihre Haut hatte eine Farbe zwischen braun und gelb und ihr dickes schwarzes Haar war zu einem Zopf nach Art der Japaner gebunden. Ihre Oberkörper waren nackt, aber um die Hüften trugen sie eine Art Matte oder Kleidung.

Nach einer Weile erhebt sich ein Mann im Bug des größeren Kanus und ruft mit kehliger Stimme Worte, denen niemand an Bord der Schiffe einen Sinn abgewinnen kann. Der Maat des Kapitäns ruft ihm auf Holländisch etwas zu; dann hebt der Mann im Kanu etwas an seine Lippen und bläst – ein Geräusch, das für die Seefahrer klingt wie eine maurische Trompete. Der zweite Offizier der *Zeehaen*, der als Trompeter nach Ostindien gekommen war, wird geschickt, um sein Horn zu holen und eine Melodie zu spielen. Dieser Austausch wird einige Male wiederholt, und als es schließlich zu dunkel ist, um noch etwas zu erkennen, wenden die Kanus und paddeln zurück an die Küste. Weil er sich bezüglich ihrer Absichten unsicher ist, lässt Tasman eine doppelte Wache aufstellen und sorgt dafür, dass die Männer Musketen, Piken und Degen bei sich tragen.

Früh am nächsten Morgen nähert sich ein Kanu mit 13 Männern. Die holländischen Seefahrer lehnen sich über die Reling und zeigen weißes Leinen und Messer, um Zeichen zu geben, dass sie mit ihnen handeln wollen. Aber die Eingeborenen bleiben auf Abstand und machen nach einer Weile wieder kehrt. Tasman beruft eine Offiziersversammlung ein und beschließt, mit den Schiffen anzulegen, weil »diese Menschen (offenbar) Freundschaft suchen«, wie er in seinem Tagebuch vermerkt.

Aber kaum ist diese Entscheidung gefallen, legen sieben Kanus vom Strand ab und eilen über das Wasser auf sie zu. Der Schiffskapitän der *Zeehaen*, der an Bord der *Heemskerck* gegangen war, wird nervös, weil er seine Besatzung ohne Aufsicht zurückgelassen hat, und schickt seinen Steuermann Cornelis Joppen im Beiboot zurück, mit dem Befehl an die Unteroffiziere, Wache zu stehen. Mittlerweile haben die Kanus die Schiffe erreicht und positionieren sich auf beiden Seiten.

Joppen überbringt seine Nachricht, steigt wieder in das Beiboot und gibt den Ruderern Befehl, zum Schiff des Kommandeurs zurückzukehren. Unverzüglich hält das nächstgelegene Kanu in wilder Fahrt direkt auf ihn zu. Joppen sitzt mit dem Rücken zu dem Kanu und sieht es zunächst gar nicht kommen. Die Seefahrer an Bord des Schiffs schlagen Alarm, aber auch die Eingeborenen in den anderen Kanus rufen und schwenken ihre Paddel in der Luft. Das Kanu fliegt über das Wasser und rammt das Beiboot so stark, dass zwei der Seefahrer ins Meer geschleudert werden. Joppen selbst wird im Boot herumgeworfen und greift nach dem Dollbord, aber ein Eingeborener stößt ihm einen Spieß in den Nacken und zieht ihn über Bord. Die übrigen Eingeborenen springen aus ihren Kanus, stürzen sich mit Knüppeln und Gebrüll auf die Seemänner und prügeln so heftig auf ihre Köpfe ein, dass drei Seefahrer sofort sterben; ein vierter bleibt blutend im Boot liegen.

Joppen und zwei Seeleute schaffen es davonzuschwimmen, die Schaluppe wird ausgeschickt, um sie zu retten. Die Eingeborenen versenken eine der Leichen und holen die andere in ihr Kanu. Die Holländer eröffnen daraufhin mit ihren Musketen und Kanonen ein heftiges Feuer, verfehlen aber ihr Ziel und die Eingeborenen kehren ohne Verluste an den Strand zurück. Der Skipper der *Heemskerck* wird losgeschickt, um das Beiboot mit seiner schrecklichen Fracht von toten und sterbenden Männern wieder einzuholen, und Tasman gibt den Befehl, die Segel zu setzen, weil man »mit diesen Menschen keine Freundschaft schließen kann«.

Die Schiffe lichten die Anker und setzen sich in Bewegung, aber die Seefahrer bemerken, dass sich in der Ferne eine Flotte von 22 Kanus wie Gewitterwolken zusammenbraut. Die Kanus, die viel schneller und beweglicher sind als die schweren Schiffe, kommen mit erschreckender Geschwindigkeit näher, offenbar mit der Absicht, den Eindringlingen den Weg abzuschneiden, bevor sie aus den Umgrenzungen der Bucht fliehen können. Die Niederländer warten ab, bis die Eingeborenen in Reichweite sind, und feuern dann; diesmal erzittern die Kanus unter den Schüssen und ein Mann, der im vordersten Kanu mit einer kleinen weißen Flagge in der Hand steht, wird getroffen. Sofort hören die Eingeborenen auf zu paddeln. Die Holländer ziehen alles an Segeln auf, was sie zur Verfügung haben, die *Heemskerck* und die *Zeehaen* segeln davon und lassen die Maori-Armada zusammen mit den Leichen zweier ihrer Männer zurück.

Tasman beruft ein Treffen des Schiffsrats ein und geht dann unter Deck, um seinen Bericht der Ereignisse zu Papier zu bringen. »Die grauenvolle Tat der Eingeborenen an vier Besatzungsmitgliedern der *Zeehaen* heute Morgen wird uns eine Lehre sein; wir betrachten die Einwohner dieses Landes als Feinde.« Den Schauplatz ihres Aufeinandertreffens nennt er die Mörderbucht.

1. Paihia

Wenn man bei Boston eine Hutnadel in den Globus steckt und sie durch das Zentrum der Erde schiebt, kommt sie ganz nahe bei der Bay of Islands wieder hervor. Die ersten Europäer, die sich südlich des Äquators begeben haben, erwarteten dort eine Art Spiegelwelt vorzufinden, umgekehrt aber wiedererkennbar – Menschen, die ihnen selbst ähnlich waren, aber vielleicht auf den Händen gingen, oder Ähnliches. Natürlich wurden diese Erwartungen enttäuscht, auch wenn es dort Vögel gab, die sich zu Fuß fortbewegten, und Tiere, die flogen, Bäume, die ihre Rinde verloren und ihre Blätter behielten, Teiche mit blubberndem Schlamm und andere Wunder. Aber noch heute wirken die Antipoden auf uns etwas befremdlich, als ob die Zeit stehen geblieben wäre oder in die andere Richtung laufen würde, als ob man unter einem anderen Himmel eine andere Luft atmete.

Als ich zum ersten Mal in Neuseeland war, war ich als Touristin dort. Seit etwa drei Jahren lebte ich damals am Pazifik und studierte an der Universität von Melbourne. Nachdem ich Weihnachten mit meiner Familie in den USA verbracht hatte, war ich auf dem Rückweg nach Australien. Ich reiste alleine und hatte keine Pläne, außer irgendwo eine Woche Urlaub zu machen, und Neuseeland, Tahiti oder Rarotonga lagen auf dem Weg. Die Inseln hatte ich schon bei anderen kurzen Trips besucht, und ich sehnte mich nach etwas Unkompliziertem, einem Ort, an dem ich mich vor dem Beginn des neuen akademischen Jahres ein paar Tage entspannen konnte. In der Touristeninformation in Auckland schlug man mir die Bay of Islands vor. »Es ist wunderbar dort oben«, sagte das Mädchen am Schalter mit einem sehnsüchtigen Seufzer. Also besorgte ich mir ein Ticket nach Whangarei und stand am nächsten Morgen sehr früh auf, um den Linienbus nach Norden zu erwischen.

Im Bus waren außer mir nur wenige Passagiere, alle im Halbschlaf. Die ersten beiden Sitzreihen waren mit Postsäcken und Paketen belegt. Ich suchte mir einen Platz im hinteren Teil und beobachtete, wie wir von einem stillgelegten viktorianischen Bahnhof aus abfuhren. Bald stand die Sonne hoch am Himmel und der Tag versprach klar und heiß zu werden.

Wir verließen die Stadt durch ein Industriegebiet, in dem sich niedrige Wellblechhütten, Maschendrahtzäune, aufgebockte Boote und kolossale rostende Maschinen nebeneinander aufreihten. Wir passierten ein blau angestrichenes, dreistöckiges viktorianisches Hotel an der Ecke, das Golden Dragon China-Restaurant und den weiten leeren Parkplatz von Park 'n Pay. Dann gelangten wir in die Randbezirke der Stadt mit unzähligen Reihen kleiner Holzhäuser, gelb und weiß, alle mit einer Betontreppe, einem Fleckchen Hof und einer Wäschespinne, die in der Sonne schimmerte. Alle paar Straßen gab es einen kleinen Laden an der Ecke, der bereits geöffnet hatte; die Schlagzeilen schmetterten in zehn Zentimeter großer Schrift von Postern ihre Nachricht in die Welt – FINANZMINISTER GEFEUERT; FRANZOSE IN DIPLOMATIE-SKANDAL VERWICKELT. Ich erhaschte einen Blick auf trostlose Einrichtungen hinter flatternden Plastikstreifen – die Fliegengitter der Armen.

Fast vier Stunden lang bahnten wir uns unseren Weg nach oben über steile, vulkanische Berghänge zwischen überwucherten Flecken einheimischen Buschwerks und Dickichten aus Manuka und Riesenfarnen. Auf der anderen Seite ging es, begleitet vom Protestgeheul des Motors, wieder bergabwärts in eine Landschaft, die sich vor uns ausbreitete wie ein Gemälde aus dem 19. Jahrhundert. Die Namen von Vororten und Kleinstädten flogen vorbei: Kamo, Hikurangi, Whakapara, Waiotu, Moerewa. Ich habe sie in meinem Lexikon für Ortsnamen nachgeschlagen: *Kamo* – brodeln, eine Beschreibung für heiße Quellen; *Hikurangi* – Gipfel oder Krone des Himmels; *Whakapara* – eine Lichtung in den Wald schlagen; *Waiotu* – Quelle oder Teich von Tu, dem Gott des Krieges; *Moerewa* – schweben wie ein schlafender Vogel, oder auch weit oben schlafen. Dazwischen leeres Land. Ohne den natürlichen Pflanzenbewuchs erschien es glatt und kahl. Staubfarbene Schafe weideten an Hängen, die mit Grasstoppeln und uraltem Geröll von Vulkanausbrüchen bedeckt waren. In den Tälern und Spalten leuchtete das Gras erstaunlich grün, auf den Hügeln aber war es durch den heftigen neuseeländischen Sommer in ein goldenes Braun verfärbt worden. Hie und da gab es Höfe und ein oder zwei Mal schimmerte das Meer in der Ferne.

In Puketona verließen wir die Hauptstraße und nahmen eine steile Abfahrt in eine verschlungene, dunkel überschattete Schlucht, die sich plötzlich in eine blendende Welt aus Sonne und Wasser öffnete. *Willkommen in Paihia*, stand auf einem Schild am Straßenrand, *Juwel der Bay of Islands*.

Paihia ist kein Maori-Name. Man nimmt an, dass es ein Pidgin-Wort ist: *pai* bedeutet »gut« auf Maori, während *hia* möglicherweise die Transkription des englischen Wortes »here« ist. Einer beliebten Geschichte zufolge soll Reverend Henry Williams, der hier 1823 eine Mission gründete, bezaubert von dem Anblick, ausgerufen haben »*Pai* here!«, was so viel heißen sollte wie »Was für ein schöner Ort!« oder »Wie wunderbar, hier zu sein!«. Experten jedoch melden ihre Zweifel an dieser Erklärung an, mit dem Argument, dass sie zu gut sei, um wahr zu sein. Mindestens zwei frühe Berichterstatter hatten eine andere Schreibweise gewählt, nämlich *Pahia*, was auf Maori »schlagen« oder »klatschen« bedeutet.

Heutzutage ist Paihia eine enge Straße voller Imbissbuden, Cafés, Strandpensionen und Betonwohnungen, ein blass-gemustertes Gitternetz von Balkonen und Markisen vor dem Hintergrund eines brütenden urzeitlichen Buschlandes. Auf der anderen Straßenseite erstreckt sich der Pazifik. Nicht das offene Meer, sondern die Bay of Islands – ein erhaben-schöner Wasserstreifen mit Dutzenden von Inselchen und einer verzweigten, mäandernden Küstenlinie. 1769 wurde er von Kapitän James Cook getauft, er war der erste Europäer, der die Bay of Islands je gesehen hat.

Mein Bus kommt am Rand der Werft rumpelnd zum Stehen. Alle Passagiere steigen aus und bleiben blinzelnd draußen stehen, strecken sich und setzen ihre Hüte auf oder schirmen mit der Hand ihre Augen ab. Ich bleibe einen Moment lang sitzen, schaue auf das glitzernde Meer und denke an den langen Bogen der Januarsonne, wenn sie sich auf den Weg in die südliche Hemisphäre macht. In Boston, wo ich gerade herkomme, war es um 16.30 Uhr stockdunkel.

Nach einer Minute streckt der Busfahrer seinen Kopf herein und fragt: »Kann ich Ihnen mit etwas behilflich sein?«

Ich steige aus dem Bus und laufe bis zur Pier. Zu meiner Rechten ragt ein Küstenarm weit in die Bay hinaus, in den sich ein kleiner Hafen schmiegt. Ein paar Yachten tanzen verankert auf dem Wasser und ich kann das leise melodische Klacken von Seilen hören, die an Aluminiummaste schlagen. Zu meiner Linken liegen die offene Bucht und Myriaden kleiner Inseln, die wie Bergspitzen eines versunkenen Kontinents aus dem Meer ragen. Die leuchtend bunten Spinnaker Dutzender Boote blähen sich im Wind, aber die Luft am Ufer ist ruhig und die Sonne brennt heiß am wolkenlosen Himmel.

In Australien habe ich oft am Strand gestanden, auf das Meer geblickt und darüber nachgedacht, wie es wohl gewesen sein muss, den allerersten Blick auf diese Orte zu werfen. Ein seltsamer Gedanke, denn der Blick von da, wo ich stand, war das Gegenstück dessen, was die ersten Europäer gesehen hatten. Sie hielten das, was sie vom Meer aus sahen, in sanft-welligen Querschnitten fest und vermerkten jede markante Formation, die für künftige Seefahrer nützlich sein konnte. Für sie war es ein felsiger Küstenstreifen, kilometerweites unergründliches grünes Buschland, eine Reihe von möglichen Anlegeplätzen, Zugängen und Buchten, an denen man Wasser tanken konnte und wo man sich vor Riffen und Sandbänken in Acht nehmen musste. Vor mir, die ich mit dem Rücken zu den Klippen stand, breitete sich eine große leere Weite aus, eine Spanne der Möglichkeiten, die sanfte Krümmung des Horizonts am Rand des Meeres. Trotzdem glaube ich etwas von der Erwartung nachfühlen zu können, die diese frühen Abenteurer empfunden haben müssen, wenn sie sich zum ersten Mal einer unbekannten Küste näherten.

Der Pazifik war für Europäer eine unglaubliche Herausforderung: so weit weg und schwer zu erreichen, und als sie ihn endlich erreichten – so unermesslich groß. Die frühen Entdecker hatten im Verlauf einer Reise, die Jahre dauern konnte, mit Skorbut, Hunger und Durst zu kämpfen, von der mangelnden Orientierung ganz zu schweigen. Aber nicht nur die Größe des Pazifiks sorgte für Verwirrung. Es war seine Leere – ein Umstand, der sie umso mehr peinigte, als sie überhaupt nicht damit gerechnet hatten.

Jahrhundertelang zeigte die Weltkarte im Süden eine riesige geheimnisvolle Landmasse, bevölkert von Menschen mit seltsamen Hüten oder Hundeköpfen, die Speere schleuderten und Götzen anbeteten. Man nannte sie *Terra Australis Incognita*, das unbekannte Südland, oder in der optimistischeren Variante *Terra Australis Nondum Cognita*, das noch nicht bekannte Südland. Die Existenz dieses Landes blieb 500 Jahre lang ein Glaubensartikel unter den europäischen Geografen.

Laut der damals gängigen Theorie, die zuerst von den Griechen formuliert wurde, musste es im Süden einen Gegenpol von ähnlichem Gewicht zu den Landmassen im Norden der Erdkugel geben; andernfalls würde die Erde umkippen. Aber obwohl europäische Entdecker den Pazifik durchkreuzten, angefangen 1520 mit Magellan, blieb das große Südland hartnäckig außer Reichweite. Man kannte kleine Teile von Australien, die Spitze von Tasmanien, die Küste von Neuseeland, hie und da eine Insel, aber bis weit hinein ins 18. Jahrhundert hatte niemand einen wirklichen Überblick. Ohne eindeutig gegenteilige Beweise hingen viele weiterhin der Idee eines reichen und wunderbaren Landes irgendwo in der Südsee an.

Doch auch wenn die Europäer nie die Hoffnung aufgaben, auf einen großen, wunderbaren Ort zu stoßen, wurden sie von der Erfahrung immer wieder enttäuscht. Die Solomoninseln entpuppten sich als Heimat von Kannibalen. Australien war nach Ansicht des Holländers Jan Cartensz, der es im 16. Jahrhundert als Erster besuchte, das »trockenste und dürrste Gebiet, das man auf Erden finden kann«, wogegen Neuseeland von einem Volk bewohnt war, das laut Abel Tasman so heimtückisch und kriegerisch war, dass sich jeder, der dort anlegen wollte, seinen Weg zum Ufer erkämpfen musste.

Natürlich hat all das die Europäer nicht davon abgehalten, dorthin zu reisen – ganz im Gegenteil –, aber es hat sie gelegentlich innehalten lassen, wenn sie in den Morgennebel blickten und versuchten herauszufinden, ob der Fleck am Horizont die Küste eines unentdeckten Landes oder der Rand einer tiefliegenden Wolke war; zweifellos warf es die Frage auf, welche Art von Menschen sie treffen würden, wenn sie sich einem unbekannten Küstenstreifen näherten.

Ich warf einen letzten langen Blick über die Bucht und machte mich über den Pier auf den Weg zurück zum Bus. Die anderen Passagiere waren in der Masse von Touristen und Einkäufern auf der gegenüberliegenden Straßenseite verschwunden. Einen Augenblick lang spielte ich mit dem Gedanken, ihnen zu folgen. Es war ein sehr ansprechender kleiner Ort, touristisch aber authentisch, wie es so manches Küstenstädtchen ist – ein Ort an dem man sich gut vorstellen kann zu bleiben. Aber die Fahrkarte in meiner Hand war nicht für Paihia, sondern für ein

Landwirtschaftszentrum im Landesinneren mit dem Namen Kerikeri, wo ich mir in einem, wie es jetzt schien, unglücklichen Versuch, etwas Geld zu sparen, ein Bett in einer Jugendherberge gebucht hatte.

Der Fahrer saß schon auf seinem Platz und nickte mir zu, als ich wieder in den Bus stieg. Wir waren allein und sobald ich mich gesetzt hatte, schloss er die Tür und fädelte unseren Bus in den Stadtverkehr ein.

Wir fuhren an einer Reihe von Souvenirläden und Cafés vorbei, an einigen Maklerbüros, einem Fotosofortentwickler, ein paar Restaurants, einem Friseur und einer Bank. Es gab Schilder für unzählige Pensionen, in denen ich hätte bleiben können: Dolphin, Outrigger, Nautilus, Admiral's View. Eine trug den schönen Namen »Cook's Lookout«, eine andere war seltsam ironisch mit »Abel Tasman Lodge« überschrieben. Aber der Ort ist nicht besonders groß und schnell waren wir am Ende von Paihia angelangt. Als wir über die Waitangi-Brücke zockelten, ließen wir Pensionen und Spinnaker hinter uns und näherten uns wieder dem grünen und schattigen Buschland.

Kerikeri, unter den Missionaren besser bekannt als »Kiddykiddy«, liegt von der Bay of Islands aus stromaufwärts, gleich jenseits der schiffbaren Wassertiefe des Kerikeri-Flusses. Ein bekanntes Missionshaus steht dort und das ältestes Steingebäude Neuseelands; von beidem nicht weit entfernt befinden sich die Ruinen eines *pa*, eines Maori-Dorfes, das vor Ankunft der Europäer *Te Waha-a-te-riri*, oder »Mund des Krieges« genannt wurde.

Das Landesinnere der Bay of Islands befindet sich auf 35 Grad südlicher Breite, ist windgeschützt und bietet ausreichend Feuchtigkeit – ein Paradies für Gärtner. Charles Darwin besuchte die Region im Dezember 1835 auf dem Heimweg seiner Reise mit der *Beagle* und berichtet von Gerste und Weizen in voller Ähre, von Kartoffelfeldern und Klee. »Es gab große Gärten«, schrieb er, »mit jeder Frucht, jedem Gemüse, das England hervorbringt, dazu viele, die einem wärmeren Klima angehören ... Spargel, Stangenbohnen, Gurken, Rhabarber, Äpfel, Birnen, Feigen, Pfirsiche, Aprikosen, Trauben, Oliven, Stachelbeeren, Brombeeren, Hopfen, Steckginster als Zäune und englische Eichen; dazu vielerlei Blumen.« In Kerikeri, was wörtlich »graben, graben« bedeutet, wird all das noch immer angepflanzt und vieles mehr; darunter auch viele Früchte, die den Europäern zu Zeiten Darwins noch gar nicht bekannt waren, wie die Passionsfrucht, die brasilianische Guave und die Tamarillo (Baumtomate).

Wie viele andere Städte ist auch Kerikeri in konzentrischen Kreisen aufgebaut. Im Zentrum gibt es eine kleine Einkaufsmeile mit einer Handvoll Läden, einem Zeitschriftenkiosk, ein paar Banken, einem Waschsalon, einem Supermarkt, einer Post und einer Kneipe. Um dieses Zentrum schließt sich ein Ring von Seefahrts- und Landwirtschaftsgeschäften: Traktorenhändler, Reifencenter und Garagen, wo man Bootsmotoren überholen lassen kann. Dann folgt ein vorstädtischer Gürtel aus Farmen und Bungalows, hinter denen sich die gewerblichen Obstplantagen und Landwirtschaftsbetriebe erstrecken.

Kerikeri ist eine florierende Stadt mit dem Flair von solider Mittelklasse. Ein beträchtlicher Teil der Bevölkerung besteht aus ortsansässigen Bauern und Geschäftsleuten, viele dieser Familien leben schon seit Generationen in der Gegend. In den letzten Jahren sind einige Neuankömmlinge dazugestoßen: Rosenzüchter, Hobbygärtner und gut betuchte Rentner, die von der Region wegen des sanften Klimas und der gefälligen Lebensweise angelockt werden. Dabei überrascht es ein bisschen, dass Kerikeri außerdem die Heimat einer wachsenden alternativen Gemeinschaft ist. Zwischen den Verkaufsständen der Farmen an der Straße nach Whangarei finden sich einige Töpfer- und Holzarbeitswerkstätten. Es ist nicht schwer, jemanden aufzutreiben, der Shiatsu oder Aromatherapie anbietet, und mindestens einer der Läden in der Stadt verkauft indische Baumwolle, Kristalle und CDs mit heilender Musik.

An bestimmten Wochentagen versammeln sich viele Maori in Kerikeri. Sie sitzen in geparkten Autos und plaudern durch die Fenster. Sie kaufen Fish 'n' Chips zum Mitnehmen und essen sie aus Zeitungspapier im Park. Sie verschwenden ihr Geld beim Lotto oder für Maßgeschneidertes, für Erbsen mit Soße, Rosinenbrötchen und Bierkästen.

Die meisten Maori leben außerhalb der kleinen Länderein, hinter den Obstgärten und Farmen, dort, wo die asphaltierte Straße in Kies übergeht, in kleinen Restblöcken von Stammesland. Ein paar dieser Gemeinschaften befinden sich im Landesinneren, aber die meisten liegen versteckt am Meer, in einer geschützten Biegung der Küstenlinie oder im hintersten Winkel einer Bucht. Viele dieser Siedlungen sind nach neuseeländischen Maßstäben sehr alt und reichen bis weit vor die Ankunft der Europäer zurück; und ein Großteil der Menschen, die dort heute leben, sind direkte Nachfahren derer, die dort vor Hunderten von Jahren lebten. Obwohl sie nicht wirklich verborgen sind, sind diese Orte schwer auszumachen. In den Broschüren der Touristeninformationen und in Reiseführern kann man viel über die Geschichte der Maori nachlesen, und es gibt Karten, die den Weg zu den Ruinen des Kororipo *pa* oder dem nachgebauten Dorf Rewa weisen. Aber es gibt nur sehr spärliche Hinweise auf die Orte, wo die einheimischen Maori tatsächlich leben.

Ich habe knapp eine Woche in Kerikeri verbracht, den Großteil der Zeit alleine. Ich bin den Pfad zu den Rainbow-Wasserfällen gewandert und die Hügel hinab zur Anlegestelle Waipapa Landing gelaufen, um mir das Kemp House und den Stone Store anzusehen. Ich habe das Kunst- und Handwerkszentrum und eine auf Lavendel und Kochkräuter spezialisierte Baumschule besucht. Ich saß im Café an der Kerikeri-

Straße und habe im Zeitungsladen gegenüber gestöbert, wo ich eine erstaunlich gute Auswahl an Büchern fand.

Wenn ich reise, bin ich immer auf der Suche nach Büchern, stets nehme ich auch ein paar meiner eigenen Bücher mit. Vor allem eines hatte ich zu jeder Pazifiküberquerung dabei: eine zerlesene Ausgabe von *The Spell of the Pacific* von 1949, die mir mein Bruder geschenkt hatte, als ich zum ersten Mal die USA verließ. Die Ausgabe hat einen zerschlissenen, etwas reißerischen Umschlag. Die lilafarbenen Berge einer hochragenden Insel mit grüner Küste bildeten den Hintergrund. Vorne war eine Gruppe von Kanus mit lateinischer Besegelung auf einer korallenfarbenen See, umrahmt von etwas Strandhafer und einem Saum schwarzer Palmen zu sehen. Darin enthalten waren unzählige Berichte von Dichtern und Entdeckern, Missionaren, Seefahrern, Wissenschaftlern – Reisende aller Art – geografisch sortiert und mit einem Epigraf aus *Moby Dick* als Vorwort versehen.

Trotz der deutlich effekthascherischen Aufmachung – der Klappentext wendet sich an all jene »deren Herzen bei Romantik und Abenteuern erglühen« während die Rückseite »Eingeborene«, »Schiffbruch« und »Romantik« verspricht –, handelt es sich um ein seriöses, sogar beinahe wissenschaftliches Werk, mit einem erstaunlichen Aufgebot an Berichten von Europäern über den Pazifik. Die Bandbreite reicht von einem Augenzeugenbericht zum Tode Magellans 1521 bis zu einer Kriegsdepesche von den Philippinen 1944. Alles was Rang und Namen hat, ist vertreten: Conrad, Melville, London, Maugham, Tasman, Darwin, Cook und der unselige Captain Bligh – über 1000 dünne, brüchige Seiten, zwischen zwei ausgefransten Leinendeckeln. Mein Bruder hatte meine Ausgabe bei einem Hausräumungsverkauf in Santa Barbara erstanden, auf ihren Schmutztitel hatte vor langer Zeit jemand »Für Deine Reisen« geschrieben. Ich packte das Buch in mein Handgepäck und trug es mit mir herum, um darin zu lesen, wo immer ich gerade war.

Es gab Kapitel zu Melanesien, Polynesien, Australien und dem Ozean. Das Neuseeland-Kapitel begann mit der Ankunft Tasmans und dem ersten überlieferten Kontakt zwischen Maori und Europäern, an dem Ort, der seither Mörderbucht heißen sollte. Darauf folgten einige Legenden der Maori, eine davon war eine Geschichte über Verrat und Rache; ein Ausschnitt von Charles Darwins Tagebüchern von seiner Fahrt auf der *Beagle*; eine düstere, untypische Geschichte von Katherine Mansfield über Wahnsinn an der kolonialen Grenze; einige Gedichte und ein Auszug aus einem seltsamen Buch mit dem Titel *Old New Zealand*, 1863 geschrieben von einem »leichtsinnigen Iren« namens Frederick Maning. Unter dem Titel »Ein Raufbold der Maori« wird die Geschichte eines Kampfes zwischen dem Autor und »einem kugelköpfigen, übellaunigen, krummbeinigen, breitschultrigen riesenhaften Wilden« erzählt, der »in fairem Kampf einige Männer getötet und auch bekanntermaßen zwei äußerst teuflische Morde begangen hat, einen davon an seiner eigenen Frau«.

Nichts davon stimmte auch nur halbwegs mit der Broschüre meines Air-New-Zealand-Fluges oder irgendeiner anderen gängigen Darstellung Neuseelands überein, als dem Land von malerischer Schönheit und grasenden Schafen. Und auch mit Orten wie Kerikeri und Paihia schien es nicht viel zu tun zu haben. Das steigerte meine Lust nur noch, tief in die Geschichte dieses Landes und in die Gedankenwelt der heutigen Menschen einzutauchen.

Ich hatte eine Fahrkarte für den Nachtbus nach Auckland, und weil ich nicht wusste, wie ich die verbleibenden Stunden verbringen sollte, ging ich in ein Pub. Es war Samstagabend, mitten im Sommer und das verrauchte Lokal war gut gefüllt mit Menschen, die an klebrigen Tischen voller Krüge mit Lion oder DB saßen. Am einen Ende des Raumes ertönte aus einer Jukebox eine lärmige Mischung aus Reggae und Rock, am anderen standen zwei Billardtische, um die herum die Spieler auf ihren Stoß warteten. Einige Stehtische waren im Raum verteilt. Die Frauen saßen auf Barhockern und tranken Rum und Cola. Die Männer standen und tranken ihr Bier direkt aus dem Krug, so als wären sogar die größten Gläser noch zu klein für ihre Hände. Eine Handvoll Leute hatte offensichtlich den ganzen Tag dort verbracht, aber die meisten waren seit dem späten Nachmittag nach und nach hereingetröpfelt, und als die Prügelei losging, gab es nur noch Stehplätze.

Ich habe keine Ahnung, woher alle wussten, dass etwas passiert war, aber in der Sekunde in der der Hieb ausgeführt wurde, drehten sich alle Köpfe zu den Kämpfenden um. In der Mitte hatte sich ein kleiner Kreis gebildet, in dem sich jetzt zwei junge Männer gegenüberstanden. Der eine hatte gerade mit der Faust zugeschlagen, der andere stand stocksteif mit verletztem Gesichtsausdruck da; Blut rann ihm über das Gesicht.

Der Schläger war ein Maori, ein Mischling mit gedrungenem Körper und heller, sommersprossiger Haut. Er konnte kaum älter als 18 Jahre sein, wahrscheinlich war er sogar jünger. Der Blutende war ein Pakeha, ein Neuseeländer europäischer Abstammung. Er war blond und drahtig und älter als der Maori, sein Gesicht war von der Sonne des Südens schon etwas faltig. Er trug Jeans und ein rotes Karohemd. Wie praktisch, dachte ich, als er mit dem Ärmel das Blut von seinem Gesicht wischte.

Einen Moment lang herrschte Stille. Und dann war es vorbei, einfach so. Der Pakeha verschwand auf der Toilette, der Maori setzte sich mit einem dumpfen Geräusch hin, und alle anderen wandten sich wieder ihrem Bier zu.

»Was ist denn los?«, wandte ich mich an meinen Nachbarn, einen großen, kräftigen, gut aussehenden Maori mit kurzem Haar, Sonnenbrille und rosa Shirt, das sich hell leuchtend von seiner dunklen, glatten Haut abhob. »Was ist passiert?«

»Hat wohl jemand was gesagt, was jemand anderem nicht gefallen hat«, antwortete er. »Hast du Feuer?«

Er war sehr groß, wie ich bei einem zweiten, genaueren Blick bemerkte. Nicht nur hochgewachsen, sondern auch sehr muskulös und dunkel, aber vielleicht lag das auch nur an seinem Shirt. Sein breites Gesicht zeigte keinerlei Regung. Hinter der Sonnenbrille konnte ich nichts erkennen, nur mein Spiegelbild in den Gläsern – das machte mich neugierig

Ich gab ihm ein Feuerzeug.

»Ta«, bedankte er sich. »Machst du hier Urlaub?«

Ich erzählte, dass ich in Australien lebe, obwohl er an meinem Akzent sicher hören konnte, dass ich aus den USA stamme. »Und du, kommst du hier aus der Gegend?«

Er sagte, er sei Gießer und stelle in Whangarei Schiffsteile her. Er sprach es wie die Maori aus – FHANG-ah-day. Deshalb verstand ich den Namen nicht, obwohl ich gerade erst eine Nacht dort verbracht hatte auf meinem Weg von Auckland nach Kerikeri. Er war über die Weihnachtsferien nach Hause zu seiner Familie in Mangonui gefahren.

Ich erzählte ihm, dass ich eine Woche lang in Kerikeri war und dort in der Jugendherberge übernachtet hatte, und dass ich noch am gleichen Abend nach Auckland zurückfahren würde.

»Hmmm«, sagte er, und sah mich dabei auf eine Art an, die ich seltsam beruhigend und anziehend fand.

»Also, ich heiße Christina.«

»Tauwhitu«, sagte er, sprach es aber TOE-fii-tuu aus. »Aber alle nennen mich Seven.«

»Weshalb?«

»*Tau whitu*. Auf Maori bedeutet das ›sieben Jahre‹.«

Aber das, genau wie alles andere auch, war völlig irreführend. Er wurde nicht Seven genannt, weil sein Name »sieben Jahre« bedeutet, sondern weil er das siebte von zehn Kindern war und weil ihn irgendein Spaßvogel in seiner Verwandtschaft »Number Seven« getauft hatte, als er noch ein Kind war.

Seinen Worten zufolge war es ein absoluter Zufall, dass er an diesem Abend im Pub war. Er erzählte, dass er den ganzen

Tag im Meer nach Langusten für seine Cousins getaucht war – damit meinte er offenbar die piratenähnliche Gruppe von Maori am nächsten Tisch. Sie alle trugen Sonnenbrillen und eng sitzende Jeans zu Lederjacken. »In die Stadt sind wir eigentlich nur wegen Zigaretten gekommen«, meinte er. »Wir hatten gar nicht vor, ins Pub zu gehen.«

Das Problem war offenbar, dass keiner von ihnen Geld hatte. Aber dann kam einer auf die glorreiche Idee die Langusten, die sie eigentlich nach Hause bringen sollten, im Pub zu verhökern. In letzter Minute wurden die Krebse gerettet, als Seven einen 20-Dollar-Schein auf dem Boden der Herrentoilette fand. Lachend zeigte er mir, wie er das Geld, nur an der Spitze zwischen Daumen und Zeigefinger haltend, dem Barkeeper gegeben hatte.

Der Lärm im Pub war wieder zu einem beständigen Dröhnen angestiegen, aber genau in diesem Moment verstummte er abrupt zum zweiten Mal. Fünf oder sechs Polizisten in Hut und Uniform standen mit Handschellen und Knüppeln am Gürtel in der Tür. Sie bahnten sich ihren Weg durch die Menge bis zu dem Maori, der gekämpft hatte. »Raus«, wurde er von einem der Polizisten angeherrscht. »Raus, und deine Kumpels auch.«

Der Junge und seine zwei Begleiter, einer mit Dreadlocks und gehäkelter Mütze, der andere mager, grauhaarig und um die vierzig, standen auf und folgten den Polizisten.

»Entschuldige«, sagte ich. »Ich bin gleich wieder da.« Ich ließ mein Getränk auf dem Tisch und folgte ihnen nach draußen.

Mittlerweile war es dunkel geworden. Die Polizei hatte die Verdächtigen an der Wand Aufstellung nehmen lassen und bellte ihnen Fragen zu: Wie sie hießen? Woher sie kämen? Was sie hier täten? Sie befahlen den Maori, ihr Auto auszuleeren, einen verbeulten alten Falcon voller Klamotten, Decken, Angelausrüstung und Müll. Als der Maori mit den Dreadlocks die

Tür öffnete, sprang ein Dobermann heraus und er packte ihn am Halsband. Ich stand in der Tür und beobachtete die Szene – das blinkende Licht des Polizeiwagens in der Nacht, der winselnde Hund, der abgehackte Unsinn aus dem Radio und das finstere Gemurmel der Männer, deren unordentliche Habseligkeiten jetzt überall über den Parkplatz verstreut lagen – und fragte mich, ob das eine gewöhnliche Samstagnacht war.

Schließlich beschloss die Polizei, den ältesten und offenbar friedfertigsten der drei Männer mit aufs Revier zu nehmen, während die anderen beiden zurückblieben und ihre Sachen wieder im Kofferraum des Autos verstauten.

»Ihr könnt ihn später abholen«, sagten sie zu ihnen. »Dann lassen wir euch laufen.«

Ich ging wieder hinein und verstand noch weniger, was da gerade geschehen war. Warum kamen gleich so viele Polizisten? Warum hatten sie den Falschen mitgenommen? Warum waren sie überhaupt noch gekommen, als die Schlägerei schon längst vorbei war? Was war mit dem Pakeha geschehen? Und warum herrschte deswegen im Pub überhaupt keine Aufregung?

Ich ging dahin zurück, wo ich mein Bier hatte stehen lassen und stellte all diese Fragen Seven.

»Ach«, sagte er, »das sind nur Unruhestifter. Sie sind nicht aus der Gegend.«

2. Abscheulich unverschämt

Ich habe an diese Nacht oft wie an ein erstes Aufeinandertreffen zweier Welten gedacht – etwas, das nur dann stattfindet, wenn sich zwei einander bis dato unbekannte Gruppen zum ersten Mal begegnen. Wie zum Beispiel als Christopher Columbus 1492 die Bahamas erreichte und auf einen Volksstamm traf, der fortan »Indianer« heißen sollte – lediglich ein Irrtum Columbus' darüber, wo in der Welt er sich gerade befand. Oder als die Brüder Leahy auf der Suche nach Gold das Inland von Papua-Neuguinea erkundeten und auf eine Gruppe von Hochlandbewohnern stießen, die bis 1933 nichts vom Rest der Welt wussten. Es steht für ein plötzliches Wunder, für eine Welten bewegenden Sensation, einen alles verschiebenden Umbruch, der uralte, der Seele innewohnende Gewissheiten bestätigt und ganz neue, unbekannte Möglichkeiten eröffnet.

Natürlich gibt es Tausende, vielleicht Zehntausende solcher Momente. Schließlich sind sich in jedem Winkel der Erde die verschiedensten Menschen begegnet, allerdings haben die meisten von ihnen ihre Erinnerungen nicht niedergeschrieben. Ein erster Kontakt ist ein Szenario, das in unserer Welt, außer vielleicht im Weltraum, nicht mehr stattfinden wird, und das trägt natürlich dazu bei, dass er umso kostbarer wird.

Eine Kontaktaufnahme ist, abgesehen von allem anderen, in erster Linie sehr verwirrend. Die eine Seite mag technologisch überlegen sein, die andere vielleicht zahlenmäßig. Aber wenn sie zum ersten Mal aufeinandertreffen, kommt es für eine begrenzte Zeit zu einer Art Gleichheit, die Gleichheit des Unverständnisses. Jede Seite stellt ihr Hypothesen auf, versucht die Stärke der anderen einzuschätzen, die Äußerungen der anderen Partei zu deuten, deren Absichten und Ziele herauszufinden. Weder die einen noch die anderen verstehen vollständig, was geschieht, und keiner von beiden kann mit Bestimmtheit sagen, was vor sich geht.

Die unbedingte Wahrheit dessen und die Tatsache, dass man dies sogar auf die derzeitige Situation anwenden konnte, prägten sich mir an diesem Abend ein, nachdem ich das Keri-Pub verlassen hatte. Mein Bus aus Kerikeri war für 22 Uhr angesetzt gewesen, aber irgendwie war die Zeit verstrichen, und bevor ich es überhaupt recht merkte, schloss das Pub und ich stand da mit all meinen Sachen, ohne einen Ort, an dem ich bleiben konnte. »Du kannst mit uns kommen«, sagte Seven. Und das tat ich dann.

Wie sich herausstellte, war unser Ziel ein Haus, das dem Onkel von einem aus der Truppe gehörte. Der Besitzer war zu jener Zeit nicht da und in seiner Abwesenheit hatte sich das Haus in eine Unterkunft für all jene Verwandten verwandelt, die keine Lust hatten oder zu betrunken waren, um zurück nach Mangonui zu fahren. Man konnte vom Pub aus hinlaufen und genau das taten wir auch. Wir stolperten über einen Schulhof und eine klumpige Pferdekoppel in eine sehr vorstädtisch wirkende Straße am Fuß eines Hügels.

In dem einfachen, rechteckigen Holzhaus standen nur wenige Möbel; es gab ein Wohnzimmer, eine Küche, drei kleine Schlafzimmer und ein Bad. Das Innere des Hauses wirkte sehr abgenutzt und kahl; zwar war alles makellos sauber, aber es fehlte an jeder Dekoration. Als wir ankamen, war das Haus bereits voller Menschen, die sich im Raum ausgebreitet hatten. Am einen Ende des Wohnzimmers spielten ein paar Mädchen an einem Tisch Karten, am anderen hatten es sich einige Männer vor dem Fernseher bequem gemacht. Dazwischen stand eine durchgesessene Couch an der Wand, auf der ich den Rest des Abends verbrachte.

Neben mir saß auf dem Sofa ein etwas gammlig aussehender Junge Mitte zwanzig, den ich schon im Pub gesehen hatte.

Er hatte unter seinem hübschen Schopf lockiger schwarzer Haare eine grummelige Miene aufgesetzt und trug ein Unterhemd und schwarze Jeans. Seine Hände waren überzogen mit selbst gemachten Tätowierungen.

Wir saßen eine Zeit lang schweigend nebeneinander, als er plötzlich sagte: »Ich suche einen Ohrring.«

Aus der Küche drangen der Geruch von angebratenen Zwiebeln und das Geräusch kochenden Teewassers. Ein hagerer, dünner wuscheliger Mensch, dem etliche Zähne fehlten, zupfte sanft auf einer Gitarre »I remember when we used to sit,/in the government yard in Trenchtown …«. Auf dem Couchtisch vor uns stand eine halb leere Flasche Whiskey und ein voller Aschenbecher.

Ich fasste an meine eigenen Ohrringe, ein paar große, gravierte silberne Kreolen, die ich mir in einem Laden in Melbourne gekauft hatte. Es waren meine Lieblingsohrringe und ich trug sie oft. Aus einem Impuls heraus nahm ich einen ab und gab ihn ihm. »Hier«, sagte ich. »Nimm den.«

Er schaute mich einen Moment lang an, dann hielt er ihn hoch und riss die silberne Kreole von dem Ring, der sie am Verschluss hielt. Die Kreole warf er in eine Ecke und steckte den Verschluss in sein Ohr.

Ich saß still da und dachte darüber nach, was gerade geschehen war.

Ich hatte mit diesen Fremden das Pub verlassen, weil ich mehr über sie herausfinden wollte und weil ich dem jungen Mann im hellrosa Shirt seltsamerweise von Anfang an vertraute. Ich war meinem Instinkt gefolgt, weiter nichts, aber jetzt fragte ich mich, ob ich die Situation falsch eingeschätzt hatte.

Vielleicht, weil ich als Touristin unterwegs war. Vielleicht, weil ich mit jemandem zu der Party gekommen war, den er nicht mochte. Vielleicht war es für ihn irgendwie beleidigend, dass ich ihm den Ohrring gegeben hatte, als wäre es ein Beleg für die Tatsache, dass es für mich sehr leicht war, etwas Wertvolles herzugeben. Vielleicht dachte er, ich wollte ihn versöhnlich stimmen oder ihn kaufen oder bestechen. Vielleicht gefiel ihm aber auch die Kreole einfach nicht. Vielleicht fand er sie zu mädchenhaft.

Ich war mir noch nicht einmal darüber im Klaren, warum *ich* es getan hatte, aber was in *seinem* Kopf vorging, war mir ein völliges Rätsel. Ich wusste nur, dass etwas schiefgegangen war.

Wenn ich später daran zurückdachte, dann schien es mir, als ob mir in diesem Moment ein Licht aufgegangen war: Ich erkannte plötzlich, dass genau solche Dinge immer und immer wieder geschehen waren in der ersten Zeit, als Maori und Europäer aufeinandertrafen. Das hier war natürlich nicht halbwegs so gravierend – ich konnte einfach aufstehen und gehen und mir Menschen suchen, in deren Gesellschaft ich mich sicherer fühlte, konnte später zurückkommen, wenn mich niemand sah, und meine silberne Kreole wiederholen. Wenn man aber die Risiken und die Konsequenzen erweiterte, war es ganz einfach, darin die Art von Aufeinandertreffen zu erkennen, die sich in der Geschichte Neuseelands so oft wiederholt hatte und so oft für die eine oder die andere Seite ein schlimmes Ende genommen hatte.

Alle frühen Berichte zum Kontakt mit Neuseeland zeichnen sich durch eine Atmosphäre der Gefahr aus. Die Maori waren zahlreich und schienen ständig kurz vor dem Angriff zu stehen. Die Europäer segelten – unsicher wie sie waren – in einem permanenten Zustand der Beklommenheit hin und her. Keine der beiden Seiten schien die Lage wirklich unter Kontrolle zu haben.

Nach Tasmans missglücktem Versuch in der Mörderbucht erreichte das nächste europäische Schiff Neuseeland erst 127 Jahre später. In rascher Folge kamen Cook und der Franzose

Jean de Surville getrennt voneinander, aber fast zeitgleich, im Jahr 1769. Marion du Fresne folgte 1772, dann erneut Cook mit Tobias Furneaux 1773–1774 und 1777 noch einmal Cook auf seiner dritten und letzten Reise. Keiner einzigen dieser Expeditionen gelang es, Neuseeland ohne Konfrontation oder in einigen Fällen sogar Todesopfer wieder zu verlassen.

Surville näherte sich der Insel mit dem größten Unbehagen. Nach einer langen und ergebnislosen Reise durch das Korallenmeer mit einer Besatzung, die nach und nach vom Skorbut dahingerafft wurde, war er verzweifelt auf der Suche nach einem Ort, an dem er an Land gehen konnte. Neuseeland schien ihm das kleinste Übel zu sein. »Den Berichten der Reisenden zufolge, die vor uns hier angelegt haben, sind die Eingeborenen dieses Landes grausam und blutrünstig«, schrieb er. Aber es war die nächste bekannte Anlegestelle und außerdem die, die sie mit der größten Wahrscheinlichkeit finden konnten. »Gleichwohl«, fügte er hinzu, »in unserem Zustand bleibt uns ohnehin keine andere Wahl.«

Unter den gegebenen Umständen behandelten die Maori sie zuvorkommend. Sie kamen mit ihren Kanus und tauschten Fisch gegen Tuch und Messer, führten die Besucher an einen Ort, wo sie Wasser holen konnten und pflegten sogar deren Kranke am Ufer. Aber Surville traute ihnen nicht. »Sie nähern sich unter Freundschaftsbekundungen«, schrieb er, »aber sobald man sich entspannt und sie das Gefühl haben, dass sie nach einem Angriff genügend Zeit zur Flucht haben, werden sie die Gelegenheit nutzen.«

Eine Woche lang ging alles gut. Dann zog eines Nachts ein Sturm auf und ein Boot voller Kranker, das zum Schiff zurückkehren wollte, war gezwungen wieder an die Küste zu fahren. Survilles Schiff schleifte seinen Anker hinterher und musste bewegt werden; dabei wurde eine Jolle zurückgelassen, die im flachen Wasser unterging. Als der Wind nachließ, entdeckte Surville die Jolle, die die Maori in der Zwischenzeit geborgen hatten. Er machte sich auf, um sie zurückzuholen, aber als er dort ankam, war die Jolle verschwunden. Zur Rache entschlossen für »einen Diebstahl, der direkt vor unseren Augen begangen worden war«, wie er meinte, griff sich Surville den ersten Maori, dessen er habhaft werden konnte, konfiszierte ein großes Kanu und setzte etwa 30 Behausungen und Lagerhütten voller Nahrung in Brand. Dann segelte er mit dem in Ketten gelegten Gefangenen aus der Bucht. Der Gefangene sollte später auf hoher See an Skorbut sterben; wie sich herausstellte, handelte es sich dabei um keinen geringeren als Ranginui, der Häuptling, der die kranken Franzosen aufgenommen und gepflegt hatte, als sie bei dem Sturm gestrandet waren, und damit den endgültigen Beweis für die Maxime »Keine gute Tat bleibt ungestraft« erbrachte.

Survilles Verhalten, das nicht nur niederträchtig sondern grotesk erscheint, kann den Maori in keiner Weise eingeleuchtet haben. Aber sie selbst verhielten sich im Gegenzug oft genauso rätselhaft, wie die Geschichte von Marion du Fresne zeigt. Marions Haltung gegenüber den Maori war das genaue Gegenteil von der Survilles. Als Idealist und Romantiker unter dem Einfluss von Jean-Jacques Rousseau glaubte Marion, dass die Maori die Kinder der Natur seien. »Weil ich ihnen nur Gutes tue«, sagte er seinem Leutnant, »tun sie mir sicher nichts Böses.«

Marion verbrachte fünf Wochen im Mai und Juni 1772 in der Bay of Islands. Der Kontakt war schnell geknüpft und die Einheimischen zeigten großes Interesse und offenkundige Freundlichkeit gegenüber den Franzosen, die im Gegenzug die Maori als »edle, mutige, geschäftige und sehr intelligente Rasse« beschrieben. Allerdings hatten sowohl Marions Leutnant als auch der Kommandant seines Versorgungsschiffes das Gefühl, dass ihr Kapitän zu sehr auf das Wohlwollen der Maori vertraute. Vor allem der Leutnant meinte in ihrem Verhalten eine »Art zugrunde liegende Grausamkeit« auszumachen. Sie »brachten uns viele Zärtlichkeiten entgegen«, schrieb er, aber »wenn wir ihnen erlaubten, mit ihren Lippen unsere Hände oder unsere Gesichter zu berühren, saugten sie mit einer erstaunlichen Gier am Fleisch«.

Eines Tages, als die Franzosen etwa seit einem Monat in der Bucht vor Anker lagen, führten zwei Häuptling Marion auf die Spitze eines Hügels, wo sich viele Menschen versammelt hatten. Dort umarmten sie ihn und setzten ihm eine Laubkrone auf. Marion verstand diese Geste so, dass sie ihn als ihren Herrscher anerkannten, aber das war offenkundig nicht das, was sie meinten. »Was auch immer diese Zeremonie bedeutet haben mag«, schreibt die Anthropologin Anne Salmond, »damit haben sie sein Todesurteil besiegelt.«

Am nächsten Tag ging Marion mit einigen Maori an Land. Er teilte seinem Leutnant mit, dass er in einer nahe gelegenen Bucht fischen wolle und dass ihn keine Soldaten begleiten müssten, weil sie nur im Weg wären. Das war das Letzte was man von Marion du Fresne gesehen hat.

Als das ganze Ausmaß der Tragödie zutage kam – ein Aufklärungstrupp berichtete, dass Marions Kutter und ein Langboot, das ihm hinterhergeschickt worden war, am Strand der Bucht lagen, dass alle Besatzungsmitglieder des Langboots bis auf einen niedergemetzelt worden waren und dass einer der Häuptlinge offenbar Marions samtene Weste und sein silberbeschlagenes Gewehr trug –, läutete der Leutnant eine Strafexpedition gegen die Maori ein. Mehr als 300 wurden getötet, auch Frauen und Kinder, von denen einige erschossen wurden, als sie versuchten, in ihren Kanus zu fliehen. Dann setzten die Franzosen drei, vielleicht vier Dörfer in Brand und nachdem sie diesen Schauplatz »Treachery Bay« – die Bucht des Verrats – getauft hatten, machten sie sich auf zur Ile de France.

Jahre später, Ende der 1820er, berichtete ein reisender Engländer, dass er in der Bay of Island einen Maori getroffen hatte, der behauptete, zu den Mördern von Marion zu gehören. Die

Franzosen, sagte er, »waren alle gute Männer, aber sie wurden getötet und gegessen«.

Sogar Cook, zweifellos der erfahrenste und fähigste unter den Seefahrern, die in diesen Jahren Neuseeland besuchten, empfand den Umgang mit den Maori als trügerisch. Cook umsegelte Neuseeland bei seiner ersten Reise rund um die Welt volle sechs Monate lang. Er verfügte über entscheidende Vorteile gegenüber den anderen Kommandanten – nicht nur wegen seiner ausgiebigen Erfahrungen, sondern auch weil er einen Tahitianer an Bord hatte, der als Übersetzer dienen konnte. Trotz alldem kam es zu Verwirrung, Missverständnissen und sogar Toten.

Bei ihrem allerersten Aufeinandertreffen in der sogenannten Poverty Bay erschossen und töteten Cooks Männer einen der ersten Maori, den sie zu sehen bekamen, weil sie meinten, angegriffen zu werden. Am folgenden Tag wurden bei einer ähnlichen Auseinandersetzung drei Maori verwundet, einer davon tödlich. Ein Aufruhr auf See am Nachmittag desselben Tages führte zu vier Toten, alle Maori, und der Gefangennahme von drei Maori-Jungen. Cook und seine Offiziere waren darüber alles andere als glücklich. »Ein schwarzer Tag«, schrieb der junge Gentleman Joseph Banks, der mit Cook als Beobachter reiste, »der Himmel möge es fügen, dass so etwas nie wieder geschieht und keine Schatten auf die Zukunft vorauswirft.«

Egal wo die *Endeavour* auftauchte, sprangen entlang der gesamten Küste die Maori in ihre Kanus, manchmal nur zwei oder drei, ein anderes Mal bis zu 50 auf einmal. Sie ruderten so schnell sie konnten, bis sie in Hörweite des Schiffs waren und schrien: »Kommt her, kommt an Land und wir töten euch alle!« und schwenkten dazu ihre Waffen in der Luft und warfen Steine nach dem Schiff. Die Briten antworteten, indem sie Schrot über die Köpfe der Maori feuerten. Manchmal wendeten die Maori und ruderten zurück an Land. Manchmal legten sie ihre Waffen nieder, sprachen mit den Seefahrern und begannen zu handeln: Fisch und Süßkartoffeln gegen Nägel und Stoffe, Waffen und Mäntel gegen Papier und Äxte. Die Mutigen unter ihnen gingen an Bord und untersuchten alles an Schiff genau, kosteten das Essen, zogen die Kleider an, inspizierten neuartige Instrumente wie Teleskop und Kompass. Cook, der auf seiner langen Umsegelung von den Maori immer mehr angetan war, empfand ihr Verhalten als außergewöhnlich.

Cook war etwa einen Monat an der Küste Neuseelands entlanggesegelt, als er an einem schönen Frühlingstag im späten November die Bay of Islands erreichte. An Bord war sofort allen klar, dass dies keine gewöhnliche Einbuchtung war. Überall gab es Zeichen von Besiedelung: Plantagen auf den größeren Inseln, Häuser, Dörfer, Befestigungen entlang der gesamten Küste. Die Menschen schienen in jeder Hinsicht wohlhabender zu sein als alle, die sie bisher getroffen hatten. Ihre Häuptlinge waren besser gekleidet und trugen mehr Waffen; ihre Haut war dunkler und anders tätowiert; ihre Kanus waren größer und besser ausgearbeitet; und sie kamen in großen Flotten zu den Schiffen, Hunderte von Männern. Die Bucht selbst war sicherer, tiefer und besser geschützt als alle, die Cook bisher in Neuseeland gesehen hatte, mit abgegrenzten Ankerplätzen und Häfen »so still wie in einem Mühlenteiche«. Es gab sogar mehr Fische: die Männer fingen Haie, Stachelrochen, Brassen und Meeräschen, wobei die Makrelen »größer sind als alle, die ich bisher in der ganzen Welt gesehen habe«, schrieb Cook.

Tatsächlich handelte es sich nicht um irgendein Gebiet. Die Bay of Islands war Ende des 18. Jahrhunderts eine politisch heiß umkämpfte Region. Die *hapu* (Unterstämme) der Ngati Awa, Ngati Pou und der Ngati Wai standen unter starkem Druck von den Nga Puhi, einer Stammesvereinigung in Hokianga und den Inlandsgebieten, deren Machtzuwachs in diesem Gebiet mit der Ankunft der Europäer zusammenfiel. Es waren Nga Puhi, die später die Bay of Islands als Ausgangsbasis für den ersten großen Krieg der kolonialistischen Zeit nutzen würden – ein Krieg in dem Maori gegen Maori kämpften, mit den Waffen der Pakeha. Es waren die Nga Puhi, die den Handel mit Holz, Flachs und tätowierten Köpfen in Gang bringen sollten, die als Erste Land verkaufen und die ersten Kirchen bauen sollten. Es war ein Häuptling der Nga Puhi, der 1844 die Revolte gegen die Pakeha begann, und es waren Nga Puhi, die jetzt in ihrer Bucht zum ersten Mal einem europäischen Schiff mit europäischen Waffen gegenüberstanden.

Sobald die *Endeavour* am Eingang zur Bucht beidrehte, legten einige große Kanus vom Strand ab und versammelten sich schnell rund um das Schiff. Einige der Maori kamen an Bord, Spannungen und Missverständnisse ließen aber nicht lange auf sich warten. Die Maori schienen unfreundlich zu sein, die Gemüter erhitzten sich. Sydney Parkinson, der Künstler an Bord, beschreibt sie als ungebärdig: als er einen von ihnen auf die landestypische Art begrüßte – ein sanftes Aneinanderpressen der Nasen – versuchte der Maori ihn zu beklauen. Banks nannte sie »abscheulich unverschämt«.

Im Lauf des Tages kamen nicht weniger als 400 bis 500 Maori an Bord des Schiffes – wegen dieser Masse und wegen ihres Benehmens beschloss Cook, die *Endeavour* vor Einbruch der Dunkelheit wieder aus der Bucht herauszufahren. Sie segelten nach Norden zu den Cavalli-Inseln, wo sie Fisch kauften und wieder mit Steinen beworfen wurden. Aber mit dem Wind im Gesicht kamen sie nur schwer vorwärts und so kehrten sie um, fest entschlossen sich die Bucht genauer anzusehen, solange der Gegenwind anhielt.

Am nächsten Tag regnete es. Kaum hatten sie den Anker geworfen, als sich schon 300 oder 400 Maori in den Kanus um ihr Schiff versammelten. Zunächst, so Cook, benahmen sie sich »erträglich«. Aber schon bald versuchte eine Gruppe von Jugendlichen, die Boje des Ankers zu stehlen. Sie waren durch nichts davon abzubringen, schließlich halfen nur noch Musketenschüsse, und einer der Jungen wurde getroffen. Der Kapitän ordnete daraufhin an, dass eine große Salve über ihre Köpfe gefeuert werden sollte, die sie »kein bisschen« erschreckte, und bewegte das Schiff in tiefere Gewässer.

Und dann kam es zu einem Vorfall, der beinahe Cooks sicheres Ende bedeutet hätte. Cook, Banks und der Naturforscher der *Endeavour*, Dr. Solander machten sich von einer Eskorte begleitet in einem Kutter und einer Jolle auf, eine der Inseln am Rand der Bay zu erkunden. Erst als sie angelegt hatten, bemerkten sie, dass ihnen all die um das Schiff versammelten Kanus zur Insel gefolgt waren und an verschiedenen Stellen der Küste angelegt hatten. Innerhalb weniger Minuten waren sie umgeben von einer unruhigen Menge von 200 oder 300 Menschen.

Die Maori zeigten dabei eindeutig ihre feindliche Absicht, und Cook, Banks und Solander waren in die Enge getrieben, weshalb sie und zwei ihrer Männer in die Menge feuerten. Das stoppte die Angreifer, aber nur einen Moment lang, und die Maori scharten sich schnell wieder zusammen, schrien und schwenkten ihre Waffen in der Luft. Die Männer auf der Insel konnten sich glücklich schätzen, dass der verantwortliche Offizier auf der *Endeavour* alles genau mitverfolgt hatte, die Kanonen des Schiffs auf die Insel richtete und eine Reihe von schweren Kugeln über die Häupter der Maori feuerte. Diesmal zogen sie sich zurück, für die Briten aber war es ein sehr gefährliches Gefecht und ein Vorbote für die Art und Weise, auf die Cook zehn Jahre später in den Händen einer anderen Gruppe von Polynesiern auf Hawaii seinen Tod finden sollte.

Wenn ich schreibe, dass ich an diese Nacht wie an ein erstes Zusammentreffen zweier Welten zurückdenke, dann meine ich, dass ich es so empfunden habe. Zweifellos fanden die Maori die Begebenheit etwas merkwürdig – sie haben sich sicher gefragt, warum ich mit ein paar Menschen nach Hause ging, die ich überhaupt nicht kannte – aber zumindest war ich eindeutig eine Touristin, jemand, der am Rande ihres Bewusstseins aufgetaucht war und genauso sicher wieder verschwinden würde. Ich dagegen empfand es anders. Seven war mehr oder weniger der erste Maori, den ich getroffen hatte, und sicherlich der erste, mit dem ich gesprochen hatte; unser Treffen trug die Handschrift des Aufeinandertreffens zweier Welten: die Erregung, die Beklommenheit, die Verblüffung, der Humor, die Beschämung, wenn man erkennt, dass man *alles falsch gemacht hat*.

Was ich diese Nacht im Pub miterlebt hatte, war nichts weniger als die unüberbrückbare Kluft zwischen Maori und Pakeha – eine Kluft, die in all den Jahren, seit sich diese beiden Gruppen zum ersten Mal auf einem schmalen Strandstreifen gegenübergestanden hatten, kein Stück kleiner geworden war. Waren Maori und Pakeha nicht von Anfang an in einer kriegerischen Umarmung gefangen? Ist Gerechtigkeit für die Maori in der Welt der Pakeha und Gnade für die Pakeha bei den Maori überhaupt möglich?

»Nein«, sagte Seven später, »so ist es nicht gewesen. Der Pakeha ist ein Einheimischer, die meisten kennen ihn seit Jahren. Die anderen haben den Streit begonnen. Ich habe dir ja gesagt, die sind nicht von hier.«

Die wirkliche Spannungslinie verlief in dieser Nacht zwischen Maori und Maori und nicht zwischen Maori und Pakeha, wie *ich* angenommen hatte. Ich war darauf fixiert, den Vorfall im Licht des Konflikts zwischen Eingeborenen und ehemaligen Kolonialmächten zu sehen, also zwischen einem hellen, sommersprossigen Maori und einem Weißen in rotkariertem Hemd. Aber das war viel zu simpel gedacht.

Der in den Streit involvierte Pakeha, der diskret verschwand, bevor die Polizei erschien, gehörte eigentlich der Heimmannschaft an. Er war Leiter einer Obstplantage außerhalb der Stadt und war den meisten Maori im Pub gut bekannt. Der junge, schlägernde Maori und seine beiden Freunde dagegen waren irgendwo von der Nordinsel gekommen und hatten keine Verbindung zu dieser Gegend. *Sie* waren die Eindringlinge, »Unruhestifter« aus Sicht der Einheimischen. Sie hatten sich schlecht benommen und hatten eine Strafe verdient. Die Polizei war im Recht, als sie sie mitnahm. Es war sogar richtig, sie zu schikanieren. Auf gewisse Weise gehörte aber auch die Polizei dieser Heimmannschaft an.

Trotzdem hat es eine Weile gedauert, bis ich das verstanden hatte. Ein Maori erzählt niemals alles auf einmal und Seven bildet hier keine Ausnahme. Sogar als ich dachte, auf einige Antworten gestoßen zu sein, war mir klar, dass es noch immer viele Dinge gab, die ich nicht verstand. Dieses Gefühl, nicht genau zu verstehen, was vor sich geht, sollte mich in Neuseeland immer begleiten, egal wo ich war. Tatsächlich schien es sich mit jedem Besuch zu vertiefen. Ich stelle mir vor, dass sich Sternenforscher so fühlen: Mit jeder neuen Entdeckung von etwas Ungewöhnlichem – Quasare, schwarze Löcher, dunkle Materie – versteht man das Universum nicht besser sondern noch weniger, obwohl die Hoffnung auf eine einfache, alles vereinende Erklärung niemals vergeht.

Ganz zu Beginn im Pub gab es nur kleinste Anstöße zu bleiben: ein angebotenes Feuer, der Anflug eines Lächelns, wie ein Code, der entschlüsselt werden musste, eine Sprache, die man mit viel Mühe schließlich zu verstehen lernt. Ich war eine Touristin, die mit einem Bus dahin hätte zurückkehren sollen, woher sie gekommen war. Stattdessen fand ich mich weit nach Mitternacht in einem Haus mit einer Gruppe Maori wieder, die ich nicht kannte. Und dann verpasste ich meinen Flug.

3. Mangonui

Etwa 25 Kilometer Luftlinie von der Bay of Islands entfernt liegt das Dorf Mangonui. Mangonui befindet sich mit seinen 200 Seelen – alle miteinander verwandt – an einem abgeschiedenen Fleckchen in einem Ausläufer der Taimarie-Bucht. Das Wasser ist ruhig, es herrschen sehr gute Bedingungen zum Fischen, das Watt ist voller Pipis (die neuseeländischen Herzmuschel) und ganz in der Nähe gibt es Austernbänke. Seit Jahrhunderten lebten hier immer wieder Maori. In alten Zeiten kamen sie wahrscheinlich im Sommer, wenn die Fische und Krebse groß waren, und kehrten in ihre Heimat im Landesinneren in Waimate und Whakataha zurück, wenn der Regen einsetzte und der feucht-kalte Winterwind einzog.

Die Straße nach Mangonui ist nur etwa bis zur Hälfte gepflastert. Dann folgt etwas, das »loose metal« genannt wird: ein rutschiger Straßenbelag, der Staubwolken entstehen lässt. Die Straße windet sich die Hügel hinauf und hinab, vorbei an Viehweiden und über kleine Flüsschen und taucht weit in der Ferne schleifenförmig zwischen den Feldern wieder auf. Zwanzig Minuten nach dem Ende der befestigten Straße biegt eine schmalere, unebene Straße ab und führt in einer schwungvollen Biegung zur Spitze einer kleinen Halbinsel, die in die Bucht hinausragt.

Mangonui liegt auf diesem fingerförmigen Stück Land, mit einem *marae*, einem Andachtshaus, am ersten »Gelenk« und einem weiteren am zweiten. Dass es gleich zwei solcher Einrichtungen auf einem so kleinen Stück Land gibt – wo man weder eine Zeitung noch einen Liter Milch kaufen kann, und wo sich 200 bis 300 Menschen vier oder fünf Nachnamen teilen – kann zweierlei bedeuten: eine tiefe Religiosität oder eine langandauernde Familienfehde, wobei es höchstwahrscheinlich eine Verbindung zwischen beidem gibt. Auf der einen Seite von Mangonui leben die Anhänger von Ratana, auf der anderen, diejenigen von Rapana. Getrennt sind sie durch einen Konsonanten, eine schmutzige Straße und eine längst vergessene Meinungsverschiedenheit. Ihr Streit – einst eine Sache des Prinzips – ist zu einer Sache der Gewohnheit geworden, und was ihn ursprünglich ausgelöst hat, weiß niemand mehr, der weniger als 70 Jahre zählt.

Hinter den *marae* befinden sich zu beiden Seiten Häuser, Schuppen, ein paar Gärten, etliche verlassene Autos, der Kiesstrand und das Meer. Im Gegensatz zu der wunderbaren Naturlandschaft, haben die Häuser eher wenig zu bieten. Das schönste ist dasjenige, das Sevens Vater Anfang der 1960er von der Regierung gekauft hat. Es war für den Lehrer in Mangonui gebaut worden, der vermutlich ein verheirateter Pakeha gewesen war, und es lag auf Kronland, das Sevens Großvater extra für diesen Zweck der Regierung überlassen hatte. Als eine größere Schule an der Hauptstraße gebaut wurde, in der nicht nur Maori sondern auch die Kinder der ortsansässigen Pakeha-Bauern unterrichtet werden sollten, wurde das Mangonui-Lehrerhaus nicht mehr gebraucht, und mit der Unterstützung eines Regierungskredits übernahm es Sevens Vater.

Das wunderschöne kleine Häuschen war handgefertigt aus Kaurifichte, mit einem großen Überbau, Flügelfenstern und Außentreppen, die zur Eingangstür führten. Es hatte eine Küche mit einem Holzofen, ein Wohnzimmer mit offenem Kamin, zwei Schlafzimmer mit einem Bad dazwischen, eine außenliegende Toilette und zwei Wasserbecken, die Regenwasser vom Dach auffingen. An einen leicht abfallenden Hügel angeschmiegt, eröffnete es einen Blick auf beide *marae* und die Straße dazwischen und, jenseits davon, auf die Bucht und den anderen Strand. Dahinter stand hangaufwärts ein gewundener Zitronenbaum, ein Schuppen, zwei Gabelstützen für eine Wäscheleine und dann folgte, am Ende der gemähten Wiese, der Busch. Ein Gewirr von Bäume und Schlingpflanzen wucherte oben auf der Dammböschung wild durcheinander, die auf der anderen Seite steil zu ein paar Häusern hinabfiel. Große Büschel aus fedrigem Gras und Flachs, die aussahen, wie der Kopfkamm eines riesigen Vogels, trennten die Häuser vom Strand.

In diesem Haus war Seven aufgewachsen. Seine Eltern hatten zehn Kinder in den fünf Räumen großgezogen; sein Vater übte verschiedene Jobs aus, als Bauarbeiter, Fleischpacker oder Erntehelfer, oft weit weg von zu Hause. Seine Mutter führte das Postamt und die Telefonvermittlung von einem Schrank im Vorraum aus, bis die Regierung diese Außenstelle schloss und alles in die Stadt verlegte. Als ich sie zum ersten Mal traf, lebten sie noch immer dort mit ihrem letzten Kind – ein damals etwa 13-jähriges Mädchen. Sie hatte jetzt alles für sich allein – früher waren die Betten hier in allen möglichen Anordnungen verteilt gewesen (zwei Sets mit Schlafkojen; eine Schlafkoje und ein Doppelbett; ein Doppelbett, ein Einzelbett und ein Feldbett) und die Kinder hatten in allen möglichen Zusammenstellungen übernachtet (zwei Jungen in jeder Koje; vier Mädchen in einem Bett; die Kleinsten zusammen in einem Bett, und ein Feldbett für das jeweilige Baby). Ihre Brüder und Schwestern waren mittlerweile erwachsen und die meisten waren weggezogen, aber ein paar waren auch in Mangonui geblieben, lebten in den Nachbarhäusern und hatten schon eigene Kinder.

Sevens Vater war kein Mann vieler Worte, zumindest nicht mir gegenüber und nicht auf Englisch. Er war ein Gesandter des Glaubens, den man »Absoluten Maori« oder Mana Motuhake nennt, ein Rapana-Ableger mit Wurzeln in der anglikanischen Kirche. Seine Messen hielt er komplett auf Maori und trug ein blaues Priestergewand mit weißem Chorhemd und roter Stola. Dabei zuzuhören war wunderbar – so wie jede

Sprache wunderbar ist, die man nicht versteht – ein musikalisches, rein emotionales Erlebnis. Sevens Mutter war eine gute Sängerin mit voluminöser Stimme, die das *marae* am Sonntagmorgen ausfüllte und die Gläubigen in der *whare kai*, der Gemeinschaftsküche, bei allen Kirchenereignissen auf Trab hielt. Sie waren die Traditionalisten in Mangonui und nannten im Privaten ihre Verwandtschaft von der anderen Straßenseite *paki paki* (was »klatschen klatschen« bedeutet) wegen ihrer Hinwendung zur Pentecost-Kirche.

Der Tag, an dem ich in Mangonui ankam, war heiß und hell. Ich hatte mich in einem Haus voller Menschen schlafen gelegt und als ich erwachte, strahlte die Sonne durch die Fenster und alle waren weg. Geschirr mit Frühstücksresten stand in der Spüle gestapelt neben Tassen mit Resten des Getränks, das man in Neuseeland Kaffee nennt: ein staubiges, kakaofarbenes Pulver, das mit Zucker, Milch und heißem Wasser aufgegossen wird. Aber kein Mensch war mehr da und das Haus fast unheimlich still.

Seven muss mich gehört haben, denn er tauchte plötzlich in der Eingangstür auf.

»Willst du eine Tasse?«

Wir gingen nach draußen und setzten uns mit unserem Kaffee auf die Stufen. Ich hatte viele Fragen: Ich wollte (noch mal) wissen, wie sich sein Name schrieb und wie er ausgesprochen wurde und woher er kam und was er dort tat und wer all die Menschen im Haus waren und in welchem Verhältnis er zu ihnen stand. Aber vorerst fragte ich erst mal gar nichts. Die Sonne wärmte uns und kleine Vögel pickten im Gras und flitzten zwischen den Büschen hin und her.

»Und«, fragte ich, »was wirst du jetzt machen?«

»Nach Mangonui fahren – willst du mitkommen?«

»Okay«, sagte ich, »klar.«

Wir kamen bei Sevens Eltern gerade rechtzeitig zum Mittagessen an. Es gab Fischköpfe, die mit Zwiebelschnitten und Salz in einem riesigen Topf gekocht wurden, und Maori-Brot, dick mit Butter bestrichen. Einen Fischkopf zu essen, ist nicht so einfach, wie man meinen könnte. Das Gehirn, eine sämige, gelatineartige Masse, verflüchtigt sich, wenn man nicht achtgibt. Das Innere der Augen muss man aussaugen und die durchsichtige dünne Hülle mit der weißen Murmel des Augapfels ausspucken.

Meine Unsicherheit diesem Gericht gegenüber muss offensichtlich gewesen sein, denn bevor ich wusste, wie mir geschieht, stand Sevens Mutter schon wieder am Herd und panierte und briet Snapper-Filets für mich. Sie tat es aus Höflichkeit für eine Pakeha, die offensichtlich nicht wusste, was sie mit einem Kopf anfangen sollte, und ich war ihr dankbar und etwas verlegen zugleich.

Es war eine ganz andere Mahlzeit, als ich es von zu Hause gewohnt war. Das Gespräch beschränkte sich auf das, was gesagt werden muss, um sich gegenseitig das Essen (von der einen Seite des Tisches auf die andere) zu reichen. Niemand plauderte über das Wetter oder diskutierte politische Ereignisse. Sie aßen mit enormer Konzentration, nicht eilig, aber zielstrebig, und zu hören war nur das Saugen mit dem jedes Stückchen Fleisch von den Knochen gelöst wurde, das Klappern der Teller und Bestecke, und das leise Schlürfen beim Leeren eines Glases; und schließlich das Scharren der Stühle, die vom Tisch weggeschoben wurden.

Als alle Fischköpfe verzehrt waren und das Brot aufgegessen war, jeder einen großen Schluck Wasser mit etwas Brausepulver darin genommen hatte, beendeten wir das Mahl mit einer Tasse Tee.

»Milch?«, fragte Sevens Mutter.

»Zitrone, wenn Sie welche haben«, antwortete ich.

»Genau wie Dad. Riana, hol schnell eine Zitrone vom Baum.« Danach wurde es für mich zur Ehrensache meinen Tee mit

Zitrone zu nehmen, obwohl ich irgendwann bemerkte, dass ich den kleinen Vorrat an Zitronensaft verringerte – der Baum war alt und warf nicht mehr viel ab – und damit möglicherweise Sevens Vater um eines seiner kleinen Vergnügen brachte.

Sevens Eltern waren sehr unaufdringlich in ihrem Versuch herauszufinden, wer ich war und was ich hier tat, und stellten mir fast gar keine Fragen über mich selbst. Nach dem Essen sagte sein Vater schließlich – wobei er leise sprach und an meinem Kopf vorbeiblickte, als wäre es unhöflich, mich mit einer direkten Frage zu konfrontieren: »Ist deine Familie weit weg?«

»Sie lebt in Boston, in den USA«, antwortete ich.

»Sehr weit weg«, sagte er. Und dann, nach einer Pause: »Du musst dein Zuhause vermissen.«

»Ich bin mir nicht sicher, ob ich weiß, wo mein Zuhause ist«, sagte ich mit der Unbekümmertheit einer 26-Jährigen. Darauf antwortete er nicht.

Seitdem habe ich mich oft gefragt, was er von so einer Antwort wohl gehalten haben muss. Damals war ich mir der Absurdität meiner Antwort nicht bewusst, aber heute denke ich natürlich darüber nach, wie so etwas auf einen Mann, der auf dem Land seiner Ahnen lebt, gewirkt haben muss; der sich nie mehr als 300 Kilometer von dem Ort entfernt hat, an dem er geboren worden ist; der, bewusst oder unbewusst, einen großen Teil seines Lebens damit zugebracht hat, sein Recht und das seiner Kinder gegen den Druck des Kommerzes, der Modernisierung und dem Landhunger der Pakeha zu verteidigen, um genau dort zu bleiben, wo er war. Vielleicht tat ich ihm leid, aber wahrscheinlich erkannte er mit der Weisheit eines Mannes, der viele Kinder großgezogen hat, dass ich schlicht und einfach jung war.

Aber falls *ich* ihnen Rätsel aufgegeben haben sollte, waren *sie* sicher noch viel geheimnisvoller für mich. Ich hatte nicht die leiseste Ahnung, wie die elementarsten Dinge getan werden, und war dem einheimischen Sprachgebrauch zufolge

»nutzlos«. Als ich einer von Sevens Schwestern anbot, für sie zu waschen, wusch ich die dunkle Kleidung zuerst und musste die ganze Wanne Wasser wegschütten, die in dieser trockenen Jahreszeit für zwei oder drei Wäschen hätte reichen sollen. Als ich einer anderen Schwester helfen wollte, Austern zu öffnen, führte das lediglich dazu, dass ich sie verärgerte, weil ich meine Messerspitze abbrach. Ich sehe noch vor mir, wie diese kräftige Frau in Gummistiefeln und Schürze auf einem umgedrehten Korb sitzt, den Kopf schüttelt und mich wegschickt. Es gelang mir nicht, *pipis* zu sammeln, ohne mir dabei die Hände aufzuschneiden. Ich schaffte es auch nicht, Seeigel von den Felsen abzumachen, noch nicht mal im flachen Wasser. Große Heiterkeit löste ich aus, als ich mit einem Sarong über meinem Hut herumspazierte, um meine Haut vor der brennenden neuseeländischen Sonne zu schützen. Die kleinsten Kinder waren schlauer, »nützlicher«, als ich. Aber die meisten Leute amüsierten sich über meine Unwissenheit und sogar ich selbst musste zugeben, dass es lustig war.

Ich blieb eine Woche lang in Mangonui und übernachtete mit Seven in einer Hütte am Meer, die kein fließend Wasser hatte. Wir ernährten uns von Snapper, den Seven mit einer Schnur fing und über dem Feuer briet. Wenn wir größeren Hunger hatten, besuchten wir jemanden, seine Mutter oder Schwester oder Schwägerin, um die Essenszeit. Es gab Schweineknochen mit Knödeln und *puha*, die bitteren Blätter der Gänsedistel, die in den Gärten, entlang von Zäunen und manchmal am Straßenrand wächst; es gab Austern und *kina*, Seeigeleier, die salzig, kräftig und leicht nach Jod schmecken und alle süchtig machen, die damit aufgewachsen sind. Wir hatten *pipis*, Herzmuscheln, die gedämpft werden, bis sie sich öffnen, und *paua*, also Seeohr, fein gehackt und in Sahne angeschwitzt. Es gab Lammkoteletts und Würstchen, »zermanschte« Kartoffeln und Körbe voller Wollmispeln (Loquat), Passionsfrüchte und Pflaumen.

Gelegentlich musste Seven Dinge erledigen. Einmal schickte ihn sein Vater in den Busch am Fuß des Dammes, um wilde Katzen zu schießen. Ein andermal wollte einer seiner Brüder mit ihm auf dem Boot aufs Meer hinausfahren. Sie brachen früh auf und blieben den ganzen Tag draußen. Ich saß die meiste Zeit am Strand und schaute auf das Meer. Der Kiesstrand ist voller Muscheln und fällt langsam zum Meer hin ab, weshalb bei Ebbe das Wasser weit zurückweicht, dann langsam wieder hereinkriecht und über den Schlamm plätschert. In der kleinen Bucht waren die Hügel von dunklen Kauribäumen bedeckt, die dann in eine grün-goldene Wiesenlandschaft mit vereinzelten Bäumen übergingen. Gebäude, Straßen oder Häuser waren nirgendwo zu sehen und meine Gedanken wanderten immer wieder zu der Frage zurück, wie das alles wohl auf die ersten Siedler mit ihrer europäischen Erinnerungswelt und ihren europäischen Augen gewirkt haben muss.

Manchmal machte ich Spaziergänge und ging die Straße hinab oder in den Busch jenseits der Häuser. Ich mochte das dröhnende Summen der Zikaden in der Mittagshitze, das Rascheln des trockenen Grases und den seltsamen, kräftigen Geruch, den ein duftender Baum oder Strauch verströmte – ich fand nie heraus welcher –, der mich plötzlich wie eine Verzauberung umgab und genauso plötzlich wieder verschwand, wenn ich einen Schritt weiterging. Ich wurde immer ruhiger, je mehr Tage vergingen, ein heißer, heller Sommertag nach dem anderen, und ich sprach immer weniger. Eines Tages sagte ich zu Seven: »Vielleicht höre ich noch ganz auf zu sprechen, wenn ich hier zu lang bleibe.« Er lachte nur.

An einem der Tage, an denen ich allein umherwanderte, traf ich zum ersten Mal auf Kura, die zweitjüngste von Sevens Schwestern. Sie war zu dieser Zeit etwa 18, ein hübsches Mädchen mit dickem, lockigem schwarzen Haar, langen Beinen und einer etwas lauten Art. In ihrer Kindheit hat sie, wahrscheinlich wegen einer unbehandelten Ohrenentzündung, einen Teil ihrer Hörfähigkeit eingebüßt; deshalb sprach sie oft sehr laut. Vielleicht weil Seven ihr Lieblingsbruder war, vielleicht auch, weil sie zu Hause festsaß und sich langweilte, freundeten wir uns schnell an.

»Letzte Nacht hatte ich einen schrecklichen Traum«, erzählte sie mir.

»Was hast du denn geträumt?«

»Ich habe geträumt, dass mir alle Zähne ausgefallen sind!«

Lachend sagte ich: »Das ist ein ganz klassischer Traum. Man sagt, dass solche Träume etwas mit Sex zu tun haben.«

»Wirklich?«, fragte sie. »Oh-oh, erzähl das bloß nicht Mum.«

Aber insgeheim dachte ich, dass es etwas mit Zahnfäule zu tun haben müsse. Kura und Seven gehörten zu den wenigen jungen Erwachsenen in Mangonui, die noch all ihre eigenen Zähne hatten. Man konnte ziemlich sicher sein, dass jemand, der mit über 30 Jahren noch alle Zähne besaß, falsche hatte. Und einige Leute, die ich dort getroffen habe, hatten sich schon in ihren Zwanzigern alle Zähne ziehen lassen, weil es billiger war, als sie reparieren zu lassen.

Ich fand das sehr schockierend und die Ironie des Ganzen war zumindest in meinen Augen bezwingend. Eines der ersten Dinge, das den Besuchern aus Europa im 18. und frühen 19. Jahrhundert in Neuseeland auffiel, waren die strahlend weißen Zähne der Maori, die so ganz anders aussahen, als ihre eigenen. Denn neben Gewehren, Bakterien und Stahl brachten sie auch Mehl und Zucker mit und damit eine Ernährung, die nicht nur zur weit verbreiteten Fettleibigkeit und Diabetes geführt hat, sondern auch zu um sich greifender Zahnfäule.

Die andere Person, die ich in Mangonui relativ gut kennenlernte, war eine alte Dame namens Nana Miri, die neben Sevens Mutter lebte, in der Wohnung unterhalb der Uferböschung, einen Steinwurf vom Meer entfernt. Sie war eine kleine, energiegeladene Frau mit markanten Gesichtszügen und langen, stahlgrauen Zöpfen, die sie zu einem Knoten hochgesteckt trug. Sie liebte die Einfachheit, schlichte Linien und dunkle Farben und war immer tadellos gekleidet. Wenn sie ausging, trug sie einen gelben Flachshut mit schwarzem Band und schwarzen Hosen oder einen langen schwarzen Rock mit einer dunklen, manchmal gemusterten Strickjacke. Sie hatte ein *kete*, eine geflochtene Flachstasche, oft auch »kit« genannt, bei sich, die sie selbst oder Ngaire gemacht hatte – eine einfache für den Einkauf, eine gemusterte für die Kirche.

Nana Miri, in Mangonui als eine der besten Weberinnen bekannt, war davon überzeugt, dass ihre Freundin Ngaire noch besser sei. Eines Tages nahm sie mich mit zu Ngaire, um mir einige der Dinge zu zeigen, die sie gewebt hatte. Ihre Taschen waren gelb und schwarz oder manchmal rot, aus feinem, biegsamem Flachs mit sehr aufwendigem Muster. Jeder, der das Glück hatte, eine zu bekommen, hielt sie in Ehren, denn das Wissen über die Kunst, sie anzufertigen, verschwand mit den alten Damen.

Die meisten Menschen in Mangonui waren sehr freundlich zu mir. Manche, wie Ngaire, verhielten sich höflich und etwas formell; manche, wie Nana Miri und Kura waren mir gegenüber etwas offener und weniger zurückhaltend. Aber es gab auch ein paar Leute im Dorf, die mir Angst einflößten. Eines Tages nahm mich Seven mit zu einem seiner Cousins, ein dicker, furchterregender Mann mit dichtem schwarzem Haar, der mit seiner Frau und einer Horde kleiner Kinder in einer dunklen kleinen Hütte lebte. Sie war nicht wie Sevens Mutter eine Naturgewalt, sondern ein ausgehungert aussehendes Wesen, das früher einmal sehr hübsch gewesen sein muss; aber sie hatte in sieben Jahren fünf Kinder geboren, darunter auch ein Baby, das ohne ersichtlichen Grund gestorben war. Sie arbeitete wie ein Kuli: sie kochte, wusch, putzte, holte sogar ihr

Wasser selbst, wenn die Pumpe klemmte. Solange ich dort war, hielt sie den Kopf gesenkt und sagte wenig. Vielleicht war es nur mein Eindruck, aber ich hatte das Gefühl, dass sie ihren Mann argwöhnisch beobachtete.

In Mangonui gab es eine gewisse Anzahl von Frauen wie sie und eine gewisse Anzahl von Männern wie ihn. Aber Seven war nicht wie sie. Er war nicht tätowiert und trug kein Leder; abgesehen von der Sonnenbrille sah er nicht aus wie die Leute aus der Nachbarschaft. Aber der eigentliche Unterschied lag gar nicht so sehr in seinem Äußeren, sondern vielmehr darin, wie er sich benahm, wie er sich verhielt und wie er der Welt gegenübertrat. Er war von imposantem Körperbau, hatte aber nichts Verkrampftes oder Furchterregendes. In seiner Familie führte man es darauf zurück, dass er gleichzeitig der jüngste und größte der Brüder war. Nie hatte er irgendwelche Komplexe, musste sich nie etwas beweisen oder zeigen wie stark er war.

Aber sogar er empfand eine seltsame Freude darin, die Geschichten seiner verschiedenen Kämpfe zu erzählen: wie er einmal einen Typen so hart getroffen hatte, dass dessen Haut seitlich über den Schädel gerutscht war; wie er einen anderen auf dem Parkplatz eines Pubs unter dem Kinn gepackt hatte und ihn so in die Höhe gehoben hatte; wie er einmal einem seiner älteren Brüder eins übergezogen hatte und davongerannt war, geschockt davon, was er getan hatte. Er erzählte diese Geschichten immer lachend, ohne Häme, als ob er noch immer darüber erstaunt wäre, dass das alles geschehen war, als ob es mit ihm gar nichts zu tun hätte.

Seven war der umgänglichste Mensch, den ich je getroffen habe. Er schien sich in seiner Haut pudelwohl zu fühlen, jemand, der völlig in der Welt zu Hause ist. Anderen gegenüber war er tolerant und unvoreingenommen, und es war ihm aufrichtig egal, was die anderen dachten. Seine Ruhe war neu für mich, ein Mangel an Ehrgeiz, eine Gelassenheit, die ich sonderbar fand, die mich aber anzog wie ein Magnet; manchmal fragte ich mich, ob es genau diese Eigenschaft war, die all den Geschichten aus dem 18. Jahrhundert über die sanften, unbekümmerten Polynesier zugrunde lag.

Die Tage vergingen wie in einem Nebel. Wenn wir duschen wollten, holten wir den Schlüssel zu den Duschblöcken im *marae*. Wenn wir schwimmen gehen wollten, trampten wir auf die andere Seite der Halbinsel, wo das offene Meer auf einen weißen Sandstrand spülte und eine Handvoll Inseln vor der Küste im Meer trieben. Einmal quetschte sich die ganze Familie in ein paar Autos und machte sich auf den Weg zu einer kleinen Bucht mit einer Seeigelkolonie. Ich war wie immer dick mit Sonnencreme eingeschmiert, trug eine Sonnenbrille, einen Hut, ein langärmliges T-Shirt und den allgegenwärtigen Sarong, mit dem ich mal die Beine vor der Sonne schützte, mal meinen Kopf. Alle anderen trugen Badeanzüge oder Shorts, denn ihre Haut war von der Sonne in dieser Jahreszeit schon fast schwarz geworden. Ich watete mit Sevens Mutter im knietiefen Wasser und hielt Ausschau nach den stachligen gut getarnten Muscheln. Man muss schnell hineingreifen und sie vom Felsen drehen, aber die Stacheln sind sehr spitz und ich hatte Angst davor und war deshalb besonders ungeschickt. Immer fühlten diese Wesen mein Kommen und saugten sich fester an die Felsen. Sobald das geschieht, ist es unmöglich, sie davon zu lösen; man kann genauso gut versuchen, einen einzelnen Stein aus einer soliden Mauer zu brechen.

Schließlich ging ich bis ans Ende des Strandes und machte es mir unter einem großen Pohutukawabaum gemütlich. Es heißt, dass die ersten Maori, die in ihren Kanus Neuseeland von den Inseln im Norden aus erreichten, beim Anblick eines Pohutukawa in eine solche Aufregung gerieten, dass sie alle ihre heiligen Federn ins Meer warfen, nur um dann herauszufinden, dass das, was sie für Schwärme leuchtender Vögel gehalten hatten, in Wirklichkeit die roten Blüten des Baumes waren – eine Geschichte über den falschen Schein und voreiliges Handeln. Wenn ich sie damals schon gekannt hätte, hätte ich mir vielleicht Gedanken darüber gemacht. Aber zu dieser Zeit war ich wie in einem Zauber gefangen, von der Sonne, dem Meer und der Eigentümlichkeit meiner Umgebung.

Als ich schließlich daraus erwachte und mir bewusst wurde, dass ich wieder nach Australien zurückkehren musste, trampte Seven mit mir nach Auckland, um mich zu verabschieden. Der Abschied am Flughafen war seltsam, keiner von uns beiden konnte sich vorstellen, wie es weitergehen sollte – wenn es denn weitergehen würde. Ich gab ihm meine Adresse und meine Telefonnummer, obwohl ich meine Zweifel hatte, dass er anrufen würde. Er gab mir eine Nummer in Whangarei, von der er sagte, dass man ihn dort erreichen könnte.

Innerhalb weniger Stunden war ich wieder in Melbourne, wochenlang fühlte ich mich aber, als hätte ich einen Teil von mir zurückgelassen, als würde ich in einem Nebel umherwandern und konnte nicht zur Ruhe kommen. Ich wollte über meine Erlebnisse sprechen und gleichzeitig wollte ich alles für mich behalten. Eigentlich war ich mir nicht sicher, *was* überhaupt passiert war.

Ein befreundeter indischer Politikprofessor hat mir einmal halb im Spaß erzählt, dass ihn die Erkenntnis, dass er im Körper eines Europäers lebte, wie ein Blitzschlag getroffen hatte. So etwas Ähnliches war auch mir gerade passiert. Ich fühlte mich nicht wie eine Maori in der Haut einer Amerikanerin, aber irgendetwas an diesem Ort und diesen Menschen, etwas, das mit Seven zu tun hatte, mit der Bucht und dem Meer, gab mir das Gefühl, etwas Neues und Wunderbares entdeckt zu haben; gleichzeitig empfand ich es wie die Ankunft an dem Ort, für den ich bestimmt war.

Zunächst saß ich nur da und überlegte mir, was ich tun

sollte, oder ob ich überhaupt etwas unternehmen sollte. Ich wusste, dass die Kraft dieser Eindrücke verblassen würde, wenn ich nichts unternahm. Der Gedanke, dass ich diese Intensität vergeuden und wieder alles so sein würde wie zuvor, war mir unerträglich. Ich hatte das Gefühl, dass mir etwas gezeigt, mir etwas beigebracht, mir etwas angeboten worden war, und das wollte ich nicht einfach ziehen lassen.

Nach ein paar Wochen fasste ich mir ein Herz und rief in der Pension an, von der mir Seven gesagt hatte, dass ich ihn dort finden könnte. Die Verbindung war schlecht und als ich ihn endlich an den Hörer bekam, klang er überrascht.

»Also«, sagte ich ohne große Vorrede, »warum kommst du nicht nach Australien?«

Er sagte, dass er darüber nachgedacht hatte. Er hatte sich überlegt nach Brisbane zu fahren, wo ein paar seiner Cousins wohnten.

»Brisbane!« Ich schrie beinahe. »Was willst du denn in Brisbane? Komm nach Melbourne. Ruf einfach an und sag mir mit welchem Flug du kommst. Ich hol dich am Flughafen ab.«

Einen Monat später landete er nur mit einer Sporttasche, die er als Handgepäck mit im Flugzeug hatte, in Melbourne. Ich war mir nicht ganz sicher, ob ich ihn erkennen würde und hätte um ein Haar einen anderen Maori gerufen, der unter den ersten Passagieren war und ungefähr seine Größe hatte. Als er schließlich durch die Türen trat, beinahe als Letzter, hatte ich schon ernsthaft in Erwägung gezogen, dass er beschlossen hatte, doch nicht zu kommen.

In seiner Sporttasche hatte er eine Shorts, drei T-Shirts, Socken, Unterwäsche und zwei Kellen mit Holzgriffen, sein Handwerkszeug. Das und die Jeans, das T-Shirt und die Jacke, die er trug, waren all seine weltlichen Güter oder zumindest alles, von dem er dachte, dass er es brauchen würde, wenn er in ein anderes Land zog. Wie ich später entdeckte, war das die Kehrseite seiner Leichtlebigkeit, aber ich glaube es war genau das, was mich so sehr an ihn band. Obwohl ich ihm bald all die Kennzeichen des normalen Lebens aufbürden musste, verlor er nie diese Leichtigkeit, deren bestes Symbol diese Sporttasche war.

4. Terra Incognita

Zum Zeitpunkt meines ersten Besuchs in Neuseeland war ich etwa bei der Hälfte meiner Dissertation über die europäische Pazifik-Literatur angelangt. Eine Dissertation ist die Demonstration der Umsetzung eines wissenschaftlichen Anspruchs; sie fasst zusammen, was bereits über ein Thema bekannt ist, und der Verfasser selbst fügt dann noch seinen eigenen Teil originärer Forschung hinzu. Bei dieser Arbeit spielen die eigenen Erfahrungen, die *persönlichen* Erfahrungen, keine große Rolle. Aber während ich las und las, erkannte ich, dass die Dinge erst dann eine wirkliche Bedeutung für mich erlangten, wenn ich sie aus erster Hand erlebte.

Darüber sprach ich gleich beim ersten Treffen im neuen akademischen Jahr mit dem Leiter meiner Abteilung. Ich war gerade von meiner Reise zurückgekehrt und die intensiven Eindrücke waren in meinem Kopf sehr präsent. Ich hatte ihm ein Kapitel meiner Arbeit mitgebracht. Es war ein Erklärungsversuch, warum die Schriftsteller, mit denen ich mich befasste, regelmäßig auf Ereignisse aus ihrem eigenen Leben zurückgegriffen und ihre Geschichten darum herumgebaut hatten.

»Sie kennen ja die großartigen Zeilen von Conrad«, sagte ich. »*Ein Schriftstück kann verloren gehen; eine Lüge kann niedergeschrieben werden; aber was das Auge gesehen hat, ist die Wahrheit und bleibt in Erinnerung.* Melville, Conrad, Malinowski – was wären sie gewesen ohne Schiffe und Zelte?«

Dem Leiter, ein groß gewachsener Dekonstruktivist, gefielen diese Gedanken offenbar überhaupt nicht. Trotzdem wollte er sich mein Kapitel ansehen und am Ende der Woche lag eine Nachricht in meinem Postfach, dass ich kommen könnte, um es wieder abzuholen.

Die Tür zu seinem Büro war geschlossen, also klopfte ich und hörte ein »Herein«. Es saß an einem überladenen Schreibtisch; alle Wände waren vom Boden bis zur Decke voller Bücher. Er drehte sich mit seinem Stuhl herum und hielt mir ohne aufzustehen meinen Text hin. »Tut mir leid«, sagte er, »aber ich glaube nicht, dass Sie davon etwas verwenden können.«

»Sie finden es wirklich so schlecht?«, fragte ich bestürzt.

»Ich fürchte schon.«

Auf meine Papiere war eine einseitige Kritik geheftet, die ich las, sobald sich die Tür hinter mir geschlossen hatte. Mein Kapitel war laut des Leiters sehr schön geschrieben, was aber leider auch schon der einzige Vorzug war und dazu noch einer, der, wie ich wusste, nicht allzu viel zählte. Bei den Negativpunkten führte er theoretische Schwierigkeiten an. Ich hatte nichts Neues, nicht nur in Bezug auf die Autoren und ihre Werke geschrieben, sondern auch hinsichtlich »des intertextuellen Prozesses der Entstehung von Autorität durch die Diskurse von Erfahrung oder empirischer Beobachtung«. Außerdem hatte ich fälschlicherweise den Empirismus »als eine Form der Simplizität« anstatt »einer metaphysisch komplexen Darstellungsweise« vorgestellt und, ebenfalls falsch, den »Autoritätseffekt« bestätigt, den Schriftsteller wie Conrad und Melville erreichen wollten, mit dem Mittel »der Erkundung des Empirischen als eine realitätsabbildende Art der Textualität«.

Mit anderen Worten hatte ich meinen Autoren unbesehen geglaubt, ganz naiv akzeptiert, was sie zu sagen hatten, und heimlich, aber offenbar klar erkennbar, gehofft, durch ihre Worte einen Blick auf die Welt zu erhaschen, wie sie war – beziehungsweise noch nicht einmal, wie sie tatsächlich gewesen ist, sondern darauf, wie sie sie erfahren hatten. Eine Welt, in der sie tatsächlich gelebt hatten, über die ich aber nur in Büchern lesen konnte.

Ich weiß, dass es naiv war. Ich weiß, dass ich erfolgreich eine kritische Herangehensweise aufgegeben hatte zugunsten eines hoffnungslosen Versuchs, zu erfassen, *wie es wirklich gewesen ist*, im 17. oder 18. oder 19. Jahrhundert dort am Strand zu stehen. Ich war schon lange genug an der Universität, um zu wissen, dass diese Art von unverbesserlicher Romantik innerhalb akademischer Kreise als ein Zeichen von mentaler Schwäche gewertet würde. Aber ich wusste auch, dass ich eine Romantikerin war – nicht in dem Sinn, dass ich mich die ganze Zeit mit Liebesgeschichten und Dreiecksbeziehungen beschäftigte, sondern auf eine speziellere, fast schon technische Art besaß ich eine romantische Empfindsamkeit. Ich mochte Abenteuer und Aufregung; ich verehrte Lawrence von Arabien und Sir Walter Scott. Ich fühle mich unheilbar angezogen von Abenteuern, Erkundungen und allem, was den Beigeschmack von Mysterien, Exotik oder Weltabgeschiedenheit trug. Das war es, was ich dort in erster Linie suchte – nicht im Büro des Abteilungsleiters für Englisch, sondern in diesem entlegenen Winkel der Welt.

Auf den ersten Blick ist der Pazifik alles andere als ein nahe liegender Ort für mich. Ich bin in Boston aufgewachsen und wusste fast nichts über Inseln oder das Meer; die Sommer meiner Kindheit und Jugend habe ich in Europa verbracht. Während mein Vater unterrichtete, besuchte ich dort mit meiner Mutter Museen oder las viel, vor allem Romane aus der viktorianischen Zeit. Ich träumte davon, die kleine Mary Lennox in *Der geheime Garten* oder *Sara, die kleine Prinzessin* zu sein, und in meinem Kopf schwirrte es nur so vor dunklen und zugigen englischen Herrenhäusern und vagen Vorstellungen von Mooren.

Aber wenn man umgeben von den Werken von Frances Hodgson Burnett aufwächst, bleibt unweigerlich eine gewisse Liebe zu den Kolonien zurück. Das England, das in meiner Fantasie lebendig wurde, gehörte genau genommen der Kindheit meiner Mutter an: ein riesiges, sich immer weiter ausdehnendes Imperium, das den Großteil der Weltkarte ausmachte – Indien und Ceylon, Schanghai und Kapstadt, Birma, Barbados, Guyana, Brunei. Eine Welt großartiger Reichtümer und bitteren Elends, wo die Menschen – zumindest in den von mir so geliebten Geschichten – entweder ihr Glück machten oder verschwanden, wenn sie in Ungnade fielen. Von dort kehrten sie zurück, oder auch nicht. Wenn sie aber zurückkehrten, waren sie entweder zu Einheimischen geworden oder an der Cholera erkrankt und starben.

Diese Epoche war in der Realität natürlich lange vorbei, aber sogar in meinem eigenen Leben gab es gelegentlich seltsame Einbrüche der imperialistischen Vergangenheit Europas. Zum Beispiel die Besuche der Tante meiner Mutter, einer alten Jungfer, die in den 1920ern eine Grand Tour unternommen hatte und die uns regelmäßig, in eine Wolke von Teerose und Kampfer gehüllt, ihre Aufwartung machte. Sie war ziemlich schwerhörig und sehr befremdlich und ich fürchtete mich vor ihren Besuchen, obwohl sie mir immer außergewöhnliche Dinge mitbrachte: steife kleine Stiefel aus Rentierfell mit nach oben gebogenen Spitzen und Wolltroddeln oder ein duftendes Zigarettenetui, das mit Elfenbein und Perlmutt ausgelegt war. Das genügte, um in mir die schwärmerische Nostalgie für die Zeit der Schiffsreisen zu wecken, mit Liegestühlen und Schrankkoffern und dem Plan, *nach Übersee zu reisen*.

Mit »Übersee« war zumeist Europa gemeint und der mysteriöse Osten, aber für mich musste es Australien sein. Nachdem ich das College verlassen hatte, arbeitete ich als Sekretärin und wollte nun endlich losziehen. Aus einem Impuls heraus bewarb ich mich für ein Stipendium, um in Australien zu studieren, obgleich ich nicht vorhatte, Bergbau, Metallkunde, Meeresbiologie oder Tierheilkunde zu studieren, oder irgendein anderes Fach, für das Australien berühmt ist. Ich wollte australische Literatur studieren.

»Ha«, höhnte mein Bruder, »dafür wirst du nicht lange brauchen.«

Aber das Neuartige daran muss jemandem beim Stipendiatskomitee gefallen haben, denn mir wurde eine Unterstützung gewährt.

Die ganze Planung und Bewerbung dauerte beinahe ein Jahr und während eines Großteils dieser Zeit schlief ich in einem Zimmer, an dessen abgeschrägter Decke ich eine Karte von Australien über meinem Bett angebracht hatte. Auf dieser Karte war das Land gelb eingezeichnet und das Meer in Blau. Ein Maßwerk roter Linien, die Straßen darstellten, und vereinzelte schmale blaue Flüsse zogen sich einige Zentimeter vom Landesinneren bis zur Küste und verloren sich dann. Das Zentrum war bedeckt von eigenartigen, großen Seen – interessanterweise nicht im Blau des Wassers dargestellt, sondern mit dem Weiß von Salz. Es handelte sich tatsächlich nicht um Seen, sondern um Salzpfannen, die kristallinen Überreste eines urzeitlichen Binnenmeeres. Über eine weite Fläche in der Mitte der Karte standen verstreut eine Handvoll Namen: Great Sandy Desert, Little Sandy Desert, Stony Desert und Nullarbor Plain.

Von der Nullarbor-Wüste hörte ich zum ersten Mal von meinem Vater, der während des 2. Weltkriegs seinen Dienst in Australien verrichtet hatte. Dabei handelt es sich nicht um einen der üblichen Namen, die normalerweise von den Aborigines stammten: Wagga Wagga, Wollongong, Moranbah, Kalgoorlie. »*Nulla arbor*«, erklärte er mir, »ist lateinisch und bedeutet *kein Baum*.«

Auf meinem Nachttisch lag in diesem Jahr immer ein Buch – das einzige über Australien, das ich tatsächlich gelesen hatte – und das ich in einem Secondhandladen nahe meiner Arbeit gefunden hatte. Dessen Titel lautete *Voss*, geschrieben von dem australischen Nobelpreisträger Patrick White. Der Buchumschlag zeigte einen Ausschnitt eines Gemäldes aus dem

19. Jahrhundert von Frederick McCubbin mit dem Titel *Down on His Luck*. Ein bärtiger Mann mit einem verbeulten Hut in Englischleder gekleidet ist darauf zu sehen, der verzweifelt in ein kleines Feuer blickt. Hinter ihm erhebt sich drohend der Busch, nicht dicht und dunkel wie der Wald in einem Märchen der Gebrüder Grimm, sondern spärlich, lückenhaft und beunruhigend. Man konnte sich dazu sehr gut schlanke, braunhäutige Menschen vorstellen, die ganz still und halb versteckt mit ihren langen, dünnen Speeren hinter den spindeldürren Bäumen standen.

Voss ist die Geschichte eines Entdeckers, der sich in die gleißende australische Wüste aufmacht und dort ums Leben kommt. Der 1958 erschienene Roman hat eine berühmte Überlandsexpedition des 19. Jahrhunderts zum Thema. 1848 versuchte sich der deutsche Wissenschaftler Ludwig Leichhardt an einer direkten Route von Brisbane nach Perth durch eine Landschaft, in der die Orte Namen wie Mount Hopeless (Berg Hoffnungslos), Moon Desert (Mond-Wüste) und Lake Blanche (Blanker See) trugen. Leichhardts Truppe bestand aus sieben weißen Männern zu Pferd und zwei Aborigine-Führern, die zu Fuß unterwegs waren. Zum letzten Mal wurden sie bei einer Schafstation in den Darling Downs gesehen, danach fehlt von ihnen jede Spur. Nichts wurde jemals von ihnen gefunden, kein Steigbügel, kein Knopf, kein Stück Lederriemen. Verschiedene Theorien kamen auf: dass sie von einer Sturzflut mitgerissen wurden, bei einem Buschfeuer verbrannten oder von feindlichen Aborigines aufgespießt wurden. Aber das Wahrscheinlichste ist, dass sie sich einfach immer weiter vorkämpften, immer tiefer in ein Land, das zunehmend unwirtlich wurde, durch Spinifexgras und verkrüppelte Wälder, durch ein Labyrinth aus trockenen Flussbetten, immer in der Hoffnung auf höher gelegenes Land und Wasser, bis es schließlich zu spät war, um umzukehren.

Voss, die Leichhardt-Figur des Romans, wählt einen ähnlich

langen Weg in den Tod. »Er unternimmt diese große Expedition«, so einer der Charaktere, »um ein Binnenmeer zu entdecken. Oder sucht er Gold?« In Wirklichkeit ist Voss aber gar nicht auf der Suche nach Wohlstand, Macht, nach der Erkenntnis, wie hoch die Gipfel der australischen Berge sind oder in welche Richtung der Fluss fließt. Er ist ein romantischer Held, den sein Innerstes dazu treibt, große Strecken unwegsamen Landes zu durchqueren, sich selbst den Risiken und Gefahren auszusetzen, zu leiden und schließlich zu sterben.

Diese Empfindung war mir vertraut, aber der Schauplatz war mir völlig neu. Über Erkundungstouren hatte ich in Boston nie nachgedacht, wo unsere Geschichten von Pilgervätern, Freiwilligen während des Unabhängigkeitskrieges oder vom Laternenaufhängen in der Kirche handelten. Ich selbst stammte von Siedlern ab, die man nicht mit Entdeckern gleichsetzen kann, und obwohl es vor ihnen Entdecker gegeben haben musste, hatte ich keine Ahnung, wer sie waren. Natürlich *gab* es amerikanische Entdecker, die die Prärie und die Rockys überwunden hatten, die die Quelle des Mississippi und den Großen Salzsee gefunden hatten. Aber all das lag im Westen und hatte mit Neuengland herzlich wenig zu tun. Die einzigen anderen Entdecker, von denen ich gehört hatte, waren Spanier (nun ja, eigentlich Italiener), deren Namen wir in der Schule auswendig lernen mussten, und ein paar Nordländer, die, so sagt man, in einer weit, weit zurückliegenden Vergangenheit irgendwo in Kanada gelandet waren.

Aber etwas an Whites opernhafter Bearbeitung dieser Suche – eine Reise voller »Staub, Fliegen und sterbender Pferde«, wie es einer der Charaktere ausdrückt – brachte eine Saite in mir zum Klingen. Ich war gerade 23 und Whites Themen der Entfremdung und Sehnsucht, von Wagnis und Rebellion, klangen wie Musik in meinen Ohren. Am meisten identifizierte ich mich mit Whites Fixierung auf das Unerreichbare. »Unentdeckte, noch nie gesehene Orte können zu einer Besessenheit

werden, die den letzten Frieden versprechen, das unver-
fälschte Gute«, schreibt White. Das meinte ich wirklich zu verstehen.

Wahrscheinlich wäre die Wirkung dieses Romans auf mich
nicht so tief greifend gewesen, hätte er sich nicht so wunderbar mit ein paar australischen Filmen ergänzt, die zu jener
Zeit in den amerikanischen Kinos liefen. Diese Filme, wie
etwa *Der Fall des Lieutenant Morant, Walkabout* und *Picknick am
Valentinstag*, spielten zumeist im 19. Jahrhundert und zeigten
Mädchen in langen Kleidern, Männer auf Pferden und Kinder, die im Busch verschwanden. Die Geschichten waren trostlos und blieben ungelöst: der falsche Mann wurde für ein Verbrechen bestraft, die Kinder, die verschwanden, wurden nie
gefunden. Aber die Schauplätze waren rau und wunderschön,
und diese Filme erweckten in mir das Verlangen, mich sofort
auf den Weg zu machen in dieses Land, das mir mit seiner heißen und trockenen Atmosphäre so mysteriös, leer und exotisch erschien.

Die Tatsache, dass *Voss* als Anleitung für jemanden, der im
späten 20. Jahrhundert im urbanen Australien leben wollte, völlig ungeeignet war, hatte keinerlei Einfluss auf meinen Enthusiasmus. Und auch nicht die Tatsache, dass fast jeder andere amerikanische oder kanadische Student, den ich kannte, und ein
paar wenige der deutschen, holländischen und skandinavischen
Studenten ebenfalls über Entdecker schrieben. Man konnte meinen, dass wir alle den gleichen Roman gelesen hatten und jetzt
schwindlig vor Fernweh nach einem Ort waren, von dem wir
vielleicht nie wieder zurückkehren würden, zumindest nicht in
unseren romantischen Vorstellungen.

Unsere Professoren, die natürlich aus Australien stammten, betrachteten uns mit verschiedenen Abstufungen von
Belustigung bis Geringschätzung, wie auch die meisten der
australischen Studenten, die wild dazu entschlossen waren,
das Kolonialsystem zu dekonstruieren, das sie zu verschlu-

cken drohte. Wie ich schon dem Leiter meiner Abteilung erklären wollte, handeln wir alle aus unseren Erfahrungen heraus. Wir, die wir aus einem anderen Land kamen, waren fasziniert von den Geschichten über die Menschen, die sich auf den langen Weg nach Australien gemacht hatten. All jene, die schon immer hier gelebt hatten, interessierte der Gedanke der Entdeckung eines Landes überhaupt nicht. Für sie gab es andere Dinge zu bedenken, zum Beispiel, von hier wegzukommen.

Manchmal war es ziemlich frustrierend, so gar nicht mit dem allgemeinen Tenor meiner Abteilung zu harmonieren, aber zu meinem großen Glück war mein Doktorvater eine Art Poet. Dieser gutmütige Bonvivant mit seinem drahtig-grauen, in alle Richtungen abstehenden Haar stand meinem anscheinend naiven Ansatz ziemlich unbekümmert gegenüber. »Machen Sie sich keine Sorgen«, sagte er munter, »alle Dissertationen sind autobiografisch.«

Vielleicht trifft das auf Australien, wo die Graduate School dem englischen Modell folgt, mehr zu, als auf die USA. Für meinen Abschluss genügte meine Doktorarbeit, und ich war weder verpflichtet an Kursen teilzunehmen, noch Prüfungen abzulegen. Dadurch war es mir möglich, mein Studium völlig frei zusammenzustellen, und weil ich vergleichsweise uneingeschränkt war, nutze ich das ganze weite Feld.

Ich füllte meinen Schreibtisch und meine Literaturverzeichnisse mit Büchern, die fast nichts gemeinsam hatten. Sie waren weder durch die Epoche, das Genre oder das Lehrfach miteinander verbunden; sie waren nicht von einer ähnlichen Art von Menschen geschrieben worden, zu unterschiedlichen Zeiten und unter keinerlei vergleichbaren Umständen. Da gab es holländische Reiseberichte aus dem 17. Jahrhundert, französische Klassiker der Anthropologie, britische Schundliteratur aus der Zeit zwischen den beiden Weltkriegen und zeitgenössische australische Romane. Natürlich unterlagen sie einer gewissen geografischen Ordnung – aber daraus lässt sich noch lange keine Doktorarbeit machen: *Alles, was jemals über einen bestimmten Ort geschrieben wurde?* Nein, was mich an diesen Büchern ansprach, war etwas, das ich nur schwer in Worte fassen konnte und noch viel weniger akademisch vertreten. Es hatte damit zu tun, was Joseph Conrad in einem seiner letzten Essays »den großen Geist der Wirklichkeit der Geschichte« nennt – mit der mächtigen Verbindung von Erlebnis und Authentizität. Was mich vor allem anderen faszinierte, war die unglaubliche Bandbreite der Möglichkeiten; nicht das, was tatsächlich geschehen war, sondern das, was hätte geschehen können, was beinahe geschehen war, was noch immer jemandem passieren könnte – nämlich mir.

Oft setzte ich mich an meinen Lieblingsplatz in der Universitätsbibliothek, ein Sessel im zweiten Stock mit Blick über die Platanen auf eine von Nebel umhüllte Hügelreihe im Osten, und war in Gedanken bei den Abenteuern, die all den Büchern zugrunde lagen. Ich dachte an den Entdecker Charles Sturt, der mit einem zerlegten Walfänger in das sengende Herz Australiens fuhr. Er plante das Schiff auf einem Binnenmeer zu Wasser zu lassen. Oder Burke und Wills, die den ganzen Weg zum Golf von Carpentaria gelaufen waren und fast den ganzen Weg zurück. Ich sah Wolken von Rosakakadus vor mir, glitzernde Salzpfannen, Talkessel voller rostfarbener roter Felsen. Ganz Australien schien sich vor mir auszubreiten, und jenseits von Australien der Pazifik, die Inseln, das Meer.

Meine Freunde machten sich auf liebevolle Art gerne über mich lustig. »Du bist so ein Freak«, sagten sie, wenn ich ihnen meine Landkarten zeigte, auf denen ich in verschiedenen Farben die Routen der Entdecker eingezeichnet hatte. Aber ich glaube, keiner von ihnen konnte nachvollziehen, wie ernst mir das alles war und wie tief greifend meine Studien mein Leben beeinflussten, vor allem seit ich aus Neuseeland zurückgekehrt war.

5. Present Perfect – Die zweite Vergangenheit

Der Sommer neigte sich dem Ende zu, als Seven in Australien ankam. Ich lebte alleine in einer kleinen Wohnung in einer Wohngegend nahe der Universität. Mein Apartment war eines von vier Dreizimmerapartments in einem ehemaligen viktorianischen Einfamilienhaus, und bis zu Sevens Ankunft fand ich es sehr komfortabel. Aber er war fast zwei Meter groß und breit gebaut. Wenn er da war, fühlte sich meine Wohnung plötzlich ganz winzig an. Der Duschkopf hing so niedrig, dass er sich bücken musste, um darunterzupassen, und wenn wir zusammen am Küchentisch saßen, musste einer von uns beiden den Raum verlassen, wenn der andere etwas aus dem Kühlschrank holen wollte. Die Stühle waren wacklig und knarzten, wenn er sich darauf setzte, und mein Sofa, ein billiges Teil, das komplett aus Schaumgummi bestand, hielt seinem Gewicht einfach nicht stand. Aber es gab einen schönen kleinen Balkon und während der ausklingenden Sommertage und den ersten frischen Herbstwochen saßen wir oft dort, legten die Füße auf das Geländer und aßen gegrillten Tintenfisch und gefüllte Weinblätter vom griechischen Imbiss am anderen Ende der Straße.

Wir richteten uns unser Leben so schnell zusammen ein, als würden wir uns schon seit Jahren kennen. Und nach ein paar Wochen, in denen ich mit Seven durch die Stadt gezogen war, beschloss er, dass es Zeit für ihn war, sich einen Job zu besorgen. Sie stellten ihn gleich auf seine erste Bewerbung hin ein: in einer Gießerei am Rande der Stadt, wo gusseiserne Vergitterungen und Verandaverkleidungen hergestellt wurden. Es war ein großes, rauchiges Gebäude, das einen unwillkürlich an Dickens denken ließ. Fast ausschließlich Einwanderer arbeiteten dort, die sich entsprechend ihrer ethnischen Gruppen zusammenschlossen. Die italienischen Australier warnten ihn vor den griechischen Australiern, die ihm wiederum sagten, er solle sich vor den Türken in Acht nehmen. Seven war der einzige Maori dort und fand sich zwischen all den Nationalitäten gut ein. Aber das alles war weit entfernt von der kleinen Maschinenbaufirma, bei der er in Neuseeland gearbeitet hatte, wo Bronze- und Aluminiumarmaturen für Luxusyachten hergestellt wurden, und schon bald spielte er mit dem Gedanken, sich etwas anderes zu suchen. Ich besuchte natürlich weiterhin die Universität.

Aber für mich war es ein ganz neues Leben. Ich begann mit Seven um fünf Uhr aufzustehen, um mit ihm zu frühstücken, bevor er zur Arbeit ging. Zu dieser Uhrzeit war es noch dunkel und die Morgen wurden kühler, weswegen wir uns ein großes warmes Frühstück bereiteten mit Porridge und Eiern anstatt meinem üblichen Kaffee und Toast. Er kam um drei Uhr nachmittags zurück, wenn ich normalerweise in der Bibliothek war; um 17.30 Uhr aßen wir zu Abend – ein völlig anderer Zeitplan als bei den anderen Studenten und ich begann mich langsam vom Universitätsalltag zu entfernen.

Dann, etwas später in diesem Herbst, beschlossen wir, dass es Zeit war, sich nach einem Haus umzusehen. Das Apartment war einfach nicht groß genug, vor allem, weil der Winter vor der Tür stand und wir den Balkon nicht mehr nutzen konnten; außerdem sehnte sich Seven danach, näher am Meer zu wohnen. Also verließen wir die Gegend, in der ich meine gesamte Zeit in Australien über gewohnt hatte, und machten uns auf Richtung Strand.

Die Küstenvororte waren teuer, aber schließlich fanden wir ein Haus, das wir uns leisten konnten. Der anheimelnde Begriff »Arbeiter-Cottage« traf wohl darauf zu – drei Zimmer, ein Flur mit einem Badezimmer hinten dran und ein langer schmaler Garten voller Gestrüpp hinter dem Haus. Auf den ersten Blick sah das Haus sehr hübsch aus mit einer kleinen Verandaverkleidung und einem Palisadenzaun, um den sich rosafarbene Kletterrosen rankten. Aber bei genauerer Betrachtung entpuppte es sich als Bruchbude. In den Innenräumen war kürzlich ein neuer Teppich verlegt und kalkige, graue Farbe an die Wände geklatscht worden, aber abgesehen davon befand es sich fast noch im Zustand von 1890, plus Elektrizität und Wasserleitungen.

Die Winter in Melbourne sind kalt und feucht, im Gegensatz zum Rest von Australien. Die Briten, die sich hier niederließen, bauten die gleiche Art von Häusern wie zu Hause – hier so ungeeignet wie dort – und errichteten Reihe um Reihe kalter Ziegelhäuser mit unzureichender Heizung und wenig Licht. Unser Haus bildete da keine Ausnahme; obwohl es kleiner war, war es genauso klamm, kalt und dunkel wie alle anderen. Die einzige Wärmequelle bestand aus einem dürftigen Kamin im Vorderzimmer, das ich als Büro benutzte, und das wohl irgendwann einmal die gute Stube eines armen Arbeiters gewesen sein mochte. Der Kamin rauchte fürchterlich, und als wir wieder auszogen, hatten alle meine Bücher eine bräunliche Färbung, als wären sie leicht geröstet worden.

Vom Flur aus gesehen war der nächste Raum das Schlafzimmer. Es war ein kleines Zimmer mit nur einem Fenster mit Blick auf die Wäscheleine und den gesprungenen Beton. Wir hatten gerade genug Platz für ein Bett, das an der Wand zum Vorderzimmer stand. Wenn das Feuer den ganzen Tag gebrannt hatte, konnte man die Wärme in den Steinwänden fühlen. Einmal legte ich meine Hand an die Wand und es fühlte sich so heiß an, dass ich fürchtete, in Flammen aufzugehen, aber immerhin hatte es den Vorteil, dass die Kissen vorgewärmt wurden.

Am Ende des Flurs befand sich das dritte und letzte Zimmer: eine Kombination aus Küche, Wohnzimmer, Esszimmer und Fahrradwerkstatt. Darin gab es einen Küchentisch mit vier unterschiedlichen Stühlen, das Schaumstoff-Sofa aus meiner alten Wohnung und einen grell bemalten Kühlschrank, der mindestens 30 Jahre auf dem Buckel haben mochte. Im hinteren Teil, neben dem Spülbecken, befand sich der Eingang zum Bad. Offenbar handelte es sich dabei um einen nachträglichen Einfall, denn die Tür war nur halb so breit wie alle anderen, und Seven musste seitlich durchgehen. Man muss wohl kaum erwähnen, dass das Dach des Badezimmers bei Regen nicht dicht hielt.

Aber uns gefiel es dort unten am Strand. Wir konnten mit dem Rad zu den Märkten fahren und das Meer lag nur einen Straßenzug entfernt. Seven gab seinen Job in der Gießerei auf und wurde Fahrradkurier, wobei er mit einer Gruppe von Kanadiern, Australiern und Neuseeländern zusammen unterwegs war. Sie waren eine wilde und eng zusammengeschweißte Truppe, alle jung und durchtrainiert, und rasten – mit leuchtend grünschwarzen Trikots von Weitem zu sehen – mit ihren Radios und ihren Tasche durch die Straßen.

Trotz unserer geringen Mittel hatte dieses Leben sehr viele schöne Seiten: die gebatikten T-Shirts auf der Wäscheleine, das Flohmarkt-Geschirr, das Unkraut, das sich tapfer durch die Risse kämpfte. Unsere Wäsche wusch ich in einer Maschine, die unter einem kleinen überdachten Anbau im Hinterhof stand, und die ich in den Garten rollte, wenn ich sie brauchte; sie wurde mit einem Schlauch von der Küchenspüle gefüllt. Ich hatte noch nie so eine Waschmaschine gesehen: eine rechteckige Blechwanne, mit einer Schleuder an der einen Seite und einer Wringmaschine oben drauf. Waschmaschinen mit Wringern – zwei Rollen, durch die die Kleidung gezogen wird, um das Wasser herauszuquetschen – gab es in Boston zuletzt etwa zehn Jahre vor meiner Geburt; die erste, mit der ich jemals zu tun hatte, stand in Mangonui. Diese hier war handbetrieben, was im Vergleich zum elektrischen Modell weniger gefährlich ist (zumindest musste man nicht um seine Finger fürchten), aber es war fast unmöglich, damit eine Jeans zu waschen. Alles war etwas exzentrisch, aber ich mochte dieses Bohemien-Leben und was Seven anging – nun ja, ich habe nie herausgefunden, ob es ihm überhaupt aufgefallen ist, oder ob es einfach keinen großen Unterschied zu seiner bisherigen Lebensweise darstellte.

Auf jeden Fall gelang es ihm mühelos, diese Art von Leben zu einem großen Vergnügen werden zu lassen. Allein schon die Art, wie er die Türklingel reparierte: Schon bald hatten wir bemerkt, dass die Türklingel in unserem Cottage nicht läutete, und dass wir, wenn wir uns im hinteren Teil des Hauses aufhielten, was wir meistens taten, nicht hörten, wenn jemand klopfte. Also beschloss Seven, uns eine Türklingel aus einem Stück Holz, einem Spielzeugmotor, einer Fahrradklingel, zwei Bambusstäbchen, drei Korken, zwei Büroklammern und zwei Schlüsseln zu bauen. Die Vorrichtung, die an einem Holzvorsprung in der Küche angebracht war, war mit einem Summer an der Haustür verkabelt. Wenn jemand auf den Summer drückte, begann sich der Motor zu drehen. Oben aus dem Motor ragte das erste Bambusstäbchen, an dem das zweite mit einem Korken senkrecht befestigt war. An den waagrechten Enden dieses Kreuzes steckte jeweils ein weiterer Korken, von dem eine Büroklammer mit einem Schlüssel herabhing. Die Fahrradklingel war neben dem Motor angebracht, und wenn sich der Motor drehte und die Stäbchen rotierten, drehten sich auch die Schlüssel und schlugen gegen die Klingel. *Ding, ding, ding, ding.*

Später fand ich heraus, dass es in Neuseeland einen Namen für solche Erfindungen gibt: »number eight fencing wire approach«, ein Begriff, der auf einen besonders vielseitig einsetzbaren Draht zurückgeht, mit dem man zum Beispiel in einer einsamen Gegend auf einer Straße voller Schlaglöcher den Auspuff befestigen kann, wenn er sich gelöst haben sollte (und wenn man eine Zange im Kofferraum hat). Die Neuseeländer rühmen sich für ihre »Kiwi ingenuity«, also ihren Einfallsreichtum, und ihre Lebenseinstellung des »do it yourself«. Unweigerlich ist diese erfinderische Fantasie auf die Abgeschiedenheit des Landes zurückzuführen; man kann sich leicht vorstellen, wie wichtig diese Fähigkeit gewesen sein muss, als Ersatzteile und spezielle Materialien den langen Weg von England nach Australien geschippert werden mussten.

Ich aber dachte, dass diese Gabe von den Maori stammte und meinte sogar (obwohl das nicht stimmen mag), dass ein neuseeländischer Premierminister einmal im Spaß gesagt hatte: »Was wären die Maori ohne den *number eight wire*?« Dabei leuchtete es mir ein, dass die Menschen, die in Neuseeland am ärmsten waren, sicher am besten wussten, wie man über die Runden kommt. Und obwohl auch ich aus einer Familie stamme, in der diese Art von Kreativität viel zählt – mein Vater hat einmal ein Auto mit dem Knopf einer Kinderjacke repariert –, habe ich noch nie jemanden getroffen, der in dieser Hinsicht einfallsreicher gewesen wäre als Seven. Er war nicht nur ein großartiger Resteverwerter, der immer alles Nötige in dem Krempel, den andere Leute wegwarfen, fand, er war auch ein Experte im Querdenken. Mit der Zeit fragte ich mich sogar, ob er überhaupt jemals gradlinig dachte.

Sehr vieles an diesem neuen Leben fand ich faszinierend und ich stürzte mich hinein, ohne das alte Leben völlig aufzugeben, auch wenn ich aus der Sicht meiner Freunde an der Universität mehr oder weniger abgetaucht war. Ich war noch immer eingeschrieben und bezog Stipendiumsgelder und gelegentlich musste ich daher wieder auftauchen. »Vielleicht könnte man es Feldforschung nennen«, schlug ich meinem Doktorvater vor, als ich ihm schließlich wieder gegenübertrat.

Das war nur zum Teil als Scherz gemeint. Etwas, das ich an Seven besonders liebte, war, dass er vollkommen anders war als ich. Dabei ging es mir gar nicht nur um das Aussehen oder den Hintergrund; noch nicht einmal die sogenannte Weltsicht. Dieser Unterschied reichte tiefer, war älter. Die Maori-Autorin Patricia Grace schrieb einmal, dass »alte Menschen eine bestimmte Art haben, eine Geschichte zu erzählen, bei der der Anfang nicht der Anfang ist und das Ende nicht das Ende. Sie beginnen in der Mitte und bewegten sich dann in immer weiteren Kreisen davon weg, sodass man bald nicht mehr weiß, wie man zu einem Verständnis gelangen soll, was dann wieder selbst ein neues Herzstück, eine neue Mitte wird.« So empfand ich oft Gespräche mit Seven, wenn er versuchte, eine Geschichte zu erzählen oder über etwas berichtete, das er kannte; es war, als ob er es von innen nach außen erzählen oder es von der Mitte aus erklären würde. Seine Erzählungen, genau wie sein Einfallsreichtum, schienen Bestandteil eines größeren Verständnisses zu sein, dessen Logik sich wand und drehte wie ein Kurvenlineal oder wie die Spiralen und Äste einer Maori-Schnitzerei.

Er hatte viele verrückte Ideen, manche davon gut, manche schlecht, aber alle völlig unerwartet. Er glaubte an Verschwörungen und neigte dazu, hinter allen unerklärlichen Ereignissen eine unbekannte Kraft zu vermuten, sogar bei Dingen, die gar nicht so schwer nachzuvollziehen waren. Offizielle Erklärungen waren ihm zutiefst suspekt, was ich seinem allgemeinen Misstrauen gegenüber Autoritätspersonen zuschrieb – die, wie er betonte, ohnehin nie auf seiner Seite gewesen waren –, aber er war gerne bereit, übernatürliche Möglichkeiten zuzulassen.

Maori misstrauen bekanntermaßen den Toten, und ich konnte ihn nie dazu überreden, mit mir über alte Friedhöfe zu spazieren und die Grabsteine anzuschauen. Seine Haltung zu diesem Thema konnte er nicht auf den Punkt bringen und es gelang mir auch nicht, ihm eine Erklärung zu entlocken; es war einfach nur ein Gefühl. Aber er erzählte mir einmal, dass er eines Nachts aufgewacht war mit der gewaltigen Empfindung, dass sich etwas an seinen Rücken klammere. Er versuchte es abzuschütteln, aber was er auch tat, es gelang ihm nicht. Dann, ganz plötzlich, war es vorbei. Am nächsten Morgen fand er heraus, dass einer seiner Freunde in der Nacht gestorben war. »Das war es also«, sagte er, »Pete hat mir einen Besuch abgestattet.«

Ich selbst denke eher rational. Ich habe nie an Geister oder übersinnliche Phänomene geglaubt oder daran, dass die Scharrbilder in der Peruanischen Wüste von Wesen aus einer anderen Welt stammen. Und obwohl ich Sevens Aufgeschlossenheit meistens sehr schätzte, gab es Zeiten, in denen mich seine Bereitschaft, ausgefallene Erläuterungen heranzuziehen, fast verrückt machte. »Wieso sollte ich auf dich hören?«, fragte ich dann. »Du denkst doch tatsächlich, dass die Erde von Außerirdischen besucht worden ist!« Seine Reaktionen auf meine Ausbrüche fielen aber immer so milde aus, dass jeder, der uns beobachtet hätte, ihn für den Vernünftigeren halten musste.

Als wir wieder einmal eine dieser Diskussionen führten, warf ich ihm vor, abergläubisch zu sein.

»Nein, das bin ich nicht«, sagte er ruhig.

»Doch, das bist du. Du glaubst an UFOs.«

»Willst du mir weismachen, dass es kein anderes intelligentes Leben im Universum gibt?«

»Nein«, gab ich zurück. »Wahrscheinlich gibt es irgendwo im Universum intelligentes Leben. Ich glaube nur einfach nicht, dass sie hier waren. Du schaust dir diese Serien über unerklärte Phänomene an – du wirst von den Toten besucht.«

»Nicht regelmäßig«, antwortete er.

Viele von Sevens Tugenden wären an einem anderen Ort und zu einer anderen Zeit von großem Vorteil gewesen. Er hatte viele der Eigenschaften, die Maori an einem Mann schätzen – eine unorthodoxe Denkmethode, Unabhängigkeit, Mut, eine unglaubliche Coolness – und ich dachte manches Mal, was für eine Schande es war, dass er nicht zwei Jahrhunderte früher geboren war. Unter den gegebenen Umständen erschien er irgendwie am falschen Ort zu sein – einfach nicht ernsthaft genug für die Welt, in der wir lebten.

Wo immer es ging, versuchte er, Komplikationen zu vermeiden, und auf ihn wirkte es unmännlich, sich zu sehr für die Bedeutung von Dingen zu interessieren. Wettbewerbe lagen ihm gar nicht – außer natürlich im Sport – und er tat niemals etwas, nur weil es von ihm erwartet wurde. Konventionen lehnte er so restlos ab (ich erinnere mich noch gut daran, wie er das erste Mal auf dem Bürgersteig fuhr), dass es bei jedem anderen wie eine Rebellion hätte wirken müssen; bei ihm aber hatte es fast etwas Unschuldiges. Er war so einfach zufriedenzustellen, so schwer zu reizen und vollkommen unkritisch. Er urteilte nie über andere und es schien ihn auch nicht zu kümmern – vielleicht nahm er auch gar keine Notiz davon –, wenn sie es taten.

Aber was mich am meisten an ihm faszinierte, war seine Art, über die Zukunft nachzudenken – oder dies gerade nicht zu tun. Seven war von Natur aus unfähig zu planen: Fatalist und Optimist zugleich. Wenn er ohne Wegbeschreibung irgendwohin fuhr, fand er den Weg durch Zufall. Wenn er einen überfüllten Ort besuchen wollte, etwa ein Hotel am Meer an einem Ferienwochenende, erschien er einfach dort und plötzlich stornierte jemand seine Reservierung. Er beschloss nie, irgendwohin zu gehen, er kam einfach dort an, wo er gerade war. Er konnte sich nie im Voraus auf eine Uhrzeit zum Essen festlegen, denn woher sollte er wissen, wann die Zeit kommen würde, zu der er hungrig war?

Während ich seine Spontaneität theoretisch bewunderte, konnte sie in der praktischen Umsetzung ziemlich schwierig sein. Ich tendiere dazu, mir einen Überblick zu verschaffen, die Möglichkeiten abzuwägen, überlege, treffe rationale Entscheidungen darüber, was getan werden sollte. Aber dazu gehört auch, sich mögliche Folgen zu überlegen, etwas, das Seven entweder nicht wollte oder nicht konnte. Wenn wir beispielsweise unterwegs waren und zur Essenszeit in einer Kleinstadt ankamen, dann wollte ich mir zuerst die verschiedenen Restaurants ansehen, um dann zu entscheiden, in welchem wir essen. Seven ging einfach in das erste, an dem wir vorbeikamen. »Manche Leute richten ihr Leben aus wie einen Pfeil«, sagte er einmal zu mir. »Ich warte einfach nur darauf, dass ein Pfeil vor mir vom Himmel fällt.«

Es gibt verhältnismäßig wenige Pakeha, die diese Denkweise verstehen. Es ist nicht nur eine Frage der Impulsivität, sondern eine andere Weltsicht. Seven neigte immer dazu, seine eigenen Erfahrungen über abstrakte oder hypothetische Überlegungen zu stellen. Ich war dazu erzogen worden, dass ich, wenn es zu einem Konflikt kam zwischen dem, was ich wollte, und der Erwartung anderer an mich, ich nicht unbedingt nachgeben *musste*, es aber auf jeden Fall in Erwägung ziehen sollte. Diese Denkweise war Seven völlig fremd. Es lag nicht daran, dass er nichts für andere tun wollte – ganz im Gegenteil, seine Großzügigkeit ging schon fast zu weit. Aber der Gedanke, etwas aus einer Pflicht heraus zu tun – und nicht aus freier Wahl –, erschien ihm unsinnig. Dieser Gedanke beleidigte ihn fast, als ob er mit der Unterordnung seines eigenen Willens eine Form der Unterdrückung zulassen würde, als ob die Verteidigung seines Rechts, das zu tun, was er wollte, eine Frage des persönlichen Stolzes sei.

Fairerweise muss man dazusagen, dass Seven diese Einstellung gegenüber jedem anwandte und nie von anderen Menschen erwartete, seinetwegen ihr Verhalten zu ändern. Er ließ die Dinge einfach geschehen und ging davon aus, dass alle anderen es genauso machten. Und mit der Zeit wuchs in mir das Gefühl, dass diese Leichtigkeit des Seins, wie ich es im Stillen nannte, ihn so eindeutig charakterisierte, wie es eine einzelne Eigenschaft nur konnte.

Eines der größten Klischees des europäischen Kolonialismus besagt, dass sich Eingeborene von Besiedlern darin unterscheiden, wie sie über Zeit denken. Man spricht noch immer von der »Insel-Zeit«, eine langsamere oder gar keine Zeit. Aber die Wurzeln dieses westlichen Gedankens reichen weit zurück, mindestens bis zu den alten Griechen. Es gibt unzählige Legenden aus diesen alten Zeiten, die von Ländern erzählen mit immerwährendem Sommer, wo wundersame Fruchtbarkeit den Menschen Überfluss ohne Mühen beschert und sie ein Leben des Vergnügens führen, ohne Tyrannei, Krankheit oder Krieg. Solche Geschichten gehören zu einer fortdauernden, vielleicht sogar universell gültigen Mythologie des Eskapismus – der Flucht vor der Arbeit, der Pflicht, vor Kälte und Hunger, vor der Zeit selbst, vorm Tod. Der Großteil dieser Geschichten betrachtet diese mythischen Gebiete als imaginäre Orte. Hin und wieder werden sie aber auf etwas Konkretes projiziert und die Menschen nehmen einen Moment lang an, dass diese Geistes-Inseln Wirklichkeit sind.

Tahiti liegt mitten im Pazifischen Ozean, etwas südlich des Äquators, fast genauso weit von Australien wie von Peru entfernt. Sie ist die größte der sogenannten Gesellschaftsinseln, die Cook deshalb so getauft hat, weil sie nahe beieinander liegen, mitten in einem großen und weitgehend leeren Meer. Tahiti war über 2000 Jahre lang in den Händen von Polynesiern, bis die Europäer Mitte des 18. Jahrhunderts auf die Insel aufmerksam wurden. Im Zuge einer Expedition in die Südsee wurde Tahiti 1767 von Kapitän Samuel Wallis mit der *Dolphin* entdeckt. Wallis Reise gilt weithin als Wegbereiter für Cook, weil Wallis ihm den perfekten Ausgangspunkt für seine folgenden Expeditionen in diesem Winkel der Erde aufzeigte.

Tahiti war im 18. Jahrhundert das genaue Gegenteil Europas: warm und ruhig, heilsam und unverdorben. Nahrung fiel tatsächlich von den Bäumen: Kokosnüsse, Brotfrucht, Bananen und Goldpflaumen. Es gab Fisch und Schweinefleisch im Überfluss und in den Tälern und Gärten wuchsen wilder Ingwer, Zuckerrohr, Taro (Wasserbrotwurzeln) und Yamswurzeln. Polynesier entsprachen im Allgemeinen dem europäischen

Schönheitsideal, aber viele Reisende empfanden die Tahitianer sogar als die schönsten Menschen, die sie jemals gesehen hatten. Dieses Inselvolk war groß gewachsen und wohlproportioniert mit ebenmäßigen Gesichtszügen und langem schwarzem Haar. Die ersten Stimmen berichteten von ihrer Vorliebe zu baden, der »einzigartigen Schönheit ihrer Zähne« und der Gewohnheit, ihr Haar mit Öl, das »fast wie Rosen duftet«, zu frisieren. Sie waren erstaunlich gesund und ihnen schien ein langes Leben beschieden. Sie hatten keine natürlichen Feinde und kaum Schädlinge und die Inseln, die sie bewohnten, waren nicht von den Krankheiten der überfüllten, unhygienischen europäischen Städte heimgesucht oder vom Fieber geplagt wie die tropische Hafenstadt Batavia, wo so viele Europäer starben. Kein Wunder also, dass den müden, schmutzigen, hungrigen Seefahrern Tahiti wie das Paradies auf Erden erschien.

Wallis und seine Mannschaft beanspruchten die Insel für die britische Krone und benannten sie zu Ehren von König George III. Aber bevor Wallis nach Hause reisen konnte, um seine Geschichte zu erzählen, wurde Tahiti noch einmal entdeckt und ein weiterer Anspruch darauf geltend gemacht – diesmal von Frankreich. Ohne zu wissen, dass er nicht der Erste war, nahm Louis Antoine de Bougainville von Tahiti Besitz im Namen Seiner Allerchristlichsten Majestät Louis XV. und nannte die Insel in einem Anfall gallischen Enthusiasmus' Neu-Kytheira, nach dem Ort, an dem Aphrodite dem Meer entstiegen war. Bougainville bemerkte bei seinem Abschied, dass die schlimmste Folge eines Schiffsbruchs in diesem fernen Winkel der Erde sei, »den Lebensabend auf einer Insel verbringen zu müssen, die mit allen Gaben der Natur reich geschmückt ist, und die Annehmlichkeiten der Heimat gegen ein friedliches Leben frei von Sorgen zu tauschen«.

Bald darauf begann die Nachricht dieser Entdeckungen auch in Europa zu zirkulieren. Der erste veröffentlichte Bericht über Tahiti wurde anonym verfasst und erschien in Frankreich. Er erzählte von einer Insel von strahlender Schönheit, bewohnt von Menschen, die »in Frieden miteinander leben und weder Hass, noch Streit, noch Zwietracht oder Bürgerkriege kennen«. Sie arbeiteten nicht, hatten keine Gewerbe und kannten kein privates Eigentum oder Handel. Sie aßen und tranken, wann sie wollten, hatten Sex, mit wem sie wollten, und tanzten »natürlich und ohne bestimmte Regeln«. Das Leitmotiv des erzählenden Berichts war Unschuld, zum Teil negativ verzerrt als Rückständigkeit, zum Teil positiv belegt als Freiheit von Zwängen. Aber die Kernaussage bildete die Beobachtung, dass die »Neu-Kytheiraner nichts von der Dauer oder dem Ursprung ihrer Existenz wissen und sich wenig um die Vergangenheit kümmern, sondern sich nur mit der Gegenwart befassen«.

Schon immer galt es mir als die größte Ironie dieser historischen Episode, dass die Entdeckung eines Volkes, für das Zeit nicht existierte, in Europa mit einem hektischen Wettlauf zur Erfindung einer seetüchtigen Uhr zusammenfiel. Das Problem dabei waren die Längengrade. Seefahrer konnten schon lange jederzeit bestimmten, wie weit nördlich oder südlich sie sich gerade aufhielten, aber es war schier unmöglich herauszufinden, wo sie sich in der Ausrichtung von Ost nach West befanden. Nur sehr komplizierte Berechnungen gaben darüber Auskunft, aber die wenigsten wussten, wie sie durchzuführen waren. Astronomische Beobachtungen konnten ein Ergebnis bringen, aber nicht auf dem Meer durchgeführt werden. Eine Uhr, Chronometer genannt, die einen Abgleich zwischen der Ortszeit überall auf der Welt mit dem Nullmeridian in Greenwich ermöglichte, konnte Seefahrern augenblicklich verraten, wo sie sich gerade befanden. Allerdings wurde bis Mitte des 18. Jahrhunderts keine Uhr erfunden, die eine Schiffspassage überstand.

Hier liegt also der grundlegende Gegensatz. Einerseits das

tatkräftige, fortschrittsbesessene Europa, schonungslos auf die Zukunft fixiert, andererseits ein Inselvolk, das weiß, was es bedeutet, *gerade jetzt, genau hier* zu sein, vielleicht etwas träge, vielleicht wankelmütig, wunderlich, unberechenbar, impulsiv und unbesonnen. Diese Wankelmütigkeit, schrieb Bougainville, »versetzt uns in ständiges Staunen. Alles berührt sie, aber nichts kann ihre Aufmerksamkeit fesseln. Es scheint fast so, als wäre das geringste Reflektieren eine mühsame Arbeit für sie, und dass sie der Übung des Geistes noch mehr abgeneigt sind, als der körperlichen Ertüchtigung … einen Mangel an Verständnis will ich ihnen aber nicht vorwerfen.«

Diese Darstellungen von Tahiti lassen sich leicht als Ergebnis eines fiebernden europäischen Geistes erkennen. So vieles daran ist ungenau. Aber wenn auch in diesen frühen Beschreibungen manche Tatsachen verdreht werden, so blitzt doch immer wieder etwas durch, das wie eine Wahrheit erscheint … Reisende hatten sich mit allerlei Dingen auseinanderzusetzen, die sie noch nie gesehen hatten – Kängurus, Eisberge, Riesenfarne, Flaschenbürsten, geschmolzene Lava – und mühten sich gewissenhaft, sie so getreu zu dokumentieren wie möglich. Die peinlich genauen Beobachter machten sich reichlich Notizen und reisten in Begleitung von Künstlern, damit diese visuelle Aufzeichnungen von dem anfertigen konnten, was sie entdeckten. Natürlich gingen sie sehr punktuell vor und fassten viele ihrer Entdeckungen falsch auf – man muss sich nur die ersten Zeichnungen von Kängurus ansehen, um zu erkennen, wie falsch sie sie auslegten. Natürlich versuchten sie ihre Erlebnisse in das ihnen vertraute Bezugssystem einzuordnen. Aber trotz dieser Einschränkungen kehrten sie mit Beschreibungen der Welt zurück, die nicht nur wiedergaben, was sie erwartet hatten, dort vorzufinden, sondern alles zeigten, wie sie es tatsächlich mit ihren eigenen Augen gesehen hatten.

Ein großer Teil meines Grundstudiums zielte darauf ab, meine Skepsis demgegenüber zu wecken, was die Europäer im Verlauf des langen Vormarsches des Imperiums berichtet hatten. Die Behauptung, dass Polynesier – nicht nur die Tahitianer, sondern auch die Tongaer, Samoaner, die Bewohner der Marquesas-Inseln und die Maori, die kulturell nah verwandt waren – in einer Art endlosen Gegenwart lebten, gehörte genau in diese Kategorie der Vorurteile, die ihnen entgegengebracht wurden. Europäer stellten sich immer als beispielhafte Vertreter des apollinischen Lebensstils mit Maß und Ordnung dar, alle anderen (Orientalen, Eingeborene, Inselvölker) dagegen als nutzlos und absonderlich. Das Seltsame an meinem Leben mit Seven war allerdings, dass diese uralten Paradigmen, die in der Theorie so leicht zu widerlegen waren, sich regelmäßig bewahrheiteten. Das gemeinschaftsbezogene Gesellschaftsverständnis? Irgendwie schien mir das eng verbunden mit der Tatsache, dass Seven gerne alles verschenkte. Die außergewöhnliche körperliche Schönheit? Durfte ich täglich mit eigenen Augen erleben. Und was die Sache mit der Zeit angeht – *soll das ein Scherz sein?*

Eines Tages sagte er völlig unvermittelt zu mir: »Ich denke die ganze Zeit ans Essen.«

»Tust du das?«, fragte ich nach, weil ich mir das nur schwer vorstellen konnte.

»Ja.«

»Wirklich?«

»Ich glaube schon«, antwortete er. »Vielleicht habe ich jetzt auch einfach nur Hunger.«

6. Die Venus

Als wir dort unten am Strand wohnten, lief eine Replik der *Endeavour*, dem Schiff von Kapitän Cook, in Melbourne ein. Ich hatte die Ankündigung in der Zeitung gelesen und Seven überredet, schon früh mit mir loszuziehen, um einen Platz auf der Promenade zu ergattern, von dem aus wir beobachten konnten, wie das Schiff in den Hafen der Port Philip Bay einlief. Port Philip ist eine weite Bucht und als wir das Schiff zum ersten Mal erblickten, war es noch weit draußen. Als es langsam auf uns zukam und sich das erste weiße Aufblitzen in verschiedene Reihen von Segeln, hoch aufragende Maste und ein unübersichtliches Durcheinander von Takelage auflöste, versuchte ich mir vorzustellen, wie es wohl gewesen sein mag, als es hinter dem Schiff noch keine Schornsteine, keine Brücken, keine anderen Schiffe, keine Landungsbrücken, keine Gebäude, keine viel befahrenen Straßen, keinen Motorenlärm und keine Flugzeuge am Himmel gegeben hatte – als auf diesem Gewässer noch nie etwas Ähnliches zu sehen gewesen war. Umgeben von einer Flotte kleinerer Schiffe steuerte die *Endeavour* auf den Anleger zu. Alle am Strand winkten und die Sonne brachte den Sand zum Glitzern. Plötzlich ertönte in der ganzen Bucht ein hohler Knall und eine Rauchwolke stieg seitlich am Schiff empor. Wir alle zuckten zusammen – vom Kanonenfeuer völlig überrascht – und begannen zu lachen, als uns klar wurde, was es gewesen war.

Jeden Tag wird der geistige Sprung, den man machen muss, um so eine Reise zu verstehen, größer: im 18. Jahrhundert jahrelang an Bord eines Schiffs zu segeln, ohne Ende in Sicht, auf unkartierten Gewässern, Tag für Tag ausschließlich in Gesellschaft der gleichen 90 Männer; als Nahrung nur Dinge, die in

Salz eingelegt oder getrocknet werden konnten oder die nach und nach im Lauf der Monate vor sich hinrotteten; jederzeit bestand die Möglichkeit vor einer abgelegenen Küste Schiffbruch zu erleiden oder in der Hand irgendeines unbekannten Volkes zu sterben. Zu alledem gesellte sich noch die unbarmherzige Langeweile der täglichen Routine.

In meiner Bibliothek hatte ich ein Buch, das die Routine einer langen Reise der Royal Navy beschrieb: bei Morgengrauen wurde das Deck geschrubbt und gewischt, Schlag sieben wurden die Hängematten aufgerollt, um acht wurde zum Frühstück geblasen. Mittags dann die Zeremonie, bei der alle Offiziere und Seekadetten den Sonnenstand maßen. Die Kommandanten meldeten die Mittagsstunde und den Breitengrad an den Offizier der Wachschicht. Der Offizier der Wachschicht ging über das Achterdeck, nahm seinen Hut ab und machte dem Kapitän Meldung, der antwortete: »Make it twelve, Mr. ....« Eine Zeremonie, die so übertrieben ritualisiert worden war, dass ein fremder Beobachter sie für einen religiösen Vorgang hätte halten können.

Ein weiteres Buch beschrieb die *Endeavour* en detail: die Taue, die Anker, die Kanonen, die Maste, wie lang und breit sie war, wie tief, wie viel Tiefgang sie hatte, ihr Verhalten in verschiedenen Winden. An diese Dinge hält man sich, wenn man versucht, die Vergangenheit zu verstehen: Bücher, Diagramme, Modelle.

Im Walfangmuseum in New Bedford, Massachusetts, befindet sich ein nachgebauter Walfänger, der maßstabsgetreu ist, aber nur halb so groß wie im Original, sodass man sich fühlt wie Alice im Wunderland, als sie wuchs und wuchs und den Kopf einziehen musste, um nicht an die Decke zu stoßen. Ich hatte mir sagen lassen, dass der Nachbau der *Endeavour* in Originalgröße eine ähnlich verwirrende Wirkung habe. Die Höhe der Kajüten auf dem Unterdeck beträgt 1,43 Meter. Die Kajüten der Kommandanten, des Schiffsarztes, des Kanoniers und der Unter- und Oberleutnants waren gerade mal 1,50 auf 1,50 Meter. Ich wollte das mit eigenen Augen sehen und erzählte deshalb Seven, dass laut der Zeitungen Führungen durch das Schiff geplant waren.

»Du kommst doch mit, oder?«

»Ich glaube eher nicht«, antwortete er.

»Ach komm schon, warum denn nicht?«

»Ich mag keine Schiffe.«

»Was soll das heißen, du magst keine Schiffe? Du kommst aus der größten Seefahrernation der Welt. Außerdem hast du dein ganzes Leben auf dem Wasser verbracht.«

»Ich mochte sie noch nie«, sagte er.

»Das ist doch lächerlich. Jedenfalls liegt das Schiff vor Anker, wir werden ja nicht damit segeln.«

»Nein«, sagte er, und damit war die Diskussion beendet.

Wahrscheinlich hätte ich mir meine Frage vorher besser überlegen sollen. Ich neige dazu, die Schifffahrt zu romantisieren, mich in die Rolle des Entdeckers hineinzuversetzen, der sich an unbekannte Orte aufmacht. Mich selbst als das *Objekt* der Erkundung zu sehen, hat nicht ganz den gleichen Reiz …

Ich ging trotzdem hin, alleine, und kaufte einen Schlüsselanhänger und ein T-Shirt mit dem *Endeavour*-Logo darauf, das sich zu meiner Überraschung Seven schnappte. Ich fand, dass es ihm gut stand und sagte ihm das auch.

»Es ist ein bisschen eng«, sagte er. »Ich glaube, es ist eingegangen.«

»Nein, ist es nicht«, antwortete ich. »Es ist Größe S. Ich hatte es ursprünglich nicht für dich gekauft. Trotzdem, es sieht gut aus. Aber irgendwie wirkt es auch ironisch, oder – ich meine, die *Endeavour* und so.«

»Ich weiß«, sagte er. »Manchmal frage ich mich, ob ich es wirklich tragen sollte.«

Neben der *Endeavour* gab es noch ein weiteres Schiff, das mir in diesen Tagen oft in den Sinn kam. Im Gegensatz zu

Cooks berühmtem Gefährt findet dieses in fast keinem Standardwerk zur Geschichte Neuseelands Beachtung – was ich erstaunlich finde, denn auch dieses Schiff war eines der »ersten«.

Es war nicht das erste europäische Schiff, das Neuseeland anlief, oder das erste, das es umrundete, oder das erste, das einen Europäer absetzte, der sich in Neuseeland niederlassen sollte. Es war das erste Schiff, das eine weiße *Frau* nach Neuseeland brachte – eine australische Gefangene, die 1806 in der Bay of Islands ankam, acht Jahre vor der ersten offiziellen weißen Siedlung. Zweimal lehnte sie es ab, von den britischen und amerikanischen Kapitänen »gerettet« zu werden, die ihr anboten, sie mitzunehmen.

Das Schiff fuhr unter dem Namen *Venus*, und die Gefangene hieß Charlotte Badger. Mit einigen Nachforschungen setzte ich schließlich folgende Geschichte zusammen:

Charlotte Badger wurde höchstwahrscheinlich 1778 in Worcestershire in England geboren. Von ihrem Leben vor ihrem 18. Lebensjahr ist wenig bekannt. Dann wurde sie des Kapitalverbrechens Einbruch für schuldig befunden, eine Tat, die mit dem Tod bestraft werden konnte. Sie wurde bei einer Schwurgerichtssitzung in Worcester im Juli 1796 vorgeführt und dazu verurteilt, sieben Jahre in Australien zu verbringen. Am 12. Juni 1801 kam sie mit der *Earl Cornwallis* in Port Jackson (Sydney) an. 287 Gefangene waren an Bord, 94 davon Frauen, die meisten wegen Diebstahls oder Ähnlichem verurteilt.

1806, als sie noch zwei Jahre vor sich hatte, brachte Charlotte in der alten Frauenfabrik in Parramatta ein Kind zur Welt. Bald darauf wurde sie mit einer anderen Verurteilten namens Catherine Hagerty dem Dienst der tasmanischen Siedler zugewiesen. Das Schiff, das sie nach Süden bringen sollte, war die Brigg *Venus* mit 45 Tonnen, ein koloniales Schiff, das bisher dazu eingesetzt worden war, Seehundjäger mit Nachschub zu versorgen und Bestellungen entlang der australischen Küste zu erledigen. Bei dieser speziellen Fahrt war sie mit Getreide, Mehl, in Salz eingelegtem Schweinefleisch und anderen Vorräten für die Siedlungen in Port Dalrymple (Launceston) und Hobart Town beladen.

Es sollte keine glückliche Reise werden. Auf dem Weg wurde in der Twofold Bay haltgemacht, wo der Kapitän, Samuel Chace feststellte, dass die Crew, bestehend aus Sträflingen und Seefahrern, die Schiffsvorräte geplündert hatte. Er beschuldigte den ersten Offizier, Benjamin Kelly, aber Kelly wies die Schuld zurück. Chace berichtete später bei einer öffentlichen Anhörung, dass ihm Kellys Verhalten allen Grund gegeben hatte zu glauben, dass das Schiff »Gefahr lief entführt zu werden«, und dass er um sein Leben fürchtete, weil die Besatzung die Fracht raubte und plünderte.

Trotzdem kamen sie sicher in Tasmanien an, wo sie im Fluss bei Port Dalrymple am Morgen des 16. Juni vor Anker gingen. Chace verließ sofort das Schiff und kehrte erst am nächsten Morgen zurück, um dort zu seiner Bestürzung die *Venus* auslaufen zu sehen. Als fünf Besatzungsmitglieder der *Venus* auftauchten, wurden seine schlimmsten Vermutungen bestätigt. Sie berichteten, dass Kelly zusammen mit dem Lotsen und einem Soldaten des New South Wales Corps den zweiten Offizier niedergeschlagen und weggesperrt hatte, dass er auf dem Schiff das Kommando übernommen hatte und gerade dabei war, die *Venus* auf das offene Meer zu steuern.

Sechs Monate lang blieb die *Venus* verschwunden. Dann Anfang 1807 wurde sie in der Bay of Islands gesichtet, wo zwei Frauen und ein Kind an Land gebracht wurden, zusammen mit Kelly und einem Sträfling namens Lancashire. Es ist unklar, ob sie ausgesetzt wurden, oder das Schiff freiwillig verlassen hatten; die *Venus* jedenfalls segelte weiter unter dem Kommando eines Schwarzen, der laut Berichten nicht in der Lage war, sie zu steuern. Das Letzte, was man von ihr hörte, war, dass sie offenbar »noch immer entlang der Küste segelte ...

und die auf ihr Verbliebenen keine andere Aussicht haben, als Opfer der Eingeborenen zu werden oder in die Hände des Gesetzes zu fallen« – was schließlich mehr oder weniger eingetreten ist. Innerhalb weniger Monate starb Catherine Hagerty, Kelly wurde gefangen genommen und nach England gesandt und Lancashire, ebenfalls in Ketten, war auf dem Weg zurück nach New South Wales. Das endgültige Schicksal des Schiffs bleibt ein Geheimnis, obwohl angenommen wird, dass sie irgendwo entlang der neuseeländischen Küste zerstört und von Maori geplündert wurde.

Und was geschah mit Charlotte? Sie blieb offenbar gesund allein in Rangihoua zurück, denn als Kapitän Bunker mit der *Elizabeth* ein Jahr später anbot, sie mitzunehmen, lehnte sie ab. Zweifellos hatte sie Angst vor der Rückkehr nach England oder New South Wales, weil sie als Sträfling geführt wurde, die zusammen mit anderen »seeräuberisch und mit Waffengewalt« ein koloniales Schiff voller Vorräte im Besitz von Seiner Majestät König George gekapert hatte. Interessanterweise hat Bunker sie nicht festgenommen. Laut zumindest eines zeitgenössischen Historikers, hat sie, als man ihr ein Jahr später eine zweite Chance zur Abreise bot, mit den Worten abgelehnt, dass sie »lieber unter den Maori sterben möchte«.

Wie mochte es ihr wohl ergangen sein – 1806 ganz alleine in der Bay of Island? Außer ihr es gab kaum andere Europäer. Ab und an vielleicht einen geflohenen Seemann, aber im Grunde war es ausschließlich die Welt der Maori. Sie kann unmöglich ihre Sprache gesprochen haben; sie kannte die Nahrung nicht – Wurzeln, Seeigel und Larven, aber auch die etwas vertrauteren Süßkartoffeln, Fische und Muscheln. Sie war vollkommen auf die Gnade ihrer Gastgeber angewiesen. Höchstwahrscheinlich musste sie ihre komplette Kleidung abgeben und alles, was sie sonst noch besaß. Körperlich muss es äußerst anstrengend gewesen sein und immer wieder sehr beängstigend.

Es war eine »regnerische, triste Nacht«, schrieb der Schriftsteller und Maler Augustes Earle etwa zwei Jahrzehnte später. Earle war neun Monate lang durch Neuseeland gereist und dabei auch bei Hokianga ins Landesinnere – auf der Nordhalbinsel genau gegenüber der Bay of Islands – vorgedrungen; mit Einbruch der Dämmerung erreichte er ein Maori-Dorf, dessen Einwohner ihn für die Nacht aufnahmen. »Wir waren eine große Gesellschaft«, schreibt er, »in eine kleine rauchige Hütte gezwängt, mit einem Feuer in der Mitte.« Um das Feuer saß ein Dutzend großer, athletischer Männer,

> ihre langen Gliedmaßen dem roten Schein des Feuers ausgesetzt; ihre Gesichter waren von den vielen Tätowierungen hässlich gerötet, und das Blau erstrahlte im Licht des Feuers sehr hell; ihre Augen, die durch ihren wilden Ausdruck besonders auffallen, starren uns an, aber mit einem wohlmeinendem Blick, vermischt mit unsäglicher Neugierde.

Ist es so gewesen? Die rauchige Hütte, die unglaubliche Neugierde, das auf den tätowierten Gesichtern der Männer flackernde Feuer? Der Missionar Samuel Marsden beschreibt 1820 eine ähnliche Nacht in einem befestigten Dorf nahe der Küste bei Whangarei. Das *pa*, also das Dorf, in dem er eingeladen war, die Nacht zu verbringen, lag auf dem Gipfel eines hohen kegelförmigen Hügels. Bei Flut war es fast vollkommen von Wasser umgeben und der einzige Weg dorthin führte über einen Pfad, der so steil und schmal war, dass Marsden hinaufgeholfen werden musste. »Als ich oben ankam«, so schreibt er,

> fand ich dort einige Männer, Frauen und Kinder, die um ihre Feuer saßen und dort Snapper, Langusten und Wurzeln grillten. Es war noch nicht ganz dunkel. Das Rauschen des Meeres am Fuße des [*pa*], wenn die Wellen in die tiefen Höhlen unterhalb einbrachen, der hohe Felsvorsprung, auf dem

wir zwischen den Hütten standen, die vielen Eingeborenen, die in Gruppen um die Feuer saßen und sich unterhielten – all das erweckte neue und seltsame Gedanken zur Reflektion.

So wie es Marsden beschreibt ist es eine romantische Szene, weniger erschreckend als Earles späterer Bericht, aber genauso darauf ausgerichtet eine exotische Stimmung zu erschaffen: das knisternde Feuer mit den in den dunklen Nachthimmel tanzenden Funken; die von den Wolken verdunkelten Sterne; der Wind vom Meer, der an den Umpfählungen rüttelt; die Maori, die sich unter ihren Mänteln zusammenkauern und leise miteinander sprechen; irgendwo ein Lachen; der dumpfe Schlag eines Stück Holzes, das ins Feuer geworfen wird; der beißende Geruch von kokelnden Gräten; das Rascheln, wenn sich ein Kind in jemandes Schoß schmiegt.

Krieg dies das Neuseeland, das Charlotte Badger kannte? Waren es diese Dinge, die sie veranlassten zu bleiben? Möglicherweise fühlte sie sich trotz der Grausamkeit, die man den Maori nachsagt, in Neuseeland sicherer. Vielleicht genoss sie dort eine Freiheit, die ihr das eigene Volk höchstwahrscheinlich verweigert hätte. Vielleicht aber *mochte* sie die Maori einfach, vielleicht fand sie etwas an ihrer Art verführerisch – oder ist das nur ein Gedanke des 20. Jahrhunderts? Weshalb hat sie Neuseeland zu dem Ort auserkoren, an dem sie bleiben wollte?

In den historischen Berichten findet sich nichts, das solche Fragen ausreichend beantwortet. Aus den Berichten anderer einsamer Europäer, die zu dieser Zeit an Orten wie Neuseeland lebten, geht lediglich hervor, dass kein Europäer, egal ob männlich oder weiblich, ohne den speziellen Schutz eines Häuptlings, eines *rangatira* hätte überleben können. Jemand muss die Verantwortung übernommen haben für Charlotte; jemand muss sie ernährt und beschützt haben; jemand muss ihr erlaubt haben zu bleiben. Innerhalb dieses festgesetzten Rahmens gab es eine Reihe von möglichen Rollen für sie. Sie könnte eine Ehefrau, Nebenfrau oder eine Art Sklavin gewesen sein – eine *taurekareka*, eine untergeordnete Sklavin – oder vielleicht ein *mokai*, was man wohl am treffendsten mit »Schoßhündchen« übersetzen kann. Möglicherweise war sie auch zu Beginn eine Sklavin und hat sich einen höheren Status, etwa als Ehefrau, erarbeitet.

Die Gesellschaftsform der Maori war hierarchisch angelegt, im Vergleich zu Europa war sie aber noch immer verhältnismäßig flexibel. Eine Position wurde normalerweise vererbt, konnte aber auch erworben werden, und es gab sowohl die Tradition, Menschen von außerhalb des Stammes aufzunehmen, als auch, sie zu versklaven. Sklaverei hatte zudem eine andere Bedeutung, als die bei uns gebräuchliche. Sklaven waren Menschen von niedrigem Status oder hatten das Pech, im Krieg gefangen genommen worden zu sein. Oft wurden sie getötet oder misshandelt, unter bestimmten Umständen konnten sie aber auch in den Klan aufgenommen werden. Charlottes Schicksal hing also davon ab, wie viel *mana*, also Charisma, sie ausstrahlte, und davon, wie nützlich sie sich für ihren *rangatira* und ihren Stamm erweisen konnte.

In der Pazifikregion gab es einige wenige Europäer, die in diesem Zeitraum in einer ähnlichen Situation waren, obwohl es sich natürlich bei fast alle anderen um Männer handelte. In der Inselwelt waren sie unter dem Namen »beachcomber« (Strandguträuber) bekannt, in Neuseeland wurden sie »Pakeha Maori« genannt, was – Trevor Bentley zufolge – so viel bedeutet wie »Fremde, die zu Maori werden«. Einige waren Schiffbrüchige, andere Sträflinge und wieder andere Seefahrer, die von ihren Schiffen geflohen waren – ihre Schicksale so unterschiedlich wie ihre Charaktere. All jene, die überlebten und sich erholten, lernten, den Regeln der Eingeborenen zu folgen (Verstöße gegen *tapu*, also das Gesetz, führten in Neuseeland gewöhnlich zum Tod) und gegenüber ihren Gastgebern die gebotene Höflichkeit zu zeigen. Der Geschichtswissenschaftler O. H. K. Spate schreibt, dass es »eine unerlässliche Bedingung [ihrer] Existenz war, möglichst ohne das Gefühl der rassischen Überlegenheit aufzutreten, die Inselbewohner weder als edle noch unwürdige Wilde zu betrachteten, sondern als fehlbare menschliche Wesen wie sie selbst«.

Das erscheint uns heutzutage völlig einleuchtend, aber für die Europäer Ende des 18. und Anfang des 19. Jahrhunderts war es überhaupt nicht selbstverständlich. »Ein Mann, der sich dafür entschied ›mit Einheimischen zu leben‹«, so schreibt I. C. Campbell, »galt nicht nur als Auswanderer; für die europäische Gesellschaft war er ein Abtrünniger.«

Eine Frau dagegen bedurfte des Verständnisses. Weiße Frauen »wählten« kein Leben unter Eingeborenen, sie wurden von ihnen »gefangen« laut der Denkweise, die im Europa des 17., 18. und 19. Jahrhunderts vorherrschte. Berichte von weißen Frauen, die bei »Indianern« (eine Bezeichnung, die weltweit für indigene, also eingeborene Menschen, gängig war) gestrandet waren, oder von ihnen gefangen genommen wurden, füllten ein ganzes Regalfach an »Frontier-Literatur« und erfreuten sich sowohl in Europa wie auch in den USA großer Beliebtheit. Generell wurden diese Frauen bedauert, weil sie »ruiniert« waren, immer aber begleitet von einer lüsternen Faszination an ihrem Schicksal und hitzigen Spekulationen, ob sie jemals wieder freigekauft werden konnten. Der Gedanke, dass sich eine Frau freiwillig in so eine Situation begab, war schlicht unvorstellbar, und es gab keine einzige Erzählung oder irgendeine Form von Rechtfertigung für eine Frau, die das tat.

In Charlottes Fall hatte es sicher zum Teil mit ihrer Gesellschaftsschicht zu tun gehabt und mit der Art von Leben, das sie bis dahin geführt hatte. Unweigerlich musste es aber auch im Zusammenhang mit ihr selbst stehen – ihr Aussehen, ihr Verhalten, ihre Denkweise. Zweifellos besaß sie einiges an körperlicher Stärke. Sie wird als »sehr korpulent« beschrieben und war wahrscheinlich verhältnismäßig groß in einer Zeit, in der die Menschen ihrer Schicht oft klein und unterernährt waren. Die durchschnittliche Größe der Männer an Bord der *Venus* betrug 1,70 Meter und ihr Begleiter, John Lancashire, ein pockennarbiger, ausgemergelter Mann mit blassgelblicher Hautfarbe, war nur 1,64 groß. Sie war auf jeden Fall von robustem Körperbau – zudem stillte sie ein Baby – was ihr bei den Maori sicherlich zugutekam, die, wie die meisten Polynesier Größe und Stärke sehr schätzen. Ihre Beschreibung lässt sogar auf einen leichten polynesischen Einschlag schließen: »sehr korpulent mit vollem Gesicht [und] dicken Lippen«. Von europäischen Männern wurde sie mit diesen Gesichtszügen vielleicht verhöhnt, bei den Maori dagegen galt sie (für eine Pakeha) möglicherweise sogar als außergewöhnlich gut aussehend.

Trotzdem konnten weder Schönheit noch körperliche Ausdauer genügt haben; sie muss auch von starkem Charakter gewesen sein. Vielleicht geben ihre Lebensumstände einen Hinweis darauf: mit 18 Jahren angeklagt und verurteilt, jahrelang an ein Schiff und englische Sträflinge gefesselt, überlebte sie die dicht gedrängte und krankheitsgeplagte Schiffspassage nach Süden und die darauf folgende Einkerkerung in der berüchtigten Strafkolonie in New South Wales. Kapitän Chace beschreibt die Frauen an Bord der *Venus* als begeisterte Mitglieder bei den Ausschweifungen und Trinkgelagen, von denen sein Schiff heimgesucht wurde; weibliche Sträflinge dieser Zeit wurden üblicherweise gemeinhin, als »verlassene Frau« (gemeint war verkommen), betrunken, zügellos, schamlos, lasterhaft, brutal und hinterlistig dargestellt. Wenn man das Ganze aber von einer anderen Seite aus betrachtet, wird klar, dass diese Frauen einfallsreich, zäh, kräftig, resolut und belastbar sein mussten, schlicht um zu überleben.

Ich konnte der Versuchung nicht widerstehen, die Geschichte von Charlotte Badger zu romantisieren, sie als Heldin darzustellen, eine kühne und unabhängige Frau, die ihr Schicksal in die eigenen Hände nahm; ihre Gastgeber erschienen mir als großzügige Menschen, die ihr mitten in ihrer Welt einen Platz einräumten – ich gestattete mir sogar, mir ihren *rangatira* als jemanden vorzustellen, in den sie sich verliebt hatte. Die Akademikerin in mir wehrte sich sehr gegen solche Gedanken. Die Reisende in mir aber versuchte unablässig, in dieses Bruchstück der Geschichte eigene Eindrücke einzubauen, wie es tatsächlich gewesen sein muss, für kurze Zeit zwischen den direkten Nachkommen der Menschen zu leben, die Charlotte Badger aufgenommen hatten, und das alles keine zehn Kilometer entfernt von dem Ort, an dem sie gelebt hatte.

Vielleicht hätte ich die Geschichte in einem ganz anderen Licht gesehen, wenn ich niemals dort gewesen wäre. Aber unter den gegebenen Umständen konnte ich mir das Interesse der Maori an Charlotte lebhaft vorstellen, ihre zurückhaltende Neugier, wie sie wohlwollend über ihre vielen Fehltritte hinwegsahen. Ich male mir aus, mit welcher Geduld ein oder zwei Maori sie beiseitegenommen und ihr bei vielen Dingen geholfen haben, und auch Charlottes wachsendes Bewusstsein, auf wen sie sich verlassen konnte, und wen sie besser mied. Ich stelle mir ihre Freude an der Fröhlichkeit und dem großzügigen Lachen der Maori vor, ganz zu schweigen von der Bewegungsfreiheit, die sie sogar als Sklavin genossen haben muss, und der Zuneigung, die Männer wie Frauen zweifellos ihrem Kind entgegenbrachten. Es könnte alles so anders gewesen sein, als es die historischen Dokumente nahelegen, die mit ihrer Litanei von dramatischen und schockierenden Ereignissen, mit dem Beharren auf der launenhaften Unberechenbarkeit der Sträflinge und der Wildheit der Maori von der Sicht- und Darstellungsweise des 19. Jahrhunderts geprägt sind und auf eine Grundhaltung voller Gewalt und Schrecken schließen lassen.

Aber das wird man wohl niemals herausfinden. Ich entschied mich schließlich dafür, dass sie wahrscheinlich einer der Menschen war, die mit Leichtigkeit von einer Welt in eine andere und wieder zurück wechseln können, eine wandelbare Gestalt, eine Transkulturelle. Wie es scheint, ist manchen Menschen ein ethnografischer Drang eigen, eine mächtige Wissbegier gegenüber Menschen, die sich von ihnen grundsätzlich unterscheiden, eine Bereitschaft, sich einer Flut von Erfahrungen auszusetzen, die sie nicht notwendigerweise verstehen. Vielleicht lag es also an Charlottes formbarem Wesen; vielleicht war sie – oder vielleicht auch ich – ein bisschen wilder und ursprünglicher als andere unserer Art.

7. Ein geborener Gentleman

Australien entpuppte sich als der perfekte Ort für Seven und mich, und ich habe mich oft gefragt, ob wir in diesen ersten Jahren genauso glücklich gewesen wären, wenn wir in Neuseeland oder den USA gelebt hätten. Australien war für beide neutrales Gebiet. Wir hatten Freunde, aber keine Familie, und es gab niemanden, der unsere Entscheidungen infrage stellte oder mit uns darüber stritt, was wir zu tun hatten. Aber Australien verband uns auf gewisse Weise auch miteinander, wie ein dritter Teil unserer Beziehung. Wir waren beide gleich weit von der australischen Kultur entfernt. Obwohl ich weiße Haut hatte, war ich nicht so britisch, wie es die Menschen sowohl aus Australien als auch aus Neuseeland für gewöhnlich sind. Weder aß ich den typisch australischen Vegemite-Brotaufstrich, noch fuhr ich auf der linken Seite, und als ich in Australien ankam, konnte ich einen Kricketschläger nicht von dem dazugehörigen Törchen unterscheiden. Seven war der australischen Mainstreamkultur viel näher als ich; er ist mit der Serie *Coronation Street* aufgewachsen und hat Weihnachten am Strand verbracht. Aber durch seine Maori-Herkunft – was so viel bedeutet wie schwarz zu sein, aber kein Aborigine – unterschied er sich auf andere Art von den Australiern.

Außerdem war Melbourne genau die richtige Stadt für Menschen wie uns, weil sie kulturell und ethnisch sehr durchmischt ist; auch unsere Freunde waren Auswanderer oder aber sie gehörten der Sorte von Einheimischen an, die auf Menschen aus anderen Ländern offen zugehen. Wir hatten ein wunderbar angenehmes Leben dort und waren miteinander sehr glücklich, was dazu führte, dass wir beschlossen zu heiraten.

Wir taten es auf die uns ganz eigene Art: schnell und unbeschwert, so wie man handelt, wenn man (noch) jung ist. Der Clou dabei war, dass wir es *niemandem* sagten – nicht unseren Eltern, nicht unseren Geschwistern, nicht unseren Freunden. Fast auf den Tag genau ein Jahr, nachdem wir uns kennengelernt hatten, sind wir einfach eines heißen hellen Sommertages aufgestanden, haben unsere Sachen gepackt, einen Schlüssel bei den Nachbarn hinterlegt und haben uns ein Taxi zur Münzanstalt genommen.

Die Niederlassung der Königlich-Britischen Münzanstalt in Melbourne ist ein großes, schönes Gebäude, das auf die William Street blickt, unweit von Flagstaff Gardens. Es wurde Ende der 1860er-Jahre gebaut, als Melbourne in Gold schwamm und ist einem italienischen Renaissance-Palazzo nachempfunden. Das Gebäude selbst befindet sich etwas nach hinten versetzt auf dem großen Grundstück; umgeben von einem schmiedeeisernen Zaun, der sich mit einem großen Tor auf einen Innenhof öffnet, wirkt es eher wie eine Landesbotschaft. Es gibt ein Pförtnerhaus mit einem Wächter und man kann direkt hineinfahren. Trotzdem ließ uns der Taxifahrer auf dem Gehsteig aussteigen und wir betraten das Gelände zu Fuß, unsere Taschen in der Hand.

Innen war es kühl und dämmrig, im ersten Augenblick konnten wir nichts erkennen. Unsere war die erste Hochzeit an diesem Morgen, und als wir ankamen, war fast noch niemand anwesend. Wir standen ein paar Minuten lang ratlos im Foyer, bis schließlich ein junger Mann auf uns zukam und uns in einen kleinen, eher formell möblierten Raum führte. Das war offenbar der Raum für die kleineren Hochzeiten – ich konnte auf der anderen Flurseite einen ähnlichen, aber viel größeren Raum sehen –, aber er war immer noch so groß, dass er sich nur mit uns dreien zu leer anfühlte. Nach ein paar weiteren Minuten kam ein Mann mittleren Alters dazu und stellte sich selbst als Standesbeamter vor.

»Haben Sie Zeugen mitgebracht?«, fragte er.

»Oh … nein, tut uns leid, das haben wir nicht.«

Er flüsterte dem jungen Mann etwas zu, der daraufhin verschwand und ein paar Augenblicke später mit Tony und Tony zurückkehrte, dem Parkplatzwächter und dem Sekretär.

Kaum hatte es begonnen, war es auch schon wieder vorbei. Der Standesbeamte sprach eine paar kurze und formelle Worte und wir sagten etwas wie »Ich will«. Wir hatten keine Ringe und weil wir es außerdem versäumt hatten, eine Kamera mitzubringen, gibt es kein anderes Zeugnis dieses Ereignisses als die offizielle Heiratsurkunde, die nun irgendwo in einem dunklen Archiv liegt und die beglaubigte Kopie, die man uns überreicht hat, bevor wir uns wieder auf den Weg machten.

Ich hatte Seven dazu überredet, sich zu diesem Anlass einen Anzug zu kaufen, wahrscheinlich der erste, den er jemals besessen hat. Er war schwarz, sehr gut geschnitten und wirkte fast wie aus Seide. Der Anzug kostete ihn zwei Wochenlöhne und er sah darin so atemberaubend aus, dass alle in dem Laden für einen Moment innehielten, als er aus der Umkleidekabine trat. Für mich war es viel schwieriger, die passende Kleidung zu finden. Nach einer Woche planloser Suche fand ich schließlich ein kleines schwarz-weiß bedrucktes Kleid aus Baumwolljersey. Es hatte glockenförmige Ärmel, ein rund ausgeschnittenes Dekolleté, und weitete sich nach unten leicht. Es reichte bis zum Knie und ich trug es enganliegend mit einem Gürtel aus dem gleichen Material und schwarzen flachen Ballerinas. Niemand konnte das für ein Hochzeitskleid halten, und als ich es viele Jahre später eines Tages in einer Truhe wiederfand, stand mein ältester Sohn neben mir.

»Schau, das ist das Kleid, in dem ich geheiratet habe.«

»Sieht aus wie ein Nachthemd«, sagte er.

Natürlich mussten wir irgendwann einigen Leuten, einschließlich unserer Mütter, erklären, warum wir ihnen nichts von unseren Plänen erzählt hatten. Und nicht nur das, sondern auch warum wir es ihnen, als wir sie kurz darauf trafen – wir wurden um neun Uhr getraut und flogen mittags von Australien ab –, noch nicht gesagt hatten. Wir sind sogar zwei volle Monate herumgereist, von Melbourne nach Auckland, dann nach Boston und wieder zurück, haben alle besucht, mit denen wir verwandt sind und die Hälfte aller Menschen, die wir kennen – und haben keinem verraten, dass wir verheiratet sind.

Je länger wir nichts davon erzählten, umso schwieriger wurde es, eine Erklärung zu finden, und als ich schließlich meiner Mutter Bescheid sagte – etwa vier Monate nach der Trauung und per Post – sagte sie, dass es das feigste sei, was jemals irgendein Mitglied unserer Familie getan habe. Sie hatte sicher recht, aber unsere Beweggründe auf eine Feier zu verzichten, waren genauso komplex, wie der Entschluss, das Ganze erst einmal für uns zu behalten.

Zum einen hatte ich nie eine Braut sein wollen. Das Brautkleid, der Schleier, der Gang zum Altar – all das hat mir nie so recht zugesagt. Aber sogar wenn ich eine Feier hätte haben wollen, wo hätte sie stattfinden sollen und wen einladen? Sevens komplette Familie lebte in Neuseeland, meine ganze Familie in den Staaten; alle unsere Freunde wohnen in Australien. Ein befreundetes Paar hat das ganze Hochzeitsspektakel dreimal durchlaufen: einmal in Australien mit ihren Freunden, einmal in Neuseeland für den Bräutigam und einmal in Kanada für die Familie der Braut. Aber wenn ich mir schon *eine* Zeremonie nicht vorstellen konnte, wie sollte ich dann *drei* überleben? Dann kam noch dazu, dass eine von Sevens Schwestern in Neuseeland fast genau zur gleichen Zeit heiratete – in der Tat war es so, dass wir, als wir unsere eigene verließen, um ins Flugzeug zu steigen, bereits auf dem Weg zu ihrer Hochzeit waren – und wir wollten ihr nichts von ihrem großen Auftritt nehmen.

Natürlich erklärt all das nicht, warum wir es niemandem

mitteilen wollten. Aber ich glaube, die Antwort darauf ist schlicht, dass wir dachten, dass es niemanden etwas anginge außer uns selbst. Uns gefiel die sehr private Atmosphäre und auch die Tatsache, dass die Beiläufigkeit der Zeremonie uns die Seriosität der Trauung weniger stark spüren ließ. Dieses Unverhältnis zwischen dem Akt und seiner Bedeutung, zwischen der Oberfläche und der Tiefe, hatte etwas sehr Polynesisches, wie mir später bewusst wurde. Die Europäer haben schon früh bemerkt, dass die Maori sehr begabte Simulanten sind, und viele der alten Geschichten stecken voller Listen, Hinterhalte, Strategien und Tricks. Mir selbst ist es nie gelungen, herauszufinden, wann mich jemand aus Sevens Familie auf den Arm nimmt oder wann mir Seven irgendwelchen Quatsch erzählte. Es ist ein Machtspiel, aber auch eine Herausforderung: ein Geheimnis für sich behalten zu können, aber auch zu wissen, wann jemand etwas verheimlicht.

Einen weiteren Grund für unser Schweigen gab es aber dennoch, und das war die Tatsache, dass eine Ehe wie die unsere bei vielen Menschen ein Stirnrunzeln hervorruft. Wir waren ein sehr ungleiches Paar. Ich war klein und blond und er ein 1,90 Meter großer, 90 Kilo schwerer Polynesier. Ich hatte einen PhD und er die Berufsschule besucht. Ich mochte die Oper und er Autorennen. Ich erzählte gerne die Geschichte von unserem Kennenlernen – irgendwie war sie zu meiner Geschichte geworden, von ihm habe ich sie nie gehört. »Er dachte, ich wäre reich«, erzählte ich lachend auf Partys. »Der arme Kerl, ihr könnt euch vorstellen, wie enttäuscht er war, als er die Wahrheit herausfand!« Ich musste mich dann immer fast totlachen und Seven stand einfach nur da, sah unglaublich gut aus in seinem schwarzen Saba-Anzug und sagte nach einem Moment. »Nee, wir haben gar nicht gedacht, dass sie reich ist. Wir haben nur gedacht, dass sie eine Touristin ist.«

Es war eine etwas komplizierte Neckerei und niemand wusste so ganz genau, was er davon zu halten hatte. *Wer* wurde hier veräppelt? Aber wahrscheinlich hätte noch nicht einmal ich das beantworten können. Ich wusste nur, dass mir nichts anderes übrig blieb, als die vorurteilsbehafteten Stereotypen zu Gesellschaftsschicht, Rasse, Geschlecht und Macht, die eine Beziehung wie die unsere umschwirrten, zumindest vordergründig zu dulden. Es gab so viele widerwärtige Geschichten: war ich die lüsterne Reisende und er der bettelarme Eingeborene? Oder war er der durchtriebene Opportunist, und ich die verführte Naive?

Natürlich weder noch, aber die Tatsache, dass wir so verschieden waren in Verbindung mit unserer Geschichte, lud zu solchen Spekulationen ein.

Eigentlich war unsere Beziehung sehr einfach. Sie beruhte auf Komplementarität. Obwohl wir vollkommen verschieden waren, waren wir hervorragende Gefährten. Wir konnten gut gemeinsam verreisen und mochten oft dieselben Dinge. Seven war viel entspannter als ich; ich war viel besser organisiert. Er war kräftig, aber von sehr einfühlsamem Temperament; ich war schmächtig, aber willensstark. Kurz gesagt – wir waren eine wunderbare Kombination, stärker und ausgeglichener als es jeder von uns alleine gewesen wäre.

Unser Plan war es, zu heiraten und über den Pazifik nach Boston zu reisen, wo Seven meine Familie zum ersten Mal treffen würde. Wir reisten über Neuseeland, wo ich mein Hochzeitskleid zur Hochzeit meiner Schwägerin trug und bei ihrem Hochzeitsempfang so viel Spaß hatte, wie ich es an meinem eigenen nie hätte haben können.

Hunderte von Menschen waren eingeladen und um alle satt zu kriegen, hatten ihre Brüder den größten *hangi* gegraben, den ich jemals gesehen habe. Ein *hangi* ist ein Erdofen, der auch manchmal *umu* genannt wird. Man gräbt eine Vertiefung in die Erde und füllt sie mit Feuerholz und einer Schicht Steinen. Wenn das Holz verbrannt ist und die Steine heiß sind, kommen Drahtkörbe voller Essen dazu – Huhn, Rind und Schweinefleisch unten, Kartoffeln, Kürbis und Kumara (Süßkartoffeln) oben drauf. Das Ganze wird dann mit nassen Laken bedeckt und unter einer Schicht Erde begraben.

Es war ein großartiges Fest, mit Bergen von Essen und Flüssen von Bier – wir tanzten bis in die Morgenstunden. Spät in der Nacht saß ich auf einmal mit Nana Miri am Rand des Fests zusammen und bevor ich mich versah, sprudelte Sevens und mein Geheimnis aus mir heraus.

»Du musst mir versprechen, es niemandem zu sagen«, drang ich auf sie ein. »*Versprich es!* Du bist der einzige Mensch, der es weiß.«

»Na ja«, Miri runzelte leicht die Stirn. »Okay. Ich werde euer Geheimnis für mich behalten. Aber es wird nicht einfach werden«, sagte sie.

Ich verstand sofort, in welche unangenehme Situation ich sie gebracht hatte.

»Wir werden es ihnen bald sagen«, versprach ich. »Mach dir keine Sorgen, dann bist du aus dem Schneider.«

Ein paar Tage später reisten wir ab und flogen nach Hawaii, wo der Empfangschef im Hotel einen Blick auf uns warf und »Flitterwochensuite?« fragte. Das war uns beiden zu viel und wir entschieden uns stattdessen für einen Mietwagen und fuhren zum Waikiki-Strand, wo wir einen alten, etwas schäbigen Strandclub fanden, der hauptsächlich Surfer bewirtete. Für neun Dollar die Nacht bekamen wir in einem heruntergekommenen Bungalow ein Zimmer mit einer Matratze auf dem Boden. Es gab eine Küche im Freien und ein Gemeinschaftsbadehaus und zwei riesige Banyanbäume am Rand des breiten, weißen Strands. Alles wirkte wie ein vergessener Winkel des alten Hawaiis. Ich kaufte mir ein *mumu*, das traditionelle Hawaiikleid mit Hibiskus-Druck, und Seven lieh sich eine »Hawaiian Sling«, eine Art handbetriebene Harpune. Sie besteht aus einem ausgehöhlten Holzschaft durch dessen Röhre man einen Pfeil steckt, den man mit einem Gummi spannt – ähnlich wie bei einer Steinschleuder. Er tauchte ab und einige Minuten später war er mit einem zappelnden Fisch auf seinem stählernen Pfeil zurück.

Von Honolulu machten wir uns auf zu dem letzten Teil unserer Reise. Ich weiß nicht, ob Seven nervös war, höchstwahrscheinlich nicht; ich selbst dagegen machte mir ein bisschen Sorgen über diesen Teil unseres Urlaubs. Natürlich hatte meine ganze Familie von Seven gehört, aber niemand hatte ihn bisher kennengelernt. Keiner von ihnen war jemals einem Maori begegnet oder in Neuseeland gewesen oder hatte sich auch nur irgendwelche Gedanken über diesen Teil der Welt gemacht.

Der Pazifik spült an die Westküste von Amerika, und wenn man in Kalifornien ist, fühlt es sich beinahe so an, als ob man ihn von Insel zu Insel hüpfend überqueren könnte – von Los Angeles nach Honolulu, über Papeete nach Auckland; auf diese Weise wird zwar alles Schritt für Schritt weniger vertraut, aber noch immer erkennbar bleiben. Die Ostküste zeigt in die andere Richtung, nach England, Irland, Portugal und Spanien, zu den Azoren und den Kanarischen Inseln. Blickt man im Winter von der Küste Neuenglands auf das Wasser, sieht man einen kalten, grauen sturmgepeitschten Nordatlantik – auf seine Art ein wunderschönes Weltmeer, aber ein großer Kontrast zum tahitianischen Türkis und dem Kobaltblau der Bay of Islands. Die Landschaft ist anders, die Menschen sind anders, die Geschichte ist eine andere. In Neuengland kann man die Pazifikinseln nur mit Analogien beschreiben – »ähnlich wie die Karibik, aber mit Eingeborenen« –, denn von der älteren und raueren Kolonialgeschichte dieser Region finden sich nur noch einige Spuren von einer Welt, die andernorts noch existiert.

Wir kamen an einem trüben Spätwintertag in Boston an. Von der Luft aus gesehen war die Stadt und das Umland ein fleckiger graubrauner Schatten, ein Durcheinander von Straßen und Gebäuden und kahlen, blattlosen Wäldern. Im Norden und Westen lagen noch Schneereste, und als wir zum Landeflug ansetzten, glitzerte der Atlantik unter uns mit beinahe metallischem Schimmer. Für uns, die wir aus dem Hochsommer der südlichen Erdhälfte mit einem Zwischenstopp auf den Inseln kamen, war der Kontrast besonders auffällig. Ich wusste, dass der Frühling in Neuengland Einzug halten würde, und konnte vor meinem inneren Auge die weißen und rosafarbenen Wolken der Kirschblüten sehen und das blasse, frische Grün, das in nur wenigen Monaten die ganze Region bedecken würde. Aber für Seven, der noch nie eine Landschaft im Winterschlaf gesehen oder die Härte eines starken Frostes gespürt hatte, sah alles kalt und leblos aus.

Meine Familie holte uns vom Flughafen ab: meine Mutter und mein Vater, mein Bruder, seine Frau und ihre zwei Töchter. Ich wusste, dass sie sich darauf freuten, mich zu sehen, aber ich wusste auch, dass sie fast noch mehr auf meine Begleitung gespannt waren. Währenddessen sorgte ich mich insgeheim darüber, was für einen Eindruck sie von Seven haben würden. Ich hatte meiner Familie eine ganze Reihe von Freunden vorgestellt, aber natürlich nie jemanden, mit dem ich heimlich verheiratet war. Ich machte mir Gedanken um beide Seiten: wie meine Familie auf Seven wirken würde und ob er ihren Anforderungen genügen würde. Ich fürchtete, dass sie nichts gemeinsam haben würden oder dass es ihnen nicht gelang, die wenigen Gemeinsamkeiten in ihrem Wissen und ihren Erfahrungen auch zu finden. Worüber sollten sie sprechen? Sport? Seven war ein Rugby-Fan, ein Spiel, das in USA gar nicht gespielt wird. Reisen? Er war niemals in Europa oder Kanada oder an einem der anderen Orte gewesen, die meine Familie normalerweise besuchte. Essen? Das war vielleicht eine Möglichkeit, obwohl niemand in Boston von *kina* oder *puha* oder *kaanga wai* auch nur gehört hatte. Mit Politik kamen wir gewiss nicht weit – Seven wusste so gut wie nichts über das Weltgeschehen und meine Familie nichts über die Antipoden. Aber wie sich herausstellte, waren meine Sorgen unbegründet. Es gab nur ein Thema, das von Interesse war, und das war Seven selbst.

Für viele Menschen in Boston war Seven der erste seiner Art, den sie jemals trafen. Vielen fiel es schwer, seine Volkszugehörig zu entschlüsseln: Er war nicht eindeutig indianisch oder afroamerikanisch, asiatisch oder hispanisch. Einige, die Hawaii kannten, hielten ihn für einen Polynesier, und gelegentlich erkannte jemand seinen Akzent. »Wow«, sagten sie dann, »Du bist Maori?«, wobei sie es mai-OR-ii aussprachen, was mich jedes Mal überraschte, denn mit der gleichen Vokalverbindung hatte bei Mao Zedung niemand Probleme. Doch die fehlende Vertrautheit mit seinem Volksstamm war verständlich. Zum einen gibt es nicht sehr viele Maori – weltweit sind es nur etwas mehr als eine halbe Million – und sie leben, mit sehr wenigen Ausnahmen, alle auf der anderen Seite der Welt.

Sogar mir erschien Seven in dieser Umgebung exotisch. Vom Flughafen aus fuhren wir direkt zum Haus meiner Eltern, das ganz anders war als alle Orte, an denen Seven und ich bisher gelebt oder auch nur übernachtet hatten. Meine Eltern hatten es Ende der 1950er-Jahre gebaut; es war von einem Architekten entworfen worden, der stark unter dem Einfluss von Frank Lloyd Wright stand – lang und flach, und wohin man auch sah gab es große Glasflächen. Man fühlte sich darin winters wie sommers, als wäre man drinnen und draußen zugleich; das Schauspiel von auf Piniennadeln fallendem Schnee oder von Regen, der in kleinen Bächen vom Dachvorsprung strömte, breitete sich jeden Tag aufs Neue vor unseren Augen aus. Bestückt war das Haus mit einer Auswahl verschiedenartiger, moderner dänischer Möbel, ein paar amerikanischen Antiquitäten und vielen folkloristischen Einzelteilen, darunter auch Stoffe von Eingeborenen, die meine Mutter in braunes

Papier und mit Schnur verpackt aus Marokko mitgebracht hat. Es gab Palmen in Blumentöpfen, Kunstbände und auf den Fenstersimsen viele Kissen. Die Wände hingen voller Gemälde und Drucke, die meine Eltern den Jahreszeiten entsprechend austauschten, indem sie für den Sommer Schutzhüllen anbrachten oder abmachten und die roten, orange- und türkisfarbenen Bilder mit den weißen Sommergras-Mattierungen auswechselten.

Im Sommer war das Haus kühl und schattig und die Bilder größtenteils grün. Aber im Winter versank man in einer Orgie von Farben. Ich hatte Seven noch nie zuvor in einer Umgebung wie dieser gesehen. In seinem Anzug oder einem dunkelgrauen Pullover, sein mittlerweile langes Haar zu einem Pferdeschwanz gebunden und seine Haut durch den Sommer, den wir gerade verlassen hatten, matt braun. Manchmal sah ich ihn auf dem pflaumenfarbenen Samtbezug des Sofas meiner Mutter, mit einem safranfarbenen Kissen, das hinter seinem Rücken hervorblitzte, das große rote japanische Gemälde an der Wand hinter ihm und dachte, *Oh mein Gott, wie ein Ingres.*

Aber Seven, der noch nie ein Bild von Ingres gesehen hatte, betrachtete gelassen das Szenario. 1775 malte der großartige englische Porträtmaler Sir Joshua Reynolds einen Mann namens Omai. Das Bild zeigt eine große, exotisch wirkende Gestalt mit einem breiten, schönen Gesicht, schwarzem Haar und bräunlicher Haut. Barfuß, in weiße Kleidung und einen weißen Turban gehüllt, hält er einen Arm von sich gestreckt und den anderen am Körper und zeigt so ganz deutlich die Tätowierungen auf dem Rücken seiner Hände. Hinter ihm Wolkenmassen und düstere Schatten und in weiter Ferne eine kleine Landschaft mit Palmen, Bergen und vielleicht einem Strand. Der Körper ist der eines Mannes, aber das Gesicht ist jung mit einem vollen, sinnlichen Mund, weichen Wangen und dicken, schwarzen Augenbrauen. In den mandelförmigen Augen der dunklen Gestalt liegt ein nachdenklicher ungerichteter, zielloser Blick, als wäre er tief in eine Träumerei oder eine Meditation versunken.

Es ist schwer zu sagen, wie genau Reynolds sein Modell trifft; andere zeitgenössische Zeichnungen von Omai, auch von Reynolds selbst, legen nahe, dass das Objekt leicht verschönert wurde. Aber das ist nicht das eigentlich Entscheidende, denn Reynolds ging es bei seinen Bildern weniger darum, eine Ähnlichkeit zu erschaffen, sondern um die Darstellung einer Qualität oder einer Eigenschaft, die sein Modell verkörpern sollte – Geist, etwa, oder Unschuld, oder auch Verständnis. Im Falle Omais handelte es sich bei dieser Qualität um Adel, speziell den Adel eines Mannes in seinem natürlichen Zustand.

Was viele nicht wissen ist, dass es fast von Beginn an polynesische Abenteurer gab, die auf europäischen Schiffen anheuerten und mit ihnen in die entgegengesetzte Richtung nach England, Amerika und Frankreich zurückkreisten. In vielerlei Hinsicht bilden sie ein Gegenbeispiel zu Gestalten wie Charlotte Badger – weniger Abtrünnige als vielmehr Botschafter – aber auch sie dienten nur als Mittelsmänner an der »Reibefläche«, wie Spate schreibt, zwischen zwei Kulturen. In den ersten Jahrzehnten des 19. Jahrhunderts durchkreuzten Inselbewohner von fast allen größeren Völkern – Tongaer, Hawaiianer, Marquesaner und Maori – die Weltmeere, viele von ihnen wie Herman Melvilles Queequeg auf Wal- oder Robbenfängern oder anderen Handelsschiffen. Die ersten dieser Reisenden segelten bereits im späten 18. Jahrhundert in den allerersten Expeditionen auf dem Pazifik mit Entdeckern wie Bougainville und Cook.

Omai war ein Polynesier von den Gesellschaftsinseln. Er war von Tobias Furneaux, dem Kapitän der *Adventure,* nach England gebracht worden. Sein Schiff hatte Cooks *Resolution* auf der zweiten Pazifikexpedition begleitet. Nach einer Fahrt durch den Südlichen Ozean im Sommer von 1772 bis 1773, be-

schloss Cook, auf den Inseln von Zentralpolynesien zu über-
wintern. Dort nahm jedes der Schiffe einen Inselbewohner an
Bord. Auf Raiatea, nordwestlich von Tahiti, bestieg ein junger
Mann aus Bora Bora, der von den Engländern Odiddy genannt
wurde, die *Resolution*, während im nahe gelegenen Huahine,
ein Raiateaner namens Mai – oder Omai, wie er später heißen
sollte – zur Besatzung der *Adventure* stieß.

Cook hatte die Absicht, beide im folgenden Winter wieder
zurück zu den Inseln zu bringen. Zwei frühere Versuche, Polynesier nach Europa zu holen – einer von Cook selbst auf seiner
ersten Reise, der andere durch Bougainville –, hatten jedes Mal
mit dem Tod der Inselbewohner geendet, im einen Fall durch
Diarrhöe und Malaria, im anderen durch Pocken. Odiddy
wurde ordnungsgemäß in Raiatea abgesetzt, bevor sich Cook
schließlich auf den Heimweg machte. Aber eine Reihe von Un-
glücken, darunter ein Sturm, der die beiden Schiffe getrennt
hatte, und der Mord an einigen seiner Besatzungsmitgliedern
in Neuseeland, hielt Furneaux davon ab, Omai zu den Gesellschaftsinseln zurückzubringen. Verzweifelt, verschreckt und
durch die stark dezimierte Crew eingeschränkt, entschloss
sich Furneaux dazu, die Reise abzubrechen und anstatt den ursprünglichen Plänen entsprechend Cook in den Südlichen
Ozean zu folgen, schlug er verfrüht den Rückweg ein – mit
dem jungen Inselbewohner an Bord. So kam es, dass Omai im
Sommer 1774 London auf der nördlichen Erdhalbkugel erreichte.

Omai war nicht der erste Polynesier, der nach England kam,
aber er war der erste, der von einer Reihe von Beobachtern
(unter anderem von Cook, Banks und von seinem Gastgeber
Lord Sandwich) gründlich untersucht und erschöpfend beschrieben wurde; darunter befanden sich auch einige Frauen,
die ein leidenschaftliches Interesse an dem exotischen jungen
Mann zeigten. Omai blieb zwei volle Jahre lang in England.
Eine seiner enthusiastischsten Chronistinnen war die Tage-

buchschreiberin Fanny Burney, deren Bruder mit Omai auf der *Adventure* gesegelt war. Er wurde am Hof und bei den Mitgliedern der Royal Society vorgeführt. Seine Vorlieben und Abneigungen, seine Sitten und Gewohnheiten, die Art wie er sich bewegte, aß und lachte – all das wurde zum Wohle der Nachwelt festgehalten. Und obwohl diese Berichte in keiner Weise objektiv sind – sie stimmen noch nicht einmal wirklich überein – ergeben sie zusammengenommen das außerordentliche Portrait eines Polynesiers des 18. Jahrhunderts, der auf die europäische Welt trifft.

Omai war wohl etwa 21 als er in England ankam. Für europäische Verhältnisse war er groß und muskulös, mit breiten, flachen Schultern und starken, wohlgeformten Beinen. Er hatte eine etwas flache Nase, einen vollen Mund, dunkle Haut (auch nach raiateanischen Maßstäben) und langes schwarzes Haar. Viele fanden ihn »sehr gut aussehend«, während andere einwandten, dass seine Gesichtszüge »keine Spur« der polynesischen Schönheit vermittelten. Er war an den Händen und am Hintern tätowiert und je nach Anlass in weite weiße Gewänder aus Tapa-Rindenbaststoff gekleidet oder nach Manier eines Herren aus dem 18. Jahrhundert in Weste, Kniehosen und Strümpfe.

Vor allem zu Beginn wurde sein Naturell als lebhaft und ruhelos beschrieben. »Wenn er sich setzen wollte, warf er sich der Länge nach auf ein Sofa und erlernte nur mit Mühe den Gebrauch von Stühlen«, und man vermutete, dass er Bewegung brauchte. Er genoss alle Arten von Sport und athletischer Betätigung, wie etwa Schießen, Reiten und Eislaufen, zeigte eine deutliche Begabung für Tanz und vollführte laut Fanny Burney »*außergewöhnlich* gute Verbeugungen«. Als Mann von »ungewöhnlichem Temperament« interessierte er sich lebhaft für alles um ihn herum und zeigte dabei, wie ein Witzbold schrieb, »die enthusiastische Freude, von der Briten sprechen und die Otaheitans fühlen«. Aber während dies dazu führte, dass ihn manche als einen Mann von »wachem Geist« darstellten, galt er für andere lediglich »als Effekthascher erster Güte«.

Oft wurde gesagt, dass Omai eine Vorliebe für »unmittelbare körperliche Belohnung« hatte. Er erfreute sich an Spielzeugen und »unbedeutenden Zeitvertreiben« und interessierte sich enorm für alles Neue. Laut eines Beobachters beschäftigte er sich während des gesamten Verlaufs eines Dinners mit der Royal Society mit einer Lupe – die erste, die er zu sehen bekommen hatte. Er mochte Wein, vor allem Madeira, und alle Fleischarten, und es hieß, er würde Suppe und Gemüse wild durcheinander zu sich nehmen. Er hatte eine Leidenschaft für das Theater entwickelt, das er besuchte, so oft er konnte, und genoss die Landpartien, Spiele und Partys mit denen seine Gönner ihre Tage füllten. Man sagte, dass er unverhohlen gelangweilt war, wenn er nichts Unterhaltsames zu tun hatte.

Der Mangel an Ernsthaftigkeit wurde regelmäßig Omais kindlicher Natur zugeschrieben. Schon Cook bemerkte, dass er »ein passables Maß an Verstand« hätte, aber dass er »Ausdauer und ein Anwendungsfeld bräuchte, um ihn auszuüben«. Hier entdeckt man die Grundsätze eines Zeitalters, in dem Eingeborene zum ersten Mal als Menschen eines früheren geschichtlichen Entwicklungsstadiums betrachtet wurden, sozusagen als die Kinder der Menschheit. »Sein Urteilsvermögen«, schreib Forster, »ist in einem kindlichen Stadium und daher begehrt er, wie ein Kind, fast alles, was er sieht, vor allem alles, was ihn durch irgendeinen unerwarteten Effekt unterhält.« Das ist eine Anschuldigung, die auch Cook und andere den Polynesiern gegenüber oft hervorbrachten, mit der Behauptung, dass »diese Art der Gleichgültigkeit der wahre Charakter [ihrer] Nation ist«.

Aber trotz seines offensichtlichen Mangels an Eifer gab es ein Gebiet, in dem sich Omai über die Maßen auszeichnete. So schrieb Fanny Burney: »Sein Benehmen ist in der Tat äußerst anmutig und er ist so höflich, aufmerksam und ungezwungen,

dass man meinen könnte, er stamme von fremdem Adel ab.«
Entweder wegen eines ihm innewohnenden Charakterzugs –
»offene Haltung«, »natürliches gutes Benehmen«, »eingeborene
Höflichkeit« – oder wegen der Gesellschaft, in der er aufge-
wachsen war, oder weil er so rasch die Umgangsformen der
Gesellschaft angenommen hat, empfanden alle, die ihn trafen,
Omai als äußerst »vornehm«.

Das sind natürlich genau die Dinge, die die Fantasie der gehobenen Schichten Englands beherrschten; trotzdem handelte
es sich dabei auch um eine recht gängige Beobachtung im 18.
und 19. Jahrhundert hinsichtlich der Polynesier. Sogar Melvilles harpunenschwingender Kannibale Queequeg, der in den
Eingangsszenen von *Moby Dick* als schrecklicher Barbar beschrieben wird, entpuppt sich an anderen Stellen als »natürlicher Gentleman«. »Aber die Wahrheit ist«, schreibt Melville,
»dass diese Wilden ein angeborenes Feingefühl besitzen, da
könnt ihr sagen, was ihr wollt. Es ist erstaunlich, was für ein
höfliches Wesen sie haben.«

Was wirklich ganz erstaunlich ist, ist die anhaltende Kraft
dieser Eindrücke. Der Gedanke des Edlen Wilden mag heute
in unseren Ohren herablassend klingen, aber nach Maßstäben des 18. Jahrhunderts war dies das höchstmögliche Lob.
Adel war etwas, nach dem jeder Europäer strebte; angebore-
ner Adel war etwas, das noch nicht einmal sie erreichen
konnten. Reynolds Porträt, Fannys Begeisterung und sogar
Forsters zähneknirschende Kommentare spiegeln einen breiten und allgemeinen Enthusiasmus nicht nur für Omai im
Speziellen, sondern für die Polynesier im Gesamten wider.

Wahrscheinlich hätte es mich kaum überraschen dürfen,
dass Seven, als wir in Boston ankamen, eine ähnliche Aufmerksamkeit erregte. Anstatt dass er als »Eingeborener« ange-
gangen oder von oben herab behandelt wurde, galt er überall
als der Star des Abends. Die Leute löcherten ihn mit Fragen da-

rüber, wer er war und woher er kam, was er arbeitete, wo er aufgewachsen war, wovon man sich in Neuseeland ernährte, was er aß, welche Sprachen man dort sprach. Vor allem Frauen fühlten sich zu ihm hingezogen, obwohl er auch bei bestimmten Männern sehr beliebt war. Während es mir oft so erschien, als würden sie aneinander vorbeireden – für die Menschen in Boston war es schwer einzuschätzen, was Seven dachte und ihm fiel es genauso schwer, zu erraten, was in ihren Köpfen vorging –, schienen sie sich gegenseitig zu mögen.

Ich hatte mir Sorgen gemacht, dass Seven nicht akzeptiert würde oder dass jemand grob zu ihm sein könnte, oder dass sie sich so ratlos gegenüberstehen würden, dass alle einfach aufgäben. Er zumindest hatte wenig Ahnung davon, wie man mit Menschen wie meinen Eltern umging; man konnte von ihm genauso wenig erwarten, zu wissen, was bei meinen Eltern als gute Manieren galt, wie sie wissen konnten, wie eine Einladung in das Ngati Rehia *marae* ablief. Aber ich habe sie alle unterschätzt. Meine Familie zeigte ein wirkliches Interesse an ihm und er fügte sich wunderbar ein – zuvorkommend, gutmütig, charmant und leicht zum Lachen zu bringen, erschien er wie ein Paradebeispiel für Umgänglichkeit. Sei es sein Temperament, Übung oder Intuition – oder weil wir ihn so sehen wollten –, er wirkte, wie es Fanny Burney so schön sagte »in einer *neuen Welt* wie ein Mann, der sein ganzes Leben dem guten Benehmen gewidmet hat … *höflich, umgänglich und durch und durch wohlerzogen.*«

»Ein geborener Gentleman«, sagte meine Mutter.

»Arrghh«, knurrte mein Bruder und rollte mit den Augen.

»Ach Darling, du weißt was ich meine.«

8. Ein gefährliches Volk

Viele Jahre später, kurz nach dem Tod meines Vaters, fand ich einen Brief, als ich seinen Schreibtisch ausräumte. Dieser war 15 Jahre alt und stammte aus der Zeit kurz nach meiner Heirat mit Seven. Einer seiner Cousins aus Kalifornien hatte meinem Vater geschrieben, hauptsächlich über Neuigkeiten in der Familie. Der letzte Absatz jedoch bezog sich auf einen Artikel aus einer neuseeländischen Zeitung; eine Kopie war noch immer an den Brief geheftet.

> Vielleicht erinnerst Du Dich, dass Du in Harvard unseren Freund J. aus Neuseeland getroffen hast, er ist genauso alt wie unser Tom. Er hatte sich sehr über Deine Einladung – zum Lunch, glaube ich – gefreut. Der beigefügte Artikel erzählt die Geschichte seines Todes – in jeder Hinsicht ein tragischer Fall; er war ein vornehmer Mensch und sein Vater und Großvater hatten viel für die Maori getan.

Und in der Tat war es eine tragische Geschichte. Das Opfer, ein weißer Neuseeländer mittleren Alters, eher unscheinbar aber offenbar sehr reich, wurde in seinem Strandhaus bei einem verpfuschten Einbruch von einer Gruppe jugendlicher Maori ermordet. Der Täter war ein 15-jähriger Halb-Tongaer und Halb-Maori aus einer großen, zerrütteten Familie. Beide Eltern waren Alkoholiker, und die Kinder waren ihnen mehrere Male entzogen worden. »Es war wie in *Die letzte Kriegerin*«, berichtet ein Verwandter. »Wenn man diesen Film gesehen hat, weiß man alles.«

Der Mord war völlig sinnlos. Vier junge Männer waren in das Haus eingedrungen, während das Opfer, seine Frau und die Kinder schliefen. Sie hatten sich offensichtlich wahllos Dinge genommen – bizarrerweise Golfschuhe und eine Baumwolltasche – waren dabei aber zu laut gewesen, weshalb das Opfer erwachte und aufstand, um nachzusehen, was vor sich ging. Zwei der Eindringlinge flüchteten, sowie das Licht anging, aber einer blieb lang genug, um sich fangen zu lassen; deshalb nahm sich der vierte und jüngste ein Messer vom Küchentisch und stieß es in die Brust des Opfers.

Der Pakeha verblutete auf dem Weg ins Krankenhaus und die vier Jugendlichen rannten über die Dünen davon. Sie vergruben die Schuhe und die Tasche am Strand und flüchteten zu einem Freund, wo der 15-Jährige den anderen erzählte, dass er den Mann im Haus erstochen hatte: »Es war ein Buttermesser«, sagte er später vor der Polizei aus. »Es war ein Buttermesser, und ich habe ihn gestochen.«

Der Untertitel des Artikels lautete: *Das gute Neuseeland trifft auf das schlechte Neuseeland*, und – als ob das nicht schon genug wäre – legt der letzte Absatz nahe, dass das Verbrechen nicht etwa auf das soziale Milieu des Täters zurückzuführen sei, oder die emotionalen und psychischen Verletzungen, die er davongetragen hat, und auch nicht auf die Auswirkungen dieser Umstände in Verbindung mit der schrecklichen Leichtsinnigkeit seiner Jugend, sondern vielmehr auf etwas, das der Verfasser das »angeborene Böse« nannte.

Mein Vater hat diesen Brief mir gegenüber nie erwähnt, aber er hat ihn eine sehr lange Zeit aufbewahrt – und das, obwohl ihn sein Cousin gebeten hatte, den Artikel zurückzuschicken, wie mir eine kleine Notiz verriet. Was hat er wohl davon gehalten? Was hat ihm das gesagt? Und warum hat er ihn all die Jahre aufbewahrt? Als ich ihn fand, war es zu spät, ihn das alles zu fragen, aber ich weiß ohnehin nicht, ob ich den Mut dazu aufgebracht hätte, sogar wenn es noch eine Möglichkeit gegeben hätte.

Politisch gesehen war mein Vater liberal. Er hatte die Menschenrechtsbewegung unterstützt und gegen den Vietnamkrieg demonstriert. Aber er war auch in einer Welt aufgewachsen, in der niemand außerhalb seiner ethnischen Gruppe oder Gesellschaftsschicht heiratete. Seven hatte kein Geld und wenig Bildung. Er hatte keine Aussichten, zumindest keine, die jemandem wie meinem Vater etwas galten. Er brachte kein Vermögen oder Besitz mit in unsere Ehe, und obwohl ich mir dessen damals nicht bewusst war, bin ich mir sicher, dass sich mein Vater darüber sorgte, welche Last mir das letztendlich auferlegen würde. Durchaus bewusst war mir aber, dass meine Ehe mit jemandem, der so anders war, viele der Grundanschauungen meines Vaters infrage stellte, und ich bin ihm dankbar, dass er geduldig genug war, um seine Bedenken für sich zu behalten. Bei seinem Cousin, der gewusst haben muss, dass der Schwiegersohn meines Vaters Maori war, bin ich mir da weniger sicher. Welche Botschaft wollte er ihm – unterschwellig oder ziemlich deutlich – zukommen lassen?

Wenn man die Details außer Acht lässt, erkennt man, dass dieser Geschichte ein ethnischer und sozioökonomischer Konflikt zugrunde liegt, der allerdings als moralisches Lehrstück dargestellt wird. Die Pakeha waren zurückhaltend und gebildet, bei der Verhandlung trugen sie seriöse Kleidung und traten mit bewundernswerter Beherrschung auf. Die Maori und Tongaer waren ungepflegt und unmotiviert. Sie erschienen mit Gummistiefeln und Wollmützen vor Gericht und brachten eine Horde Kinder mit, die eigentlich in der Schule hätten sein müssen. Obwohl sie ihrer Familie gegenüber zutiefst loyal waren, waren sie zugleich höchst unorganisiert. »Gut« gegen »Böse« war bei dieser Geschichte zugleich Weiß gegen Schwarz und Reich gegen Arm.

Einerseits unterscheidet sich diese Tragödie kaum von ähnlich gearteten Vorfällen in England und Amerika, und die Bestürzung des Journalisten, dass so etwas in Neuseeland geschehen konnte, hatte etwas Kurioses und Veraltetes. »Es erscheint wie ein Schlag gegen Treu und Glauben, die das Neuseeland, das wir kannten, vereinten; zurück bleibt ein Land, das wir nicht mehr wiedererkennen.« Das allerdings erscheint mir als große Heuchelei, denn diese Geschichte enthält Elemente, die jedem Neuseeländer vertraut sind. Sowohl die Abgründe, als auch die Rollenverteilung der beiden Parteien bestimmten die Geschichte Neuseelands bereits, als Abel Tasman die Mörderbucht verließ.

Als sie zum ersten Mal in den Pazifik segelten, waren die Europäer mit Vorstellungen bewaffnet, die ihnen helfen sollten, sich ihre Entdeckungen zu erklären. Ihre Weltsicht war beherrscht von abstrakten Ideen zu Balance und Symmetrie, genau wie auch die geistige Weltordnung, die in Gegensatzpaare gegliedert war: adlig/gemein, heilig/weltlich, zivilisiert/wild. Zu diesen Ordnungsprinzipien gehörte auch die auf die Griechen zurückreichende Vorstellung von zwei Arten des Primitivismus, einer »sanften« und einer »harten«.

In das sanfte oder Arkadien-Modell passten wunderbar tropische Inseln wie Tahiti, die die Europäer üblicherweise mit »dem Garten Eden«, »Elysium« und »dem wahren Utopia« gleichsetzten. Harter Primitivismus wurde dagegen mit kalten oder rauen Gebieten assoziiert und berichtet von asketischen, betriebsamen, oft kriegerischen, manchmal grausamen Völkern, die Mut, Stärke, Ausdauer und Stammestreue hochhalten. Neuseeland stellte mit seinem gemäßigten Klima und seinen streitlustigen Eingeborenen die perfekte Verkörperung dieses Modells dar.

Wie auch andere Polynesier waren die Maori groß und von imposantem Körperbau. Ihre Gesellschaft folgte einer stammesgeführten Struktur mit vererbbarem Geburtsadel und einer Kultur, die sich durch Rede- und aufwendige ornamentale Kunst auszeichnete. Die Maori waren Jäger und Bauern, die ein gewisses Maß an geografischer Mobilität mit beständigen landwirtschaftlichen Methoden kombinierten. Aber das Land, in dem sie lebten, war im Gegensatz zum übrigen Polynesien nicht tropisch; es gab keine Kokospalmen oder Brotfruchtbäume, sondern bewaldete Hügel, weite Ebenen und ganzjährig schneebedeckte Gipfel. Mit seiner Lage auf dem 40. Breitengrad der südlichen Erdhälfte liegt Neuseeland näher an der Antarktis als jede andere bewohnte Region der Erde, abgesehen von Feuerland. Klimatisch und topografisch gleicht es eher Schottland als Tahiti, weshalb den Europäern sofort Analogien zu den Highlandern und den Wikingern in den Sinn kamen.

Sinnbild dieser Kultur war nicht der Edle Wilde wie im tropischen Polynesien. Maori wurden nur selten wie Omai in der Pose eines Prinzen von einem fernen Hof dargestellt. Wenn Maori gemalt wurden, dann oft in Bewegung, bei einem *haka*, einem Kriegstanz, wie sie mit Waffen in den Händen herumhüpften oder wie sie unter freiem Himmel in Gruppen unter ihren Umhängen um ein Feuer sitzen oder bei einer grob gezimmerten Hütte mit einer rohen Schnitzerei. Die frühen Porträts konzentrieren sich normalerweise auf ihre Gesichtstätowierungen, die die Europäer als Zeichen der Unzivilisiertheit verstanden; die Maler zeigten ihre Modelle nicht in weiten weißen Gewändern, sondern in gewebten Flachsumhängen mit Quasten aus Hundehaut und Knochen- oder Jadegehängen und Federn im Haar. Wo ein Europäer vielleicht mit einer Landkarte oder (im Fall eines Entdeckers) einem Globus, einem Schoßhündchen oder einem aufgeschlagenen Buch Modell stehen würde, wurden Maori generell mit einer Waffe abgebildet: einem Schläger, *patu*, aus grünem Stein, oder einem *taiaha*, ein aus Holz geschnitzter, langer zeremonieller Speer.

Weniger der Edle Wilde als vielmehr der Kriegerische Maori. Als Figur taucht er immer wieder in historischen Dokumenten auf – hier als der mutige und furchtlose Krieger, dort als der grausame und wilde Menschenfresser. Er ist in vielerlei Hinsicht wesentlich interessanter als der Edle Wilde, der stets gefällig und bewundernswert nie Streit verursacht oder jemandem schadet. Die Charakterrolle des Kriegerischen Maori dagegen ist doppeldeutig und hängt immer sehr davon ab, wer die Geschichte erzählt. Für Cook waren die Maori ein »mutiges, offenes, kriegerisches Volk«. Surville empfand sie als »grausam und blutdürstig«. Laut Marion du Fresne waren sie »edel« und »mutig«, obwohl er vielleicht anders gesprochen hätte, hätte er überlebt.

Aber das wirklich Bemerkenswerte ist gar nicht so sehr die Bandbreite dieser Darstellungen – positiv an der einen Stelle, negativ an der anderen –, sondern ihre Allgegenwärtigkeit in den geschichtlichen Aufzeichnungen. In den ersten europäischen Berichten sind die Maori *immer* kriegerisch. Sie scheinen im Zustand ständiger Kampfbereitschaft zu leben, an jeder Ecke einen Feind zu wittern, das Heldentum über alles zu stellen. Sie sollen sehr empfindlich gegenüber Kränkungen gewesen sein und von der Rache für reale oder eingebildete Verletzungen ihrer Ehre besessen. Man sagt ihnen nach, sie seien unempfindlich gegenüber Schmerz, furchtlos vor Strafe und dem Tod gegenüber gleichgültig. Ihre Tänze, ihre Legenden, ihre Bräuche, ihre Sprache – all das soll die alles verschlingende Beschäftigung mit dem Krieg ausdrücken. Sogar ihre materielle Kultur erreichte angeblich dann ihre höchste Kunstfertigkeit, wenn es um die Gestaltung von Befestigungen, Kriegskanus, Waffen und anderen Kampfobjekten ging.

Da immer mehr Europäer nach Neuseeland zogen, wuchsen auch die Reibeflächen zwischen den beiden Seiten und spitzten sich im grausamen Kolonialkrieg in den 1860ern und 1870ern zu. Maori wurden von den Europäern bewundert und gefürchtet; vielleicht war das für die Maori von Vorteil, weil sie sich so in den dunkelsten Zeiten der Kolonialphase weniger einschüchtern und kontrollieren ließen. Gleichzeitig spielte dieses Image vom kampfeslustigen Volk den Kolonialmächten in die Hände, weil sie sich so der Eroberung Neuseelands als eines weiteren heroischen Kampfes gegen die Meute der Wilden rühmen konnten.

Am Abend des 19. Dezember 1835 sichteten die Besatzung und die Passagiere der H.M.S. *Beagle* Neuseeland. Vier Jahre lang waren sie um die Welt gesegelt und noch ein weiteres Jahr trennte sie von England. Der damals 26-jährige Charles Darwin war als Naturforscher an Bord der Expedition. Die Küste Neuseelands war allen an Bord ein willkommener Anblick. Der letzte Stopp des Schiffs war Tahiti gewesen – »eine Insel, die dem Reisenden in der Südsee auf immer klassisch erscheinen muss«, so Darwin – und seit Wochen hatten sie kein Land mehr gesehen. Darwin war erschöpft und hatte etwas Heimweh. Tahiti hatte ihn bezaubert, aber jetzt wartete er auf das Ende der Reise.

Als sie am 21. Dezember in die Bay of Islands einliefen, verzeichnete Darwin ein paar kleine Dörfer an der Küste, drei vor Anker liegende Walfänger und hin und wieder ein Kanu, das still von einem Strand zum anderen fuhr. »Über der ganzen Gegend lag äußerste Stille«, schrieb er. »Nur ein Kanu kam längsseits. Dies, wie auch das Bild der ganzen Szenerie, bot einen eindrücklichen und nicht sehr angenehmen Kontrast zu unserem freudigen und stürmischen Willkommen auf Tahiti.« »Die Hütten der Eingeborenen«, fügte er hinzu, »sind so winzig und armselig, dass man sie von Weitem kaum erkennt«, während die Landschaft »nirgendwo schön und nur gelegentlich hübsch« war. Eine Sache aber beeindruckte ihn doch an diesem Land. Er schrieb:

Ich würde meinen, ein kriegerischerer Menschenschlag als die Neuseeländer findet sich nirgendwo sonst auf der Welt. Ihr Verhalten, als sie erstmals ein Schiffes sahen, illustriert dies, wie von Kapitän Cook beschrieben, deutlich: dass sie einen Hagel Steine auf einen so großen und neuartigen Gegenstand warfen und ihre trotzigen Worte »Kommt an Land, und wir töten und essen euch alle« zeigen ihre ungewöhnliche Kühnheit.

Leider muss ich sagen, dass Darwin die Maori nicht besonders schätzte. Er empfand sie als schmutzig und durchtrieben, brutal und ordinär, vor allem im Vergleich mit den eleganten Tahitianern schnitten sie in seinen Augen besonders schlecht ab. Die Maori waren, obwohl sie offenbar »derselben Menschenfamilie angehören«, so schrieb er, »von weit geringerem Rang«. Und er war glücklich, das »Land des Kannibalismus, des Mordes und aller grauenhaften Verbrechen« endlich hinter sich zu lassen, als sie Neuseeland verließen. Aber er war auch ein Empiriker und Wissenschaftler und achtete sorgfältig darauf, seine Ansichten auch zu beweisen.

Am zweiten Tag begab sich Darwin auf einen Spaziergang. »Zu meiner Verblüffung stellte ich fest, dass nahezu jeder Hügel den ich erstieg, in früheren Zeiten einmal mehr oder weniger befestigt war ... Das sind die *pas*, die Kapitän Cook so häufig mit dem Namen *hippah* erwähnt hat.« Diese Verteidigungsanlagen wurden in der Regel auf Hügeln, Landspitzen oder Inseln errichtet und waren von hohen Palisaden umgeben. Damit gehörten sie zu den ersten Dingen, die Besuchern aus Europa in Neuseeland auffielen. Joseph Banks, der mit Cook gesegelt war, bemerkte beim ersten Anblick der Küste von Neuseeland: »Auf einer kleinen Halbinsel an der nordöstlichen Spitze konnten wir deutlich eine gleichmäßige, ziemlich hohe Umpfählung sehen, die den Gipfel des Hügels umgab.« Zunächst wurde viel darüber diskutiert, was das sein könnte. »Die meisten sind der Meinung«, so Banks, »dass es entweder ein Wildgehege oder ein Feld für Ochsen und Schafe sein muss.« Aber die Fauna Neuseelands ist Zoologen zufolge »unterentwickelt«, was so viel bedeutet wie, dass kaum eine Tierwelt vorhanden ist.

Neuseeland war als Landmasse 80 bis 120 Millionen Jahre lang isoliert, und abgesehen von den letzten 1000 Jahren war es in dieser Zeit auch nicht von Menschen besiedelt. Als die Vorfahren der Maori von den tropischen Inseln aus dem Norden dort ankamen, fanden sie ein großes, bergiges Land, das dicht mit Riesenfarnen bewaldet war. Die bemerkenswerteste Kreatur war ein riesiger, flugunfähiger Vogel, der stehend über 1,80 Meter groß war mit einem rasiermesserscharfen Schnabel und winzigen Flügeln. Sie nannten ihn – vielleicht im Scherz – *moa* nach dem gemeinen Geflügel aus Zentralpolynesien und rotteten ihn schnell aus. Aber es gab auch andere interessante Wesen: gewaltige flugunfähige Enten und Schwäne und einen Adler, der so groß war, dass er ein Maori-Kind entführen konnte. Von einem eigentümlichen Reptil, genannt *tuatara*, nehmen die Wissenschaftler heutzutage an, dass es etwa 200 Millionen Jahre lang existiert hat. Aber während das Meer nur so vor Säugern wimmelte, gab es an Land keinerlei Säugetiere, außer der Fledermaus. Die ersten Polynesier brachten Hunde und Ratten mit, aber obwohl sie beides aßen, züchteten sie sie nicht. Der einzige Grund für Umpfählungen bestand also darin, sich voneinander abzugrenzen.

Viele der *pa*, auf die Darwin stieß, waren nurmehr Ruinen, aber allein ihre Anzahl (es müssen Tausende gewesen sein) und die ausführlichen Beweise der Müllgruben legten die Vermutung nahe, dass sie stark genutzt worden waren. Ihr kriegerischer Geist ließ sich seiner Meinung nach auch in vielen Bräuchen der Maori erkennen. Wenn ein Mann geschlagen wurde, und sei es nur aus Versehen, verlangte es die Ehre, dass er zurückschlug. In Paihia erfuhr er die Geschichte von Hongi Hika, einem Häuptling der Ngapuhi, der auf der Suche nach Waffen nach England gereist war und dessen »Liebe zum Krieg die einzige und andauernde Triebfeder einer jeden seiner Handlungen gewesen« sei. In Kororareka kommentierte er den »unansehnlichen Ausdruck«, den die Tätowierungen den Gesichtern der Maori gaben. »Dazu ist in den Augen jedoch ein Flackern, das ausschließlich Schläue und Wildheit andeuten kann«, fügte er hinzu.

All das trug zu Darwins Eindruck bei, dass die Maori ein gefährliches Volk seien. Aber zumindest rhetorisch betrachtet, ist der wichtigste Beweis für seine Behauptung, »dass man nirgendwo auf der Welt ein kriegerischeres Volk von Ureinwohnern finden kann«, ein 65 Jahre altes, übersetztes Zitat, das ein namenloser Neuseeländer Cook über das Wasser zugerufen haben soll. Wie in dem Kinderspiel Stille Post, ist »Kommt an Land, und wir töten und essen euch alle« ein Satz, von dem Darwin sagt, dass Cook behauptet habe, die Maori hätten ihn gerufen, als sie zum ersten Mal auf Europäer trafen.

Aber hier ist die Geschichte noch nicht zu Ende. Denn zwischen den tatsächlichen Ereignissen in Neuseeland und dem Satz, auf den sich Darwin bezieht, steht noch eine weitere Figur: Der Herausgeber von Cooks Tagebüchern auf der *Endeavour*, John Hawkesworth.

Hawkesworth war Literat von Berufs wegen und war vom britischen Marineamt dafür angestellt worden, die Tagebücher einiger Entdecker herauszugeben (neben Cook auch Carteret, Wallis und Byron), die kürzlich von Reisen aus der Südsee zurückgekehrt waren. Seine Ausgabe war die einzige von Cooks erster Reise, die im 19. Jahrhundert erschien; sie wurde oft neu aufgelegt und viel gelesen. Die Freiheiten, die sich Hawkesworth gegenüber den Originaltexten nahm, fanden dagegen weit weniger großen Zuspruch. Er zog die Sätze in die Länge, überhöhte die Ausdrucksweise, fügte Zusatzmaterial hinzu und kombinierte die Worte verschiedener Autoren, am auffälligsten bei Cook und Banks. Seine Ausgaben sind gespickt von didaktischen Kommentaren und philosophischen Exkursen, die er zur Erbauung und der Untermauerung der Moral seiner Leser einfügte. Und was das Ganze noch schlimmer machte: es war in der ersten Person geschrieben. Cook, der auf seine zweite Reise aufbrach, bevor die Ausgabe in Druck ging, soll sich »gedemütigt« gefühlt haben, als er sie zwei Jahre später zu Gesicht bekam.

Was Cook tatsächlich geschrieben hat, war, dass jedes Mal, wenn sich Maori näherten, die noch nie ein europäisches Schiff gesehen hatten, die Eingeborenen mit ihren längsten Kanus bis auf die Entfernung eines Steinwurfes auf sie zusteuerten, »anhielten und uns *Haromai hareuta a patoo age* zuriefen, was bedeutet *kommt her, kommt an Land mit uns und wir werden euch töten mit unseren patoo patoos,* die sie dazu in unsere Richtung schwenkten«.

Patu – Cooks »patoo patoo« – ist bei den Maori sowohl ein Verb mit der Bedeutung von stoßen, schlagen, prügeln, überwältigen, malträtieren oder töten, als auch ein Nomen, das für einen kurzen, flachen, paddelförmigen Schläger mit scharfen Kanten aus Holz, grünem Stein oder Knochen steht. Er wurde am Gürtel eines Kriegers getragen und eingesetzt, um dem Gegner den tödlichen Schlag beizubringen, zunächst mit einem Hieb von unten mit der scharfen Kante an die Schläfe, den Hals oder die Rippen, gefolgt von einem Schlag von oben mit dem Stumpf der Waffe auf den Kopf des Gegners. Banks schreibt, dass ein »patoo patoo«, das er genauer untersuchen konnte, »nicht weniger als vier oder fünf Pfund wiegt« und »sicher erfunden wurde, um Schädel zu spalten«; ein früherer französischer Besucher nannte es ein »casse-tête«, wörtlich einen »Kopf-Brecher«, »parce qu'ils n'en font pas d'autre usage«, weil es keine andere Verwendung dafür gab.

Der Satz der Maori ist phonetisch falsch wiedergegeben – Cooks Sprachgefühl soll nicht das beste gewesen sein – und über die Jahre sind verschiedene Varianten entstanden. Aber es gibt wenig Uneinigkeit darüber, was gemeint war. »Im Krieg wie im Frieden wurden Fremde mit den selben ritualisierten Formen begrüßt, denn eine unbekannte Gruppe konnte jederzeit einen Verrat planen und eine Machtdemonstration hielt sie möglicherweise davon ab. Frühe Beobachter dieser Begegnungen stellten fest, dass es beinahe unmöglich ist, friedvolle Begrüßungen von kriegerischen zu unterscheiden«, schreibt die Anthropologin Anne Salmond.

»Kommt her, kommt an Land und wir töten euch alle« ist bei einem Aufeinandertreffen von zwei Gruppen, deren Beziehung erst noch entstehen muss, sicherlich als Provokation zu werten. Es dient sowohl dazu, den Rang der Besucher einzuschätzen, als auch als Demonstration von *mana*, der Autorität, der Menschen an Land. Es ist weniger eine Absichtserklärung als ein einleitender Schachzug. Die Betonung liegt dabei nicht auf einem bestimmten Ziel (dem grausamen Tod der Besucher an Land), als vielmehr auf der Aufnahme der Verhandlungen. Mit anderen Worten, während die Maori ihre Besucher eindeutig einschüchtern wollten, war es nicht gezwungenermaßen ihre Absicht, sie zu töten. Und es wird nichts davon erwähnt, dass jemand gefressen werden soll – das wäre nach den Begriffen der Maori beleidigend gewesen.

Cook selbst erkannte die grundsätzliche Bedeutung dieser Worte. Er bemerkte, dass auf diese Worte und Gesten nicht immer weitere Grausamkeiten folgten, sondern oft Gespräch und Handel. Auch Banks verstand den performativen Charakter. »Immer wenn wir auf sie trafen und sie sich überlegen fühlten, griffen sie uns an, obwohl sie scheinbar selten mehr wollten, als uns dazu zu bringen, ihnen zu zeigen, wozu wir in der Lage waren.« Hawkesworth dagegen hat in dieser Passage offenbar eine epische Begegnung zwischen der Wildnis und der Zivilisation gesehen. Er formte die Episode in ein Melodram um, wobei er die Drohungen der Maori betonte, das kriegerische Verhalten der Briten dagegen abmilderte und legitimierte und so, nach W. H. Pearson, den »prototypischen Helden der viktorianischen Seefahrer-Literatur, den edelmütigen britischen Kommandanten« erschuf. Nachdem Hawkesworth mit ihnen fertig ist, ähneln die Maori kaum mehr dem mutigen und rätselhaften Volk, das Cook beschreibt.

Natürlich hatte Darwin selbst keine Möglichkeit, diesen Vergleich anzustellen. Allerdings ist es interessant, wie auch er diese Geschichte abgewandelt hat. Darwin unterschlägt den *patu* völlig, fügt aber einen Hinweis auf Kannibalismus hinzu, der offenbar allein aus seiner Feder stammt. Damit will ich nicht sagen, dass die Andeutung, die Maori hätten ihre Feinde gegessen, eine wilde und an den Haaren herbeigezogene Idee sei, ganz im Gegenteil. Zu Darwins Zeit war wohlbekannt, dass Kannibalismus bei den Maori gängige Sitte war. Cook und Banks sind in diesem Punkt sehr deutlich, genau wie auch Hawkesworth, der – wenig überraschend – davon fasziniert ist.

Deshalb muss man wohl mit Hawkesworths Bericht zum Kannibalismus der Maori beginnen, wenn man versucht, Einblick in Darwins Denken zu bekommen. Weil die Maori auf Fisch als ihre Hauptnahrungsquelle angewiesen waren, lebten sie wohl in ständiger Gefahr zu verhungern. Das würde nicht nur die Sitte erklären, ihre Dörfer mit den Umpfählungen gegen Plünderer zu schützen, sondern auch den »entsetzlichen Brauch, alle zu essen, die sie in der Schlacht getötet haben«. Aber obwohl Not Menschen dazu bringen kann, ihre Nachbarn zu fressen, »macht das Unheil hier nicht halt … nachdem der Brauch irgendwann durch Hunger entstanden ist, wird er wie selbstverständlich aus Gründen der Rache übernommen«, so Hawkesworth. Das Verzehren menschlichen Fleisches ist ursprünglich auf Zwecke der Selbsterhaltung zurückzuführen und allmählich in einen Brauch übergegangen, der letztendlich zu einem allgemeinem moralischen Verfall führt. Hawkesworth dazu:

Es gibt triftige Gründe zu glauben, dass diejenigen, die es gewohnt sind, einen menschlichen Köper als Mahl zuzubereiten, beim Aufschneiden einer Leiche genauso wenig fühlen, wie unsere Küchenmägde, wenn sie einen toten Hasen für ein Frikassee zerteilen; dass sie also bei einem Mord so wenig Schrecken fühlen, wie bei einem Taschendiebstahl … unter diesen Umständen können diese Menschen also durch geringfügige Versuchungen, die sie jetzt zu Dieben werden lassen, zu Mördern werden.

Daher müsse man die Maori fürchten und ihnen nicht trauen, nicht weil sie instinktive Mörder seien, sondern weil sie den Instinkt verloren haben, der das menschliche Leben heiligt.

Für Cook, Banks, Hawkesworth und Darwin war Kannibalismus ein denkbar schwieriges Thema und sie wanden und krümmten sich, wann immer sie es erklären mussten. Heutzutage geht man gemeinhin davon aus, dass es sich beim Kannibalismus der Maori um eine Form von Herrschaft und Erniedrigung handelte, ein Weg, um etwas Heiliges in etwas Profanes zu verwandeln. In diesem Sinn war es eine Art Eroberung, als Maßnahme der Gefangennahme, Versklavung oder Tötung nicht unähnlich. Aber hier geht es nicht so sehr darum, was Kannibalismus für die Maori bedeutete, sondern wie er eingesetzt wurde, um bei den Europäern ein gewisses Bild zu erschaffen. Darwins Behauptung, dass die Maori gedroht hatten, jeden uneingeladenen Besucher Neuseelands nicht nur zu töten, sondern ihn auch zu *essen*, ist Teil einer Geschichte, die mit Tasman begonnen hat und weiterverfolgt werden kann, bis direkt zu dem Artikel, den ich im Schreibtisch meines Vaters gefunden habe.

Als Darwin 1835 in Neuseeland an Land gegangen war, fand er im Vergleich mit Cooks Zeiten alles sehr verändert. Seit beinahe drei Jahrzehnten gab es Schiffe und Handel in der Bay of Islands und seit mehr als zwanzig Jahren lebten Missionare dort. Im vorangegangenen Jahrzehnt war die Bucht zu einem wichtigen Versorgungshafen für die wachsende Walfängerflotte der Südsee geworden und ein geschäftiges Handelszentrum für Holz und Flachs. Etwa 500 Europäer lebten dauerhaft dort, darunter auch ein amerikanischer Konsul, ein britischer Resident (ein Vertreter der britischen Regierung), ein Arzt, Kaufleute und Händler aller Art zusätzlich zu einer schwankenden Menge von Weltenbummlern, Herumtreibern und Abtrünnigen.

Die Maori allerdings wurden immer weniger. Es lässt sich schwer sagen, wie viel weniger es waren, aber der Hinweis auf den Bevölkerungsschwund der Einheimischen in Darwins Tagebuch spiegelt höchstwahrscheinlich die Zusammenwirkung ansteckender Krankheiten und einer fatalen Zunahme an Stammeskriegen wider – beides direkte Folgen des Kontakts mit den Europäern. Für die Maori waren diese Jahre bis zur Annektierung eine düstere Zeit, und es sollte noch schlimmer werden, bevor es sich verbesserte. Dass Darwin Neuseeland trostlos fand, ist nicht weiter erstaunlich; vielen Maori in den 1830ern ging es wahrscheinlich ganz genauso.

Trotzdem darf man nicht außer Acht lassen, dass die europäischen Chronisten dazu tendierten, diese Trostlosigkeit *bei den Maori selbst* zu verankern, als prägendes Element ihres Charakters, anstatt die wahre Ursache zu sehen – nämlich dass es sich um eine Nebenerscheinung des Kontakts mit den Europäern handelte. Denn auch wenn die Maori zweifellos ein streitlustiges Volk waren, so waren es die Menschen, die plötzlich vor ihrer Tür standen, sicher nicht weniger. In den 1860ern schreibt einer der ersten Kolonialisten, Frederick Maning, unter dem Pseudonym »Ein Pakeha Maori« sehr klug:

Falls an diesem Ufer einst Menschen anlegen, die rote Anzüge tragen, die nicht arbeiten, nicht kaufen oder verkaufen, und die stets Waffen in der Hand tragen, dann sollte man wissen, dass diese Menschen Soldaten genannt werden. Ein gefährliches Volk, dessen einzige Beschäftigung der Krieg ist.

9. Geräucherte Köpfe

In dem Zimmer, das ich in unserem Haus am Strand »Büro« nannte, gab es drei Möbel: einen Bürostuhl, den ich an der Universität ergattert hatte, einen Schreibtisch, den Seven aus einem Stück Sperrholz gebaut hatte, und einen Hängeschrank für Aktenmappen. Ganz vorne in der oberen Schublade hing eine dicke Akte mit der Aufschrift »Illustrationen« mit einigen Fotos, die ich bei meiner Arbeit verwendete. Eines zeigte den Schaft eines Gewehrs, der in der Art der Maori geschnitzt war; ein anderes zeigte eine Auswahl von Maori-Waffen. Etliche Bilder von männlichen Maori waren dabei, größtenteils Reproduktionen von Gemälden aus dem 19. Jahrhundert, auf denen die Künstler sehr sorgfältig die Tätowierungen abgezeichnet hatten. Außerdem gab es einige Landschaften, Bilder von Gebäuden und ein paar Fotos, auf denen Menschen in der typisch steifen Haltung des 19. Jahrhunderts zu sehen waren. Ein Bild allerdings hatte ich immer in Papier eingeschlagen, weil ich es zum einen schützen wollte und weil es ein, nun ja, schwieriges Thema betraf.

Es war ein Bild von General Horatio Gordon Robley, der auf einer mit Stoff bezogenen Bank sitzt vor einer Wand mit 34 Maori-Köpfen. Auf dem Foto war kein Datum vermerkt, wahrscheinlich war es aber aufgenommen worden, als Robley Mitte fünfzig war, also etwa 1895. Was von seinem Haar noch übrig war, hatte er sorgfältig quer über seinen Kopf gekämmt, seine Augenbrauen und sein Bart waren schon leicht angegraut. Seine Kleidung und Haltung waren zwanglos aber korrekt: Er trug einen Kragen mit Tuch und irgendeinen Schmuck im Knopfloch seines Jackenaufschlags. Er saß mit verschränkten Beinen und einer Hand in der Hosentasche, seine Jacke stand bis auf den obersten Knopf offen, und darauf war eine Uhrenkette zu erkennen. In der anderen Hand hielt er eine hölzerne Waffe, einen kurzen, geigenförmigen Maori-Knüppel, genannt *wahaika*, der lässig auf seinem Schoß lag. Er saß frontal der Kamera zugewandt, den Kopf leicht auf eine Seite geneigt, blickte er mit einem Gesichtsausdruck, der schwer zu interpretieren war, in die Ferne.

Etwa einen Zentimeter links von Robleys rechtem Auge, das wegen irgendeiner Kameraeinstellung leicht blitzte, befand sich die leere Augenhöhle eines präparierten Maori-Kopfes – ein besonders ausdrucksstarker Maori-Kopf mit zerzauster Haarmähne, breiten Wangenknochen und kantigem Kiefer. Auf seine Art war es ein schönes Gesicht. Offenbar handelte es sich um den Kopf eines jungen Mannes, der zugleich zart und makaber wirkte. Darüber, darunter und daneben waren noch mehr Köpfe in schiefen Reihen angeordnet zu sehen: düstere, schwarze, entleibte Objekte, mit Haarbüscheln und Schmuck aus grünem Stein, der von ihren Ohren baumelte. Ihre Haut schimmerte schwarz wie Leder, auf manchen konnte man das *moko*, die Tätowierung, erkennen. Ihre Augenlider waren zugenäht – außer bei einem, dessen Glasaugen ihm einen traurigen Blick gaben – aber ihre Lippen waren geöffnet und so weit wie möglich nach hinten gezogen, und enthüllten Reihen perfekter weißer, zusammengebissener Zähne. Sie sahen aus, als würden sie knurren, hämisch grinsen oder vor Schmerz den Mund verziehen, obwohl einer fast wirkte, als würde er schmunzeln. Marsden, ein Missionar, hatte einen Namen dafür: Er nannte es das »grausige Grinsen«. Aber Robley fing mit seinen Worten das Wesen dieser Gesichter ein. Sie trugen, wie er schrieb, den Ausdruck von einem »Leben-im-Tod, den man nie mehr vergisst«.

Durch das Arrangement des Bilds, sah es unwillkürlich so aus, als wäre Robleys Kopf ebenfalls einer von ihnen. Er war auf gleicher Ebene, hatte eine ähnliche Größe und besetzte die

Position des zweiten Kopfes von rechts in der vierten Reihe von oben. Der Unterschied war natürlich, dass Robleys Kopf auf einem Hals saß, während die Maori-Köpfe frei im Raum schwebten. Unsichtbar befestigt warfen sie nur leichte Schatten. Die Botschaft dieses Arrangements wies in beide Richtungen: Einerseits, dass die Maori-Köpfe auch einst auf Körpern saßen und zu individuellen Menschen gehörten – was durch die bemerkenswerte Konservierung ihrer Gesichtszüge deutlich verstärkt wurde. Und trotzdem war offensichtlich, dass sie in diesem Kontext nurmehr Objekte waren, Exemplare einer Sammlung – und Robley war eindeutig der Sammler.

Am Ende der Bank auf der Robley saß, lagen zwei kleine Dinge in der Größe von Melonen, die so glatt wie polierter Stein schimmerten. Es waren die Köpfe von Kindern und sie sahen ganz anders aus als der Rest. Ihre Münder und Augen waren geschlossen und sie erweckten den Eindruck, als schliefen sie. Diese Kinderköpfe sind nicht das Erste, was man auf diesem Foto sieht, sondern eher das Letzte, und sie scheinen eine andere Geschichte zu erzählen, oder vielleicht die Geschichte zu verkomplizieren, die sich um Robley und die Köpfe der Erwachsenen entspinnt.

Der Vorgang zur Konservierung der Köpfe ist an verschiedenen Stellen detailliert beschrieben worden. Einer der Berichte liest sich so:

Die Konservierung eines Schädels wurde *Paki Paki* oder *Popo* genannt, was bedeutet, dass das Gehirn entfernt wurde. Die Köpfe wurden dann im Ofen einige Male gedünstet und wurden nach jedem Dünsten vorsichtig mit den Blüten von *kakaho*, oder Schilfrohr, abgerieben; jedes Stückchen Fleisch und Gehirn wurde entfernt; zwischen die Haut und den Knochen der Nase wurde ein kleiner, dünner *manuka*-Stab eingeführt, um die Form zu erhalten. Danach wurden die Köpfe in der Sonne getrocknet und schließlich dem Rauch der Häuser ausgesetzt. Die Augen wurden entnommen, die Augenhöhlen mit Flachs gefüllt, und dann die Lider vernäht ...

Ich fand diese Beschreibungen faszinierend aber nicht abstoßend. Seltsamerweise war ich von dem Gedanken, einen Kopf in kochendes Wasser zu werfen oder ihn in Blätter zu wickeln und in einem Erdofen zu dämpfen, bis die Haut vom Schädel gleitet, nicht angewidert. Es peinigte mich nicht, daran zu denken, dass im letzten Stadium der Präparation die Köpfe erhitzt und mit Fett eingerieben wurden; ich habe mich sogar dabei ertappt, wie ich darüber nachdachte, was für Fett sie wohl verwendeten. Aber es kam mir auch in den Sinn, dass ich vielleicht nicht *wirklich* verstand, was all das bedeutete. Die Köpfe schienen meine Fähigkeit, mir Dinge vorzustellen, die ich niemals erfahren konnte, auf die Probe zu stellen; vielleicht bedeutete die Tatsache, dass ich *nicht* erschrocken reagierte, auch nur, dass ich es mir nicht richtig vorgestellt hatte.

Im Prinzip war ich immer vom Konzept der unbefangenen Neugierde und der Sichtweise, für die sie steht, überzeugt: eine empirische, rein praktische Herangehensweise an die Wunder dieser Welt. Diese Haltung geht auf die Zeit der Aufklärung zurück, in der Cook gelebt hatte, und ist sicherlich kulturell bedingt. Von Seven würde ich zum Beispiel niemals erwarten, diese Haltung mit mir zu teilen. Ich schätze diese Perspektive aber sehr, weil ich glaube, dass sie mir die beste Möglichkeit bietet, wirklich zu verstehen, was geschehen ist.

Obwohl es schwer ist, sich diese Fotografie anzusehen und nicht die unglaubliche Ausbeutung, ja Schlachtung, von einem Volk durch ein anderes zu sehen, ist es wichtig, genau das zu versuchen. Denn das ist nicht die Geschichte, die uns dieses Bild erzählt. Dieses Bild erzählt die Geschichte des Kolonialismus, aber es ist keine Geschichte der Wirkung von einer Kultur auf eine andere, wie ein Hammer auf einen Nagel. Es geht vielmehr um zwei Systeme, die aufeinanderprallen, wie zwei Züge, die in entgegengesetzte Richtungen fahren und versehentlich auf das gleiche Gleis gelenkt worden sind. Maori haben diese Köpfe konserviert; Europäer haben sie gekauft und verkauft. Und die Interaktion dieser beiden Seiten hat eine Fotografie hervorgebracht, auf der ein Mann im Morgenrock zu sehen ist, der gelassen vor einer Wand sitzen kann voller Trophäen mit leuchtenden Zähnen, eingefallenen Wangen und Albatrosfedern im Haar.

1864 war Horatio Gordon Robley, ein Leutnant des 68. Durham Infanterieregiments, als Teil einer britischen Streitmacht nach Neuseeland geschickt worden, um Tauranga zu besetzen. Der Hobbykünstler hatte sein Skizzenbuch immer bei sich und fertigte viele Zeichnungen vom Leben der Maori an. Er skizzierte Kanurennen und Lagerhütten, Kriegstänze, Friedhöfe, Beerdigungen, Krieger, Festungen, Kirchen und Schlachten. Besondere Aufmerksamkeit schenkte er der Kunst der Maori, und dabei vor allem der Tätowierungskunst, die bereits zu dieser Zeit unter dem Einfluss der Missionare zu verschwinden begann; er erwarb sich einen etwas sonderlichen Ruf, weil er nach Schlachten neben Maori-Leichen im Schlamm kauerte, um die Muster auf den Gesichtern der Toten abzuzeichnen. Begeistert sammelte er Münzen, Kuriositäten und andere Dinge, darunter auch *mokomokai*, die geräucherten Köpfe. 1896 veröffentlichte er eine Monografie mit dem Titel *Moko oder die Tätowierungen der Maori*, die noch immer eine wichtige Quelle für die Geschichte dieser Kunstform ist.

Obwohl es bei den meisten Polynesiern Tätowierungen gibt, waren die Maori berühmt für ihre Gesichtstätowierungen, die furchtbar schmerzhaft gewesen sein müssen und oft erst nach Jahren fertiggestellt werden konnten. Eine vollständige Gesichtstätowierung galt als höchste Auszeichnung, und wurde nur den wichtigsten und ältesten Häuptlingen zugebilligt. Die gemusterten Bänder und Spiralen bedeckten manchmal jeden Zentimeter des Gesichts, sogar die Augenlider und die Lippen. Jedes *moko* war einzigartig und obwohl sie generell symmetrisch angelegt waren, gab es je nach Gesichtshälfte leichte Variationen. Der Träger der Tätowierung empfand es als ein Merkmal seiner Identität und einige der ersten Dokumente und Verträge von Maori zeigen anstatt einer Unterschrift ein zweidimensionales Bild des *moko* des Unterzeichners, als ob die Haut abgezogen und flach auf dem Tisch ausgelegt worden wäre.

Die Tätowierungsmethode der Maori kann man fast als Ausdauerprüfung betrachten. Sie gaben sich nicht damit zufrieden, in die Haut zu pieksen oder zu stechen, sie kratzten und schabten ihre Muster mit einem Meißel in das Gesicht, der in eine Kohlelösung getaucht worden war (oder später dann in Schießpulver) und auf den mit einem hölzernen Schlegel geklopft wurde – ein Vorgang, den ein früher Beobachter als »geschnitzt werden« betitelte. Es versteht sich von selbst, dass es als unmännlich galt, zu stöhnen, zu zucken oder dem Schmerz einen anderen Ausdruck zu gewähren; die wenigen Pakeha-Seefahrer und Vagabunden, die sich in den ersten Jahrzehnten des 19. Jahrhunderts tätowieren ließen, berichteten, dass der Vorgang kaum auszuhalten war. Die Wunden machten die Haut brüchig und rau, und wenn die Schnitte zu tief gingen, waren die Gesichtsmuskeln davon betroffen. Aber der Träger erschien damit alterslos, die Jungen sahen älter, die Älteren jünger aus; so schreibt auch Robley: »Wo ein *moko* eingraviert ist, kann die Zeit keine Falten schreiben.« Trotz all dieser Schwierigkeiten und Qualen nahmen alle Männer von Rang ein gewisses Maß an Tätowierungen auf sich und auch die meisten Frauen, wenn auch in geringerem Ausmaß und meist nur auf Lippen und Kinn.

Die Verbindung zwischen dem Tätowieren von Gesichtern und der Konservierung von Köpfen liegt auf der Hand; auf gewisse Weise war es das *moko*, also die Tätowierung, die konserviert wurde. In späteren Jahren wurde tätowierte Haut von anderen Köperteilen gerettet; Robley berichtet von Schmuckkästchen, die aus der tätowierten Haut von Hintern und Schenkeln eines Mannes gemacht wurden. Aber nur die Köpfe waren für die Maori von wirklichem Wert. Traditionellerweise wurden sowohl die Köpfe von Feinden als auch von Freunden oder Verwandten konserviert. Aber in beiden Fällen galten nur die Köpfe der erhabensten, und deshalb am stärksten tätowierten Männer als für die Konservierung angemessen (obwohl es auch Ausnahmen gab im Fall von Lieblings-Kindern oder -Frauen.) Die Haltbarmachung eines Kopfes war »die Anerkennung der Erhabenheit seines Besitzers«, schreibt Robley, und sollte die Erinnerung an ihn lebendig halten. Bei der Präparierung des Kopfes eines Familienmitglieds wurden die Lippen in der Mitte zusammengenäht, was dem Mund eine elegante Form gab, wie zwei nebeneinanderliegende Mandeln. Das verleiht dem Gesicht einen vergleichsweise ruhigen Ausdruck, still, fast heiter. Solche Köpfe wurden als Schätze angesehen und von der Familie des Verstorbenen sorgfältig verwahrt und nur zu bestimmten wichtigen Gelegenheiten hervorgeholt.

Mit den Köpfen der Feinde dagegen sah es etwas anders aus. Das waren die Köpfe, die die Europäer zu sehen bekamen, über die sie schrieben und die im Allgemeinen in privaten Sammlungen oder später in Museen auftauchten. Im Fall eines Feindes wurde der Mund nicht zugenäht – daher das grausige Grinsen – und der Kopf wurde mit einer seltsamen Mischung aus Ehrfurcht und Verachtung behandelt. Die ersten Besucher in Neuseeland berichteten oft, dass diese Köpfe auf den Befestigungswällen der *pa* angebracht waren, oder auf Pfählen außerhalb des Dorfes, wo sie von allen, die daran vorbeikamen, verhöhnt und verspottet wurden. Laut Reverend Yates sprach ein Krieger den Kopf seines Feindes mit etwa folgenden Worten an:

Du wolltest weglaufen, nicht wahr? Aber mein *mere* [Knüppel] hat dich eingeholt und nachdem du gekocht worden bist, bist du zu einer Mahlzeit für meinen Mund geworden. Und wo ist dein Vater? Er ist gekocht. Wo ist dein Bruder? Aufgegessen. Wo ist deine Frau? Dort sitzt sie und ist jetzt eine Frau für mich. Wo sind deine Kinder? Dort sind sie mit Lasten auf ihren Rücken und tragen als meine Sklaven Nahrung.

Aus all diesen Gründen kam den *mokomokai* eine wichtige politische Bedeutung zu. Das zentrale Regierungskonzept des politischen Lebens der Maori war *utu*, ein Wort das oft mit »Rache« übersetzt wird, aber näher an der Bedeutung von »Befriedigung« oder »Gegenseitigkeit« ist. *Utu* verlangte, dass sowohl Gefälligkeiten als auch Kümmernisse auf gleiche Weise zurückgezahlt werden mussten, aber logischerweise verursachten die Kümmernisse größere Probleme. Stämme begannen häufig Kriege, um Rechnungen zu begleichen, die schon seit Generationen offen waren, und das führte im Gegenzug wieder »zu neuen Blut- und Gräueltaten«, wie Marsden schreibt, und schuf neuen Raum für *utu*. Köpfe dienten in diesem Kontext bei Verhandlungen zwischen zwei Stämmen als eine Art Währung. Um eine Friedensvereinbarung auszuhandeln, war in einigen Fällen der Austausch von Köpfen nötig. Oder falls ein wichtiger Häuptling in einer Schlacht fiel, genügte manchmal die Übergabe seines Kopfes, um die Feindseligkeiten beizulegen. Im Gegenzug galt es als Zeichen, dass ein Häuptling mit einem befeindeten Stamm niemals Frieden schließen würde, wenn er den Kopf des Feindes zerstörte, solange er in seinem Besitz war.

All das änderte sich mit der Ankunft der Europäer. Unter den Maori wurde nur aus politischen Gründen und nicht aus kommerziellen – im Sinn des Tausches von einem Gut gegen ein anderes – mit Köpfen gehandelt. Man konnte zum Beispiel keine Kartoffeln mit einem Kopf kaufen – ein Gedanke, den jeder Maori verabscheuenswert gefunden hätte. Köpfe waren sehr heilige Dinge, erfüllt von einer Bedeutung oder Macht, die nicht in etwas anderes umgewandelt werden konnte, vor allem in nichts Niederes oder Weltliches. Für die Europäer des 18. und 19. Jahrhunderts waren die Köpfe dagegen sofort eine Kuriosität, wie Dinosaurierknochen oder schillernde Käfer – Dinge von ästhetischem und wissenschaftlichem Wert.

Der erste »Verkauf« eines Maori-Kopfes geschah während Cooks erster Umsegelung von Neuseeland. Ende Januar des Jahres 1770 erkundete die *Endeavour* ein Küstengebiet etwa 110 Kilometer von Tasmans Mörderbucht entfernt. Als Cook, Banks und Tupaia, ihr tahitianischer Übersetzer, eines Nachmittags an Land gingen, stießen sie auf eine Familie, die sich gerade eine Mahlzeit zubereitete. Ein Hund briet in einem Erdofen und daneben standen einige Körbe mit Essen. Als sie beiläufig hineinschauten, sahen sie zwei »ziemlich sauber abgenagte« Knochen, die sich bei genauerer Untersuchung als menschlich herausstellten, so berichtet Banks. Obwohl die Maori entlang der ganzen Küste wiederholt und ganz frei darüber gesprochen hatten, dass sie ihre Feinde aufaßen, brauchten Cook und seine Begleiter erst einen Beweis, um das auch wirklich zu glauben. Also begann Banks die Maori zu befragen: »Was sind das für Knochen?«

»Die Knochen von einem Mann.«

»Und habt ihr sein Fleisch gegessen?«

»Ja.«

»Und wer war der Mann, dem diese Knochen gehörten?«

»Vor fünf Tagen kam ein Boot unserer Feinde in die Bucht und wir haben sieben von ihnen getötet, einem davon gehörten diese Knochen.«

Cook untersuchte einen Knochen und machte mit Nachdruck deutlich, dass das kein menschlicher Knochen, sondern eher der eines Hundes war. »Aber [der Maori] griff sich inbrünstig an den Unterarm und sagte uns noch einmal, dass es dieser Knochen war, und um uns zu überzeugen, dass er das Fleisch gegessen hatte, bohrte er seine Zähne in das Fleisch seines eigenen Armes und machte Kaubewegungen.« Was deutlich zeigte, »dass das Fleisch ein Leckerbissen für sie gewesen war«, wie Cook trocken hinzufügte.

Am nächsten Tag kam ein kleines Kanu zum Schiff und Tupaia befragte die Maori weiter. Er fragte, wo die Schädel seien. »Esst ihr sie?« Ein alter Mann antwortete: »Wir essen die Köpfe nicht ... aber wir essen das Gehirn; morgen komme ich und zeige euch einen.« Ein paar Tage später kehrte er zurück und brachte vier konservierte Köpfe mit. Banks erkannte sofort, was das war, er beschrieb sie als Trophäen und verglich sie mit dem Skalp der nordamerikanischen Indianer. Der alte Mann wollte sich nur sehr widerwillig von den Köpfen trennen, aber Banks überzeugte ihn schließlich, einen zu verkaufen, nämlich den eines Jungen mit mehrfach gebrochenem Schädel, im Tausch gegen ein Paar Leinenunterhosen.

Vor der Ankunft der Europäer führten die Maori vereinzelt und räumlich begrenzte Kriege zwischen den Stämmen. Während der Sommermonate kämpften so jeweils 200 Mann starke, durch Verwandtschaftsbeziehungen verbundene Parteien gegeneinander. Als Waffen benutzten sie Knüppel und Speere aus gehärtetem Holz, Knochen oder Stein. 1807 tauchten zum ersten Mal Musketen in einem Krieg zwischen zwei Stämmen bei einer Schlacht bei Morenmonui auf. In diesem Fall sicherten die Gewehre nicht den Triumph ihrer Besitzer. Ganz im Gegenteil, so viele ihrer Leichen wurden am Strand zurückgelassen, dass die Schlacht unter dem Namen *Te Kai a te Karoro*, das Fest der Möwen, in die Geschichte einging. Aber unter den Überlebenden war auch ein junger, schlauer *rangatira* aus der Bay of Islands namens Hongi Hika. Hongi war es, der als Erster erkannte, dass der Schlüssel zu künftigem Erfolg in der Erwerbung von Pakeha-Gewehren lag. Er war vollkommen von *utu* getrieben, also von dem Verlangen, die Verluste seines Stammes bei Moremonui und anderswo zu rächen. Es ist ein Zufall der Geschichte, dass Hongi zu den Ngaphui gehörte, die Ngapuhi aus der Bay of Islands stammten und die Bay of Islands einer der ersten großen Anlaufplätze europäischer Schiffe war, was bedeutete, dass Hongi Hika einer der Ersten war, der im großen Stil Zugriff auf Gewehre hatte.

Hongi führte seine ersten großen Angriffe 1818 gegen seine südlichen Nachbarn, die Stämme aus der Bay of Plenty. Die *taua*, die Kriegspartei, bestand aus über 900 Männern, von denen etwa 50 Musketen trugen. Sie kehrten im Januar des folgenden Jahres in die Bay of Islands zurück und brachten neben 1000 Gefangenen auch Hunderte von Köpfen mit – ein Augenzeuge zählte 70, die allein in einem einzigen Kanu gestapelt waren. Im nächsten Jahr segelte Hongi mit dem Missionar Thomas Kendall nach England. Kendall begehrte die Priesterweihe; Hongi begehrte Gewehre. In London wurde er und sein Cousin Waikato König George vorgeführt, von dem sie mit Geschenken überhäuft wurden, darunter auch eine Rüstung aus dem Tower in London. Auf dem Nachhauseweg machten sie in Sydney halt, wo Hongi alles verkaufte – außer der Rüstung, die er gerne trug – und von dem Geld Gewehre kaufte.

In Neuseeland angelangt, machte sich Hongi unverzüglich zu einem Kriegszug auf, wie ihn die Maori noch nicht gesehen hatten. Er hatte 2000 Krieger und 1000 Gewehre und es gab keinen einzigen Stamm in Neuseeland, der ihm hätte standhalten können.

Das waren die Eröffnungssalven der Musketenkriege, eine Periode verheerender Konflikte, die fast drei Jahrzehnte lang andauern sollte, mehreren Zehntausend Maori das Leben kostete, und die Dezimierung ganzer Stämme und die Entvölkerung kompletter Regionen zur Folge hatte. Die Maori erkannten bald, dass die europäischen Händler für konservierte, tätowierte Köpfe mit Gewehren und Munition bezahlen wollten. Fast über Nacht explodierte der Markt für Köpfe; so verwandelte sich etwas, das einmal wenigen als Ehrerbietung vorbehalten war, in eine niedrige, kaufmännische Angelegenheit. Kein Kopf mit einer guten Tätowierung war mehr sicher, und um das Angebot zu erhöhen, begannen die Häuptlinge ihre Sklaven tätowieren zu lassen, mit der ausdrücklichen Absicht, ihre Köpfe zu verkaufen, sobald sie fertiggestellt waren. Viele irrsinnige Geschichten begannen zu kursieren, wie die über einen Kopf, der ausgewählt, verkauft und bezahlt wurde, während sein Besitzer noch am Leben war. Mittlerweile tauchte über das Tasmanische Meer hinweg unter der Bezeichnung »baked heads« (»Gebackene Köpfe«) ein neues Handelsgut auf den Importlisten des Zolls in Sydney auf. Es versteht sich von selbst, dass die Maori schnell damit aufhörten, die Köpfe ihrer Freunde und Verwandten zu konservieren, und nur noch diejenigen von Feinden, Sklaven und glücklosen Pakeha in Umlauf brachten.

Anfang der 1830er Jahre war dieser Teufelskreis – Köpfe für Musketen, Musketen für Köpfe – außer Kontrolle geraten. In Sydney erließ Gouverneur Darling eine Generalregelung, die die Einfuhr von Köpfen nach New South Wales verbot. Was 1770 noch als Form wissenschaftlicher Neugier (vielleicht mit einer Note von angenehmem Grusel) begonnen hatte, wuchs sich zu einem kapitalen Vergehen aus. Dies stoppte den Handel, aber bis dahin waren Hunderte von Maori-Köpfen aus Neuseeland in die Hände von Sammlern in aller Welt exportiert worden. Robley führt einige der Sammlungen auf, in denen sie in den 1890ern vorhanden waren, darunter das British Museum, das Ethnologische Museum in Berlin, das Anthropologische Museum in Florenz, das Smithsonian, das Pariser Muséum d'Histoire Naturelle und das Royal College of Surgeons in London. Es gibt, oder gab, Maori-Köpfe (und ein paar wenige tätowierte Köpfe von Europäern) in New York, Dublin,

Rom, Moskau, Hamburg und Kopenhagen und in vielen anderen amerikanischen und europäischen Städten; Robley selbst verfügte wahrscheinlich über die erlesenste Privatsammlung.

Wenn man Robley nur auf der Fotografie, umgeben von seiner Kopfsammlung, sieht, liegt es nahe, ihn als den Urtyp des Kolonialisten zu betrachten: arrogant, kühl, habsüchtig, selbstgefällig. Man fragt sich, ob er überhaupt Gefühle hat. Sieht er denn nicht, dass auch sie Menschen waren, deren Trauer und Freude sich nicht von seiner unterschieden? Warum macht er keinen Unterschied zwischen geschnitzten, leblosen Dingen, wie dem *wahaika* in seinen Händen, und den geschnitzten, menschlichen Überresten an der Wand hinter ihm? Und trotzdem muss zu Robleys Verteidigung gesagt werden, dass sein Umgang mit diesen Objekten auf Respekt und Bewunderung für die Kunstwerke beruhte und auf dem mächtigen Wunsch, sie in einem wissenschaftlichen Kontext zu begreifen. Sogar ein ungeschulter Beobachter erkennt die Einheitlichkeit des Stils der Schnitzerei auf den Waffen, den Kanus, den Häuserpfählen der Maori und den Linien eines tätowierten Gesichts. Aus einem ästhetischen oder technischen Blickwinkel gesehen ist das alles aus einem Guss. Robleys Wunsch war es, einen einzigartigen Aspekt der Kultur der Maori zu erhalten, der schon zu seinen Lebzeiten zu verschwinden drohte.

Ich hatte bereits seit etwa einem Jahr einen Abzug dieses Fotos, als ich ihn einer von Sevens Schwestern in Neuseeland zeigte. Sie warf nur einen kurzen Blick darauf und sah aus, als würde sie sich gleich übergeben.

Ich war entsetzt. Sie war entsetzt. Aber wir waren es aus verschiedenen Gründen.

»Sie alle sind jemandes *tupuna*«, sagte sie. »Vorfahren. Stell dir vor, einer von ihnen wäre dein Großvater.«

Aber das konnte ich nicht. Ich konnte mir meinen Großvater mit seinem schlohweißen Haar, seinen stahlgrauen Augen und seiner papiernen Altmännerhaut nicht geköpft, geräuchert und an einer Wand im Studio eines Fotografen befestigt vorstellen, flankiert von einem Maori-Krieger in einem Umhang aus Hundehaut mit einem Smith & Wesson-Revolver in der Hand. Es gibt keinen Beispielsfall für so ein Bild. Man kann es nur erfinden, indem man die Details umkehrt. Und um ehrlich zu sein, konnte ich auch keine so emotionale Verbindung zu dem Bild eines Mannes aufbauen, den ich nicht gekannt habe. Die Köpfe in diesem Bild waren nicht die Köpfe ihrer Großeltern, es waren Menschen, die mindestens fünf oder sechs Generationen zuvor gelebt hatten. Es gab auch keine Hinweise darauf, dass sie Ngapuhi waren; höchstwahrscheinlich waren sie noch nicht einmal Mitglieder dieses Stammes. Wie es aussah, waren sie sogar eher die Feinde ihrer Vorfahren, Opfer der großen Ngaphui, würde man es genauer unter die Lupe nehmen.

Das alles machte für meine Schwägerin keinen Unterschied. Es zählte nicht, dass sie nicht mit ihnen verwandt war, dass niemand wusste, mit wem sie verwandt waren, dass sie – egal wie lebendig sie aussahen – im Grunde genommen unbekannt waren. Auf sie wirkten die Köpfe zutiefst schockierend, fast schon pornografisch. Mir war allerdings nicht klar, was genau sie so getroffen hatte: die Köpfe an sich, der Schrecken, den sie verbreiteten, der Gedanke an so eine Sammlung und an den Pakeha-Sammler, oder die Tatsache, dass ich dieses Bild besaß, oder dass ich so unsensibel gewesen war, es ihr zu zeigen.

Nach diesem Vorfall führte ich das Foto in Neuseeland wie Schmuggelware ein und aus, zwischen den Seiten eines Buchs, das ich in meinem Koffer versteckt hielt. Ich spielte mit dem Gedanken, es meiner Schwiegermutter zu zeigen, die großes Interesse an der Geschichte der Maori zeigte und die möglicherweise interessante Dinge darüber zu erzählen wusste. Aber ich machte mir Sorgen darüber, was sie sagen würde, was sie über mich denken würde, als ob das unwiderruflich beweisen würde, dass ich mit so wenig Gefühl für die Toten eine Barbarin bin. Auch das war eines der Dinge, über die ich mehr herausfinden wollte, die ich mich aber nicht zu fragen getraute – religiöse Dinge, Bräuche, Traditionen, die im Konflikt mit dem Christentum standen, Dinge, die unterdrückt worden waren. Wahrscheinlich hätte ich die Fotografie einfach vernichten können, aber ich hatte mich über die Jahre daran gewöhnt. Dass ich sie entdeckt hatte, war einer der Höhepunkte in meiner Recherche gewesen; zunächst war ich davon ausgegangen, sie als Illustration oder vielleicht sogar eines Tages als Titelbild eines Buches verwenden zu können. Aber nach und nach erkannte ich, dass das nicht möglich sein würde, und ich packte sie weg.

Fast zehn Jahre sollten vergehen, bis ich die Fotografie wieder hervorholte. Ich hatte herausgefunden, dass eines der Museen in der Nähe zwei Exemplare der Maori-Köpfe *mokomokai* besaß. Das war keine allgemein bekannte Information, aber es wurde auch von niemandem abgestritten, und als ich nachfragte, ob ich sie sehen könnte, stimmte die Kuratorin zu.

Ich wollte, dass Seven mich begleitete. Er kannte die Fotografie von Robley, aber er hatte noch nie einen wirklichen Kopf gesehen und war neugierig darauf – aber bestimmt nicht so neugierig wie ich auf seine Reaktion. Unser Termin fiel auf einen Nachmittag unter der Woche, also nahmen wir frei, damit wir uns auch den Rest des Museums ansehen und essen gehen konnten. Als es Zeit für unseren Termin wurde, trafen wir uns mit der Kuratorin in der Eingangshalle. Nachdem sie uns angemeldet hatte, führte sie uns einen schmalen Gang hinab, durch eine Tür in ein Labyrinth von Korridoren, eine Treppe hinab, einen weiteren Korridor entlang, in den Güteraufzug und schließlich, durch die letzten verschlossenen Türen hindurch, in einen Lagerraum.

Es war ein großer, höhlenartiger Raum, oder wäre es gewesen, wenn er nicht bis unter die Decke mit Kisten und Paletten vollgestellt gewesen wäre. Ehrfürchtig blickte ich mich um und fragte mich, was darin wohl verpackt war: *wahaika* wie auf der Fotografie mit Robley, *tiki*, der grüne jadeähnliche Stein, Häuptlingsketten aus Hawaii, die aus menschlichem Haar gemacht waren. Neben dem Eingang gab es einen kleinen Freiraum, wo ein Tisch aufgestellt worden war. Die Köpfe, die vor unserer Ankunft herausgesucht worden waren, standen auf dem Tisch, waren aber mit Seidenpapier abgedeckt.

»Ich arbeite jetzt seit elf Jahren hier, diese hier habe ich aber noch nie aus ihren Kisten geholt«, sagte die Kuratorin als sie einen weißen Kittel, Handschuhe und eine Atemmaske anlegte.

»Ist das zu Ihrem Schutz oder zum Schutz der Köpfe gedacht?«, frage ich.

»Ehrlich gesagt für beides.«

Ich kam nicht umhin, mich zu fragen, was die Köpfe, die seit beinahe 200 Jahren konserviert waren, heute irgendjemanden antun konnten.

»Hier gibt es sehr viel seltsamen Staub«, sagte sie. »Man kann nicht vorsichtig genug sein.«

Langsam ging ich auf den Tisch zu. Eine Ecke des Seidenpapiers war leicht angehoben; darunter konnte ich Zähne erkennen. Einen Moment lang erschauerte ich bei diesem Kontakt mit dem Jenseits. Dann hob die Kuratorin das Papier und das Gefühl verschwand.

Ich sah zwei Köpfe, die etwas kleiner waren, als ich erwartet hatte, in der Farbe von Eiche mit trockenem, staubigem Haar. Ihre Ohren waren geschrumpft und Seven dachte zunächst, sie wären abgeschnitten worden. Nein, schau genauer hin, sagte ich zu ihm, hier sind sie; es muss eine Folge des Trockenprozesses gewesen sein. Die Zähne waren intakt, aber sehr gelblich. Das *moko*, die Tätowierung, war weniger lebendig als ich erwartet hatte, nur eine Reihe von blassen, eher zarten blauen Linien und ich verstand, warum sie auf den Fotografien so schwer zu erkennen waren. Mir war überhaupt nicht klar, wie man herausfinden konnte, ob die Tätowierung posthum gemacht worden war – was den Kopf in den Begriffen des 19. Jahrhunderts zu einer »Fälschung« machte –, obwohl Robley behauptete, dass man es deutlich sehen konnte. Als ich genauer hinsah, konnte ich erkennen, dass die Linien auf einem der Köpfe eingeritzt wirkten, bei dem anderen konnte ich es einfach nicht sagen. Der eine Kopf war besser erhalten. Interessanterweise war bei diesem der Mund vernäht – wieder etwas, womit ich nicht gerechnet hätte.

Zu ihrer Herkunft war fast nichts bekannt. Den einen hatte das Museum 1904 als Gabe von einem Physiker und Sammler erhalten. Der andere, der besser erhaltene der beiden, wurde 1926 gekauft und stammte laut Katalog aus einer alten französischen Sammlung. »Alt« ist natürlich in diesem Zusammenhang für mich ein sehr vielversprechendes Wort und legt nahe, dass er vielleicht in der Bay of Islands erworben wurde, wo ein Großteil des frühen Handels stattfand. Viele der ältesten Köpfe in europäischen Sammlungen waren von den Ngapuhi verkauft worden, obwohl sie wahrscheinlich eher Menschen gehört hatten, die weiter im Süden lebten. Seltsamerweise war das Haar auf diesem Kopf stark gelockt – der Katalog deutete an, dass es »gelockt wurde«, als ob der Besitzer modebewusst gewesen sei. Wahrscheinlicher ist es, dass das Haar von Natur aus gelockt war. Das entspricht nicht dem charakteristischen Aussehen der Maori – die meisten Maori haben welliges Haar, aber es gibt sicher Menschen, deren Haar sehr kraus ist. Seven zum Beispiel.

Als wir gegangen waren, fragte ich ihn, was er über die Köpfe dachte.

»Was meinst du?«, sagte er.

»Ich weiß auch nicht. Fandest du sie gruslig? Haben sie wirklichen Menschen geähnelt? Was hast du gefühlt, als du sie angesehen hast?«

»Ich dachte, dass sie ziemlich klein sind.«

»Ich auch. Und sonst?«

»Ich weiß nicht. Ich habe nichts Bestimmtes gefühlt.«

Mir war es ganz ähnlich ergangen. Ich hatte fast gar nichts gefühlt. Nach dem ersten aufregenden Moment, der vielleicht auch nur mit der »großen Enthüllung« zu tun hatte, gelang es mir nicht, irgendeine Reaktion auf die Köpfe heraufzubeschwören. Ich war mir der Kuratorin fast mehr bewusst, ihres vagen Unwillens gegenüber diesen Ausstellungsstücken, die sie uns zeigen musste, ihres knappen Zeitplans und der Tatsache, dass sie uns Zeit schenken musste; dazu gesellte sich meine Unsicherheit, wie lange ich die Stücke ansehen und ob ich sie anfassen sollte (ich habe es schließlich nicht getan), aber auch der Umstand, dass die Kuratorin in elf Jahren niemals neugierig genug gewesen war, um sie sich anzusehen. In dem Durcheinander all dieser Gedanken schienen die Köpfe in den Hintergrund zu rücken. Als wir das Museum verließen, wurde mir bewusst, dass ich mich an viele der Details schon jetzt nicht mehr erinnern konnte.

»Was für eine Hautfarbe hatten sie, was meinst du?«, fragte ich Seven, als wir nach Hause fuhren.

»Ein gelbliches Braun vielleicht?«

Ich legte meine Füße auf das Armaturenbrett und schaute aus dem Autofenster. Seven schaltete das Radio ein, das auf einen Sender eingestellt war, den die Kinder mochten, und begleitet von süßen aber dummen Popsongs glitten wir auf die Autobahn. Ich musste an meine Schwägerin denken und fragte mich, wie sie sich gefühlt hätte, wenn sie mit uns im Lagerraum des Museum gewesen wäre, ob dieses Erlebnis ihre Abscheu verringert oder vermehrt hätte, ob sie überhaupt mitgekommen wäre.

Und ich fragte mich auch, warum Seven die Gefühle seiner Schwester nicht teilte, warum er, wie ich, in der Gegenwart dieser schwierigen Objekte perplex wirkte. War das ein Anzeiger für den Grad seiner Anpassung (damals lebten wir seit mehr als zwölf Jahren zusammen, die Hälfte davon in Amerika)? Hatte es etwas damit zu tun, dass er ein Mann war? War er – wie es meine Mutter manchmal mir selbst vorwarf – gefühlskalt? Oder gab es dort nichts zu fühlen, nichts jenseits der Fakten, der historischen Umstände, aus denen diese Objekte hervorgegangen waren, überhaupt nichts Übersinnliches?

10. Turtons Landverträge

Als Seven und ich zwei Jahre verheiratet waren, konnte ich endlich meine Dissertation abschließen, und um das zu feiern, beschlossen wir umzuziehen. Es folgte eine seltsame Nomadenzeit, in der wir in einer Reihe von Städten lebten: Wir zogen von Melbourne nach Boston, dann nach Honolulu, von dort nach Brisbane und wieder zurück nach Melbourne, und das alles innerhalb von etwa vier Jahren. Ich hatte ein paar befristete Stellen und Stipendien und Seven gab sich damit zufrieden, mir zu folgen. Das Einzige, was die Dinge etwas verkomplizierte, war, dass ich – wie sich herausstellte – mit unserem ersten Kind schwanger war, als wir unsere Reise begannen.

Ich bemerkte es in Kalifornien, wo wir auf dem Weg nach Boston haltgemacht hatten, um meine Tante zu besuchen. Nach der ersten freudigen Aufregung konnte ich nur noch daran denken, wie ich die Fahrt überstehen sollte. Wir hatten geplant in Los Angeles ein Auto zu kaufen und uns auf den Weg quer durch das ganze Land zu machen, ganz im Stil der altehrwürdigen (und in diesem Fall umgekehrten) amerikanischen Tradition. In Australien waren wir schon viel zusammen im Auto unterwegs gewesen, rauf nach Broken Hill und Port Macquarie, durch die ganze Nullarbor-Wüste bis nach Perth. Und Seven war das, was ich einen Auto-Menschen nannte. Er las den Automobilteil der Zeitung und brachte seinen Wagen grundsätzlich nie in die Werkstatt, außer wenn spezielle Werkzeuge nötig waren.

Ich war viel weniger geschickt im Umgang mit Schraubenschlüssel etc., aber ich fuhr ebenfalls gerne und habe, als ich noch auf dem College war, die USA einige Male durchquert. Für Seven war es eine gute Gelegenheit, etwas vom Land zu sehen und weil er fliegen ohnehin hasste, war er sehr erleichtert, dass dieser Teil der Reise auf der Erde stattfinden konnte.

Das Letzte was Seven getan hatte, bevor wir Melbourne verließen, war unser Auto wegzugeben – ein kupferfarbener, zweitüriger Valiant mit schwarzem Vinyldach. Wir hatten fast alles zurückgelassen, außer meinen Büchern, seiner Werkzeugkiste und seinem Rad; all das packten wir zusammen und übergaben es im Hafen von Melbourne einem Griechen, der uns versprach, alles sicher über das Meer zu bringen. Das Auto war unser größter Besitz gewesen und sobald wir Los Angeles erreicht hatten, schaute sich Seven nach einem Ersatz um.

Wie es in L.A. eben so ist, mussten wir ein Auto mieten, um es zu kaufen. Und während ich an der Spüle stand, Kaffee machte und darüber nachdachte, ob ich ihn wirklich trinken wollte, saß Seven am Küchentisch meiner Tante und blätterte sich durch die Gelben Seiten.

»*Vermietung, Autovermietung, Motor* – warum finde ich nicht das, was ich suche?«

»Weil es hier anders heißt«, erklärte ich ihm. »Versuch's doch mal mit *Leasing*.«

Wir gingen davon aus, dass wir circa eine Woche Zeit hatten, um ein passendes Gefährt zu finden, und Seven durchkämmte jeden Morgen die Zeitungen nach den Angeboten. Meine Aufgabe war es, mich um die Landkarte zu kümmern.

»Wie wäre es mit Glendale?«

»Okay.«

»Long Beach.«

»Nein.«

»Montebello?«

»Vielleicht.«

Logischerweise fragte Seven die Angebote ab, weil er bei Autos der Experte ist. Er wusste, was er wollte – etwas Günstiges, aber Solides, mit dem wir es bis nach Neuengland schaffen würden – und darin kannte er sich hundertprozentig aus.

Das einzige Problem war, dass besonders am Telefon, niemand ein Wort von dem verstand, was er sagte.

»I undustend you hev a cah for sale?«

»Entschuldigung?«

»A cah, I'm looking for a cah. You know, a motacah?«

Schließlich übernahm ich die Anrufe. Seven sagte mir, was ich fragen sollte, und ich gab ihm weiter, was der Verkäufer antwortete, und er gab mir die nächste Frage vor. Sobald wir die Suche auf eine Handvoll Möglichkeiten eingeschränkt hatten, machten wir uns in unserem Mietwagen auf den Weg in die umliegenden Vororte – Alhambra, Burbank, Altadena – und kehrten nachmittags zurück, erhitzt, übellaunig, und was mich anging auch noch mit flauem Magen. Aber endlich fanden wir ihn dann: ein senffarbener Volvo mit circa 130 000 Kilometern. Ein völlig reizloser Wagen, dafür war er geräumig und solide, und Seven war einigermaßen zuversichtlich, dass er uns auf die andere Seite bringen würde.

Was mir von dieser Fahrt am meisten im Gedächtnis geblieben ist, ist der Geruch vom Inneren des Volvo, den ich danach für immer mit Übelkeit verknüpfen sollte. Wir machten halt in Las Vegas, in New Mexico und in Kansas, wo wir während eines Tornadoalarms in den Keller eines Motels gescheucht wurden. Es war heiß, die Klimaanlage des Autos funktionierte nicht und die Landschaft zog an mir vorbei, ohne zu mir durchzudringen. Aber irgendwann erreichten wir Boston.

Vielleicht weil das Ende der Reise nahte und wir uns nicht länger in dieser surrealen Schwebe von Reisenden befanden und uns die Realität irgendwann einholen musste, oder weil wir nun in den Einzugsbereich meiner Familie gerieten – sobald wir die Zollschranke von Massachusetts erreichten wurde ich langsam nervös. Durch den Nebel meiner allmorgendlichen Übelkeit begann ich trübe die Schwierigkeiten zu erahnen, die vor uns lagen.

Wir waren nicht nur arbeitslos, sondern auch nicht besonders gut vermittelbar. Sogar die Taxifahrer in Boston hatten einen Universitätsabschluss und Seven war ein gewöhnlicher Arbeiter in einem Geschäftszweig des 19. Jahrhunderts. Dazu kam, dass wir nicht krankenversichert waren, solange wir keine Arbeit hatten. Seven hatte noch nie zuvor in den USA gelebt und erfasste den Ernst der Situation nicht. Er war in einem Land mit verstaatlichter Krankenversicherung aufgewachsen und konnte sich noch nicht mal vorstellen, in was für Fesseln wir uns befanden, sollte etwas schiefgehen. Ich aber wusste alles über Amerika. »Hier ist man ganz auf sich alleine gestellt«, schrieb ich einer Freundin nach Australien, »ich hatte schon fast vergessen, wie das ist.«

Aber es ist gar nicht so einfach, sich in Sevens Nähe mit Sorgen zu quälen. Wenn man sich sorgt, malt man sich eine Zukunft aus, in der die Dinge nicht so laufen, wie sie sollen, und Seven dachte fast nie an die Zukunft. Soweit er es aber tat, ging er einfach davon aus, dass alles gut werden würde. Ich versuchte, mir daran ein Beispiel zu nehmen – auf diese Weise macht man sich das Leben sicher schöner –, aber meine Instinkte, mein Hintergrund, meine Erziehung arbeiteten gegen mich. Ein Beweis dafür ist ein Traum, den ich einen Monat vor dem Geburtstermin hatte.

Ich träumte, dass ich eine Art Bus fuhr. Ich hatte noch nie zuvor einen Bus gefahren und ich war nervös. Alles ging gut, bis der Bus plötzlich rückwärts auf einen Parkplatz voller Autos zu rollen begann. Ich rammte ganz langsam – wie es für einen Albtraum typisch ist – eine Reihe von Fahrzeugen. Überall begannen die Leute zu rufen: »Was zur Hölle machst du da?«

»Es tut mir leid«, sagte ich. »Es tut mir leid. Ich weiß nicht, was geschehen ist.« Und dann wurde mir klar, dass ich nicht versichert war, und dass ich für den kompletten Schaden an allen Autos bezahlen musste.

Am Morgen erzählte ich Seven von diesem Traum.

»Das ist ein Geldtraum«, sagte er.

»Nein«, gab ich zurück. »Es ist ein Traum über Verantwortung. Es geht darum, viel Verantwortung zu haben und alles in den Sand zu setzen.«

Er lachte. »Wir Ureinwohner haben nie solche Träume.«

Diesmal erzählte ich meiner Familie auf der Stelle von den Neuigkeiten und rief meine Mutter aus Kalifornien an, sobald ich das Ergebnis meines Schwangerschaftstests hatte. Wir würden Unterstützung brauchen – zunächst mal finanzielle –, aber man wird ohnehin in den Schoß der Familie zurückgeholt, wenn man ein Kind bekommt. Es ist nicht nur das *eigene* Baby – so wie wir es als *unsere* Hochzeit empfunden hatten –, es ist auch *ihr* Baby. Was als Romanze zwischen zwei Menschen begonnen hatte, verwandelte sich durch dieses Ereignis in eine Verknüpfung von zwei Volksstämmen, ein Netz von Verpflichtungen und Verantwortung, das sich nicht nur auf die Zukunft auswirkte, sondern auch in die Vergangenheit zurückreichte. Ich war daran gewöhnt, über die Maori und den Pazifik aus der Perspektive eines interessierten Außenseiters nachzudenken. Aber all das veränderte sich mit der Aussicht auf ein gemeinsames Kind. Plötzlich begann ich, über ihre Geschichte auch als der Geschichte meines Kindes nachzudenken und somit auch als meine Geschichte und das Ganze erstrahlte in einem neuen Licht.

Das Baby war noch nicht einmal auf der Welt, als mir das alles schlagartig klar wurde. Ich hatte eine Stelle als wissenschaftliche Assistentin an einem Institut in Cambrigde angenommen. In der Nähe gab es keine Gießereien und Seven hatte ohnehin keine Lust mehr darauf – »zu schmutzig«, meinte er. Stattdessen profitierte er von seinen Erfahrungen als Fahrradkurier und nahm eine Stelle bei einer Firma an, die Luxus-Fahrräder herstellte. Nebenher begann er, Schmuck zu gießen aus Silberlöffeln, die mein Vater regelmäßig »versehentlich« in den Müll fallen ließ.

Meine Freizeit war mit zwei Dingen angefüllt: Entweder ich schrieb Bewerbungen für Stellen und Stipendien oder ich ging in die Bibliothek. Ich hatte in einer der Universitätsbibliotheken eine kleine, aber erstaunlich gute Ozeanische Sammlung gefunden, die außer mir niemanden zu interessieren schien.

Die meisten der Bücher waren seit Jahrzehnten nicht ausgeliehen worden, einige hatten wohl die Regale nie verlassen. Nur ein paar wenige Ausnahmen – darunter Beagleholes fünfbändige *Journals of Captain Cook,* McNabs zweibändige *Historical Records of New Zealand* – waren mit Barcodes ausgezeichnet. Und mir kam in den Sinn, dass ich, als ich an der Ausleihtheke stand und für jeden Band ein kleines Formular ausfüllte – Autor, Titel, Verlag, Datum –, ganz allein die gesamte Sammlung, einen Band um den anderen, mit Barcodes versah.

Aber manche der Werke, die ich benötigte, waren so obskur, dass sie nur auf Microfilm vorhanden waren und es kam der Tag – es hatte abwechselnd geregnet und geschneit, die Gehsteige waren heimtückisch vereist und der Wetterbericht sagte noch mehr überfrierenden Regen voraus – als ich mich in einem langen nüchternen Raum wiederfand, der mit dem Schild *Government Archives and Microforms* versehen war. Es war ein Spätnachmittag mitten in der Woche und fast niemand hielt sich hier auf, nur ein paar wenige in ihre Recherchen vertiefte Menschen, von denen keiner aufblickte, als ich eintrat. Der Raum hatte auf seine unpersönliche Art etwas Einladendes: die beigefarbenen Möbel, das schattenarme Licht, die Aktenschränke aus Metall mit ihren kryptischen Aufschriften: W1260, Y4750. Drei Seiten des Raums waren mit Aktenschränken bedeckt, jeder davon mit vielen Schubladen, jede Schublade voller Microfiches, jeder Microfiche mit vielen Seiten, jede Seite mit vielen Worten. Es erinnerte mich an einen Kinderreim: *Kits, cats, sacks, wives, how many were going to St Ives?*

Ich hatte in einem Katalog etwas gefunden, das mit *Turtons Landesurkunden der Nord-Insel* überschrieben war, und bat den

Angestellten, es mir herauszusuchen. Ich bekam 30 kleine Microfiche-Folien, alle in einer Papiertasche und er erklärte mir, dass das Register fehlte.

»Na dann fange ich einfach mal vorne an«, sagte ich fröhlich.

Ich begann zu lesen, zunächst etwas mit dem Titel *Auszug von Offiziellen Dokumenten im Zusammenhang mit Angelegenheiten Einheimischer und Landkauf auf der Nordinsel Neuseelands*, 1883 zusammengestellt von H. Hanson Turton. Ich fand einen Brief von James Busby, Esq., Einwohner von Neuseeland, an den Ehrenwerten Kolonialminister von New South Wales, datiert auf den 16. Juni 1837, Bay of Islands.

Wie es scheint war ein Krieg zwischen den Stämmen in der Bay of Islands ausgebrochen. Busby warnt, dass wenn nicht irgendwelche Mittel gefunden werden, um sie aufzuhalten, sich die Einheimischen gegenseitig selbst auslöschen werden. Das Land entvölkert sich, wie er schreibt. »Distrikt um Distrikt leert sich und die Bevölkerung ist schon jetzt nur noch ein kümmerlicher Rest dessen, wie es in der Erinnerung einiger europäischer Bewohner einst gewesen ist.« Die Menschen verschwanden so schnell, dass der Grund ihres Verschwindens einige Diskussionen auslöste. Viele führten es darauf zurück, dass durch die Feuerwaffen ihre Kriege blutiger geworden waren, andere behaupteten, dass Tabak und Grog sie schwach gemacht hatten. Wieder andere führten die Ausbreitung von Geschlechts- und anderen Krankheiten an, die Prostitution der Frauen und die Tötung aller Mischlingskinder, die sie gebaren. Busby schreibt:

Die Einheimischen bemerken diese Reduzierung sehr deutlich; und wenn sie ihre eigenen Verhältnisse mit denen der englischen Familien vergleichen, unter denen die Hochzeiten mit einer gesunden Nachkommenschaft in höchstem Maße fruchtbar sind, schließen sie daraus, dass der Gott der

Engländer die Ureinwohner wegschafft, um Platz für sie zu machen; und es scheint mir, als hätte dieser Eindruck unter ihnen zu einer allgemeinen Rücksichtslosigkeit und Gleichgültigkeit gegenüber dem Leben geführt.

Ich schaltete das Lesegerät für die Microfiche ab und schob meinen Stuhl zurück. Plötzlich erschien mir das Zimmer eng und stickig und das grüne Licht ungnädig. Auf der anderen Seite des Raumes klappte ein Ordner zu, jemand machte sich auf den Weg.

In seriösen Bibliotheken herrscht ein Schweigen voller Geräusche, ein Husten, ein Rascheln, der Seufzer eines pneumatischen Stuhles in einer dichten, alles verschluckenden allgemeinen Stille. Diese Stille ist dem Nebel, in dem sich Wissenschaftler bewegen, nicht unähnlich, sie tasten sich ihren Weg durch ein Gemisch aus Daten, Schiffen in Häfen, Tonnage, Frachten, Geschlechtskrankheiten. Nur sehr selten springt einem etwas ins Auge, größtenteils werden Beweise zusammengetragen, die im gleichen Maß anwachsen wie das Interesse, bis sie eine kritische Menge erreichen. Aber hin und wieder kommt ein Stück der Vergangenheit genau im richtigen Augenblick durch die Zeit geflogen. Wenn das geschieht, fühlt es sich an, als wäre man mit den Toten in Kontakt getreten.

Ich schaltete die Lesemaschine wieder ein und arbeitete mich durch die 30 Folien, las hier einen Absatz, dort einen Satz, machte mir ab und an eine Kopie. Ich hatte Probleme mit der Maschine und alle Kopien kamen negativ heraus: Reihen von dünnen, krakeligen weißen Buchstaben auf einer völlig schwarzen Seite.

Busbys Brief wirkte wie eine erklärende Einleitung für das folgende Material: 30 Microfiche-Folien, allesamt Urkunden zu Maori-Land. Die Geschichte des Landesverlusts der Maori ist ein Skandal, gleichwohl weitgehend bekannt. Es ist die Geschichte von habgierigen Spekulanten, Inbesitznahme durch die Regierung, Verwirrung, Unehrlichkeit und Naivität. Im Norden, wo die europäische Besiedelung begann, wurde das Land ab 1814 von den Häuptlingen der Maori im Auftrag ihrer Stämme oder *hapu* verkauft. Die Missionare gehörten zu den ersten Käufern und erwarben Zehntausende Morgen Land in Hokianga, in der Bay of Islands und weit im Norden. Später folgten Händler, Siedler und sogar Busby selbst, der zwischen 1834 und 1840 50 000 Morgen kaufte, eine Fläche, die er in städtische Viertel unterteilen wollte, sobald eine Regierung eingerichtet würde.

Zunächst erfolgten die Verkäufe nur stückchenweise, aber gegen Ende der 1830er-Jahre glitt den Maori die Anbaufläche aus den Händen – fast zehn Millionen Morgen wurden in den Jahren zwischen 1837 und 1839 verkauft. 50 Morgen hier für eine doppelläufige Vogelflinte; 100 dort für eine Muskete, einen Spiegel, vier Decken, etwas Pulver und einen Rasierer mit Streichriemen. 600 Morgen für elf Pfund in Bargeld, elf Decken, zehn Hemden, sechs Paar Hosen, ein Nachthemd, zwei bedruckte Stoffe, eine samtene Weste, drei Manilahüte, ein Paar Schuhe, acht Paar Ohrringe, fünf Kämme, eine Muskete, ein doppelläufiges Gewehr, fünf Vogelflinten, zwei Säcke Schrot, drei Körbe Pulver, Scheren, Messer, Rasierer, eine Hacke und 150 Pfund Tabak, aufgeteilt zwischen elf auf der Urkunde unterzeichnenden Häuptlingen. Jeder bekam ein Pfund und eine Decke plus einen Anteil der anderen Handelswaren. Wer die samtene Weste bekam, ist nicht überliefert.

Wie fühlte es sich wohl an, von diesen Maori abzustammen? Was ist es für ein Gefühl, eine dieser Urkunden mit der Unterschrift des eigenen Urururgroßvaters zu sehen? Man kann den ersten Reiz von gelben Kniehosen, einer verzierten Jacke, einer Axt und einem Erdbohrer durchaus verstehen. Und wer konnte zu Beginn schon wissen, was die Pakeha vorhatten? 1815 und auch 1820 gab es in Neuseeland noch nicht einmal genügend Pakeha, um das Land zu bestellen, das sie gekauft hatten, ganz zu schweigen davon, es irgendwie ernsthaft zu besetzen. Ab 1837 allerdings kann diese Art von Erklärung nicht mehr gelten. Es ist nicht mehr angemessen zu argumentieren, dass die Maori nicht verstanden, was vor sich ging, dass sie keinen Begriff von privatem Besitz hatten, dass ihnen die Bedeutung einer Urkunde nicht klar war. Und auch die Neuheit der Fabrikware, so verführerisch sie auch gewesen sein mochte, kann keine vernünftige Erklärung für die überstürzte Veräußerung ihres Geburtsrechts liefern.

Worauf ist dieses Verschleudern also zurückzuführen? Gier? Mutwilligkeit? Die Überzeugung, allen Beweisen zum Trotz, dass die Anwesenheit der Pakeha nur von kurzer Dauer war? Oder hatte Busby mit seiner Vermutung recht, dass alles, was die Maori in diesen dunklen Zeiten unternahmen, von einer Rücksichtslosigkeit und Gleichgültigkeit dem Leben gegenüber zeugte? Seine Worte hallten wie ein Glockenschlag nach: *Distrikt um Distrikt leert sich und die Bevölkerung ist schon jetzt nur noch ein kümmerlicher Rest dessen, was es in der Erinnerung einiger europäischer Bewohner einst gewesen ist.*

Zu Beginn des 19. Jahrhunderts gab es etwa 150 000 Maori in Neuseeland. 50 Jahre später, als die erste Zählung durchgeführt wurde, waren nur noch 50 000 übrig. In der Bay of Islands, einer ursprünglich dicht bevölkerten Region, war der Einbruch besonders dramatisch. Für Darwin war es 1835 eindeutig, dass Flora und Fauna von Neuseeland von den fremden Eindringlingen überlagert wurden. Er schrieb: »Es heißt, dass die gemeine Ratte die neuseeländische Art im Zeitraum von zwei Jahren in diesem nördlichen Teil der Insel ausgerottet hat. An vielen Stellen bemerkte ich Arten von Unkraut, die ich, wie die Ratten, als bei uns beheimatet anerkennen musste.« Mitte des Jahrhunderts kam dann folgendes Sprichwort auf: »Wie die Ratte des weißen Mannes die einheimische Ratte vertrieben hat, so siegt die europäische Fliege über unsere, der Klee tötet den Farn, und so werden auch die Maori verschwinden durch den weißen Mann selbst.« *Kei muri I te awe kapara he tangata ke, mana te ao, he ma.* »Hinter dem tätowierten Gesicht steht ein Fremder, ihm gehört die Erde, und er ist weiß.«

Als ich mit meiner Lektüre fertig war, waren alle verschwunden, sogar der Aufseher. Ich suchte meine Papiere zusammen und ließ die Microfiches auf dem Ausleihtisch zurück. Draußen schimmerte der angekündigte Eisregen in den Scheinwerfern wie Schnee, fiel aber herab wie Regen. Es war fünf Uhr und schon dunkel; der Verkehr auf dem Harvard Square kroch nur langsam voran. Ich schlug meinen Kragen hoch, senkte den Kopf und rannte durch die Dunkelheit zu meinem Auto. Ein Strafzettel war an die Windschutzscheibe gefroren, aber nach meiner Berechnung war das gut investiertes Geld: 15 Dollar für sechs schwarze Seiten und einen Ausblick in die Vergangenheit.

Als unser Sohn ein paar Monate später zur Welt kam, wollte ich für ihn einen guten Namen finden, einen starken Namen, der in unseren beiden Welten funktionieren würde. Ich wollte ihm gern einen Maori-Namen geben, aber mir war klar, dass er gut auszusprechen sein musste, einen Namen, den meine amerikanische Familie nicht auseinandernehmen oder in einen Witz verwandeln würde. Seit Monaten hatte ich Seven nach männlichen Maori-Namen gelöchert, aber er schaffte es nicht, mir einen einzigen Vorschlag zu machen.

»Na ja, in meinem Rugby-Team gab es einen Jungen, der hieß Haircut.«

»Ach was … Wie ist es mit deinen Onkeln und Cousins? Es muss doch einen geben, den du bewundert hast.«

Aber es gab niemanden, oder er hat es einfach nicht getan, also grübelte ich unsicher weiter, weil ich nicht davon überzeugt war, einen Namen aus einer mir unbekannten Sprache suchen zu können. Einige Stunden nach der Geburt hatten wir noch immer keine Idee.

»Wie wäre es mit Manu?«, schlug ich vor.

»Nein.«

»Und Kipa?«

»Nein.«

»Wie findest du Tame?«

»Tame mochte ich nie. Er war ein Lügner und ein Dieb … Wie ist es mit Maui?«

»Hör bloß auf.«

In diesem Moment kam mein Bruder durch die Tür.

»Heute ist Lincolns Geburtstag«, sagte er. »Wie wäre es mit Abraham?« Also nannten wir ihn Aperahama, dem Maori-Namen für Abraham, ein jüdischer Name aus der Zeit der Evangelisten und aus der Missionarszeit in Neuseeland.

Es stellte sich heraus, dass es in der Familie bereits einige Aperahamas gab. Unser Sohn hatte einen Onkel Aperahama in Auckland und einen Cousin Aperahama in Perth. In der Generation seines Urgroßvaters gab es einen Aperahama, den Seven noch als alten Mann in Erinnerung hatte. Er hatte sich in Mangonui einige Berühmtheit mit einer Tischsäge erlangt, die er aus einem Dieselmotor, einem Gürtel und einer Klinge gebaut hatte. Das Ganze war eine recht gefährliche Konstruktion und jeder wartete ständig auf den Tag, an dem sie ihm eine Hand abtrennen würde. Er fuhr einen Ford Modell A ohne Bremsen und spielte Geige. Als er starb (beide Hände unversehrt), tauchte auf dem Begräbnis plötzlich ein außerehelicher Sohn auf.

»Woher wussten sie, dass es sein Sohn war?«, frage ich Seven.

»Sah genau aus wie er«, antwortete er.

Heutzutage gibt es viele Aperahamas, aber es gab eine Zeit, da wäre es noch keinem Maori-Vater eingefallen, seinen Sohn so zu nennen. Einer der allerersten Aperahamas der Maori wurde irgendwann in den 1830er-Jahren in die Familie meines Mannes geboren. Er war der jüngste Sohn von Tareha, dem berüchtigten

Häuptling der Ngati Rehia, dessen seltsames Schicksal es wollte, dass er auf dem Höhepunkt seiner Macht war, als die ersten weißen Männer nach Neuseeland kamen.

Tareha war ein Riese und unglaublich Furcht einflößend. Über zwei Meter groß hatte er so breite Schultern, dass es in den Kabinen der englischen Schiffe keinen einzigen Sessel gab, in dem er Platz fand. Er hatte eine Mähne von schwarzem, gelocktem Haar und einen buschigen schwarzen Bart. Sein Gesicht trug das *moko* eines Häuptlings, ein verschachteltes Muster blauschwarzer Linien, die auf die Oberfläche seiner Haut gemeißelt waren. Alle Pakehas in der Bay of Island hatten Angst vor ihm und gingen ihm aus dem Weg. Reverend John Butler hatte ihn zum »mächtigsten Wilden Neuseelands« erklärt und 1821 in seinem Tagebuch vermerkt, dass Tareha in der Vorwoche drei Sklaven aus Waimate getötet und gegessen hatte, weil sie seine Süßkartoffeln gestohlen hatten.

Tarehas *hapu*, die Ngati Rehia, war Teil der großen Ngapuhi Stammesvereinigung, deren Mitglieder das Landesinnere der Bay of Islands im 18. und frühen 19. Jahrhundert besetzten. Nur wenige Jahrzehnte vor Kapitän Cooks Ankunft hatten sie die nördliche Küstenregion erobert und die Rangihoua *pa* und die Dörfer Te Puna, Te Tii und Mangonui besetzt. Ein *pa*, ein Bollwerk der Ngati Rehia, war zu Zeiten Tarehas eine uneinnehmbare Festung, eine Ansammlung von Terrassen, Erdwerken und Palisaden, die mehreren Hundert Menschen Schutz bot und sie gegen feindliche Stämme abschirmte.

Zu Beginn des 19. Jahrhunderts stand Rangihoua unter der Herrschaft von Tarehas Neffen Rautara, einem umsichtigen und weitgereisten Mann, der mit den Walfängern der Pakeha gesegelt war und viel von deren Welt gesehen hatte. 1808 traf er Reverend Samuel Marsden, den evangelischen Kaplan von New South Wales, der die Maori für äußerst geeignet hielt, um zum christlichen Glauben bekehrt zu werden. »Ihr Geist ist wie ein reicher Boden, der noch nie bestellt worden ist und nur die richtigen Mittel zur Besserung bräuchte, um ihn tauglich zu machen, den zivilisierten Völkern ebenbürtig zu werden.« Am Weihnachtstag sechs Jahre später hielt Marsden am Fuß des Rangihoua *pa* den ersten christlichen Gottesdienst in Neuseeland ab. Mit erhobener Stimme sang er den hundertsten Psalm – »Jauchzet dem Herren, alle Welt!« – und predigte die frohe Botschaft des christlichen Evangeliums von einer Kanzel, die am Vortag aus einem Teil eines Maori-Kanus gezimmert worden war. Die versammelten Maori standen auf und setzten sich auf ein Zeichen ihres Häuptlings wieder hin, beschwerten sich aber, dass sie kein Wort verstehen konnten.

Ruatara befahl ihnen, sich deswegen keine Sorgen zu machen, denn er würde es ihnen nach und nach erklären. Innerhalb weniger Monate allerdings starb er an Tuberkulose.

Für mich war der Name Aperahama eine Kurzschrift für all das, was in diesen Jahren geschehen war. Wie die meisten Maori seiner Generation trat Tareha niemals zum Christentum über. Dass er die Missionare unterstützte, die er als Mittelsmänner und Lieferanten für europäische Güter ansah, geschah aus reinem Pragmatismus. Aber als jedes Jahr weitere Veränderungen mit sich brachte – immer mehr Schiffe, Gebäude und mehr Pakeha in der Bucht –, wurden die Pakeha in der Bay of Islands immer stärker und von den Maori unabhängiger, während die Möglichkeiten der Maori, die Pakeha zu manipulieren und auszunutzen, immer weiter schwanden. Tareha gehörte zu jenen, die mit jedem Fuß in einer anderen Welt standen und alle seine Taten vermitteln diese Gespaltenheit.

Als Busby 1840 eine Petition unter den Häuptlingen im Norden zirkulieren ließ, mit der sie ihren Hoheitsanspruch an die britische Krone abtreten sollten, weigerte sich Tareha zu unterschreiben und wehrte sich heftig dagegen, mit den Briten zusammenzuarbeiten. Er gehörte der Minderheit an und der Vertrag von Waitangi, der das britische Kolonialgesetz einführte, wurde ohne ihn unterzeichnet. Gleichzeitig trägt Urkunde um Urkunde zum Verkauf von Land in den 1830er- und 1840er-Jahren Tarehas Namen. Ich habe eine schwarze Kopie einer dieser Urkunden, mit der er für 250 Morgen Land im Mangonui-Bezirk einen großen Mantel, eine Axt, einen Eisenkeil, zehn Pfund Tabak, etwas Schrot, einen Meißel, einen Bohrer, zwei Kleider, einen Rasierer und einen Stahlbeutel bekommen hat.

Er war im späten mittleren Alter, als sein letzter Sohn geboren wurde. Er nannte ihn Aperahama. Es ist ein Name, der für die Verschiebung der politischen Macht steht, für das Ende einer Ära und den Beginn der nächsten. Auf eine Art steht es für den Verlust von *mana*, der Stärke der Maori, gleichzeitig ist es aber auch ein hoffnungsvoller Name, der Name eines Überlebenden, einer, der von großem Durchhaltevermögen gegenüber Widrigkeiten zeugt. Unter allen Pakeha-Namen drückt Abraham am besten das Bestreben eines Maori-Häuptlings in einer Welt vor der Ankunft der Pakeha aus – nach Land, Einfluss, Nachkommen und spirituellem Ansehen. Ich stellte mir vor, wie Tareha dasaß und den Worten des Missionars lauschte. *Und der Herr führte Abraham hinaus und sprach: Sieh doch zum Himmel hinauf und zähl die Sterne, wenn du sie zählen kannst. Und er sprach zu ihm: So zahlreich werden deine Nachkommen sein. Ich mache dich sehr fruchtbar und lasse Völker aus dir entstehen; Könige werden von dir abstammen. Dir und deinen Nachkommen gebe ich ganz Kanaan, das Land, in dem du als Fremder weilst, für immer zu eigen*

Später, als ihm ein Sohn geboren wurde, sah er sich vielleicht um und erkannte, dass ihm alles entschwand. All die Dinge, die ihnen vertraut waren, konnten nicht länger als selbstverständlich betrachtet werden, und an ihre Stelle traten neue Dinge; einige davon waren wunderbar, wie Bibermützen, Rasierer, Schießpulver, Kleider und Bohrer, andere waren schrecklich, wie der tiefe, trockene Husten, die Diarrhö und die Wunden und Ausschläge, die die alten Menschen nicht kannten. Und so nannte er ihn Aperahama, in der Hoffnung, dass seine Söhne so zahlreich wären wie die Sterne und so stark wie die Ochsen der Pakeha und dass sie zu den Anführern der Menschen würden und ihre Feinde in der Furcht vor dem Donner ihrer Kanonen leben würden.

Natürlich sagte all das in Boston niemandem etwas. Als meine Eltern an diesem Nachmittag zu Besuch kamen, um sich das Baby anzusehen, waren wir uns einig, dass es ein ungewöhnlich schönes Kind war. Er hatte helle Haut, dunkle Augen und einen weisen, elfenhaften Gesichtsausdruck, breite Wangenknochen und ein spitzes Kinn. Sie streichelten und sprachen mit ihm, hielten seine Hände und fragten uns, welchen Namen wir gewählt hatten.

»Abraham«, antwortete ich.

Mein Vater sah mich fragend an.

»Ist das nicht ein jüdischer Name?«

11. Nana Miri

Ich hatte nie viel mit Babys zu tun gehabt und war überrascht, dass ich es gar nicht schwierig fand, mich um eines zu kümmern. Meine Mutter meinte, ich erinnerte sie an eine Frankokanadierin in einem Film von Margaret Mead über interkulturelle Kindererziehung, die ihre Kinder selbstsicher und ohne viel Aufhebens hochhob und sie sich um die Schultern schlang. Lange hatte ich die Art bewundert, wie Kinder in Neuseeland erzogen werden; die Maori, die ich kannte, waren ihren Kindern gegenüber warmherzig und liebevoll, aber sie rannten nicht die ganze Zeit nervös um sie herum. Auch Maori-Männer kannten sich mit Kindern besser aus als die meisten Männer, die ich von zu Hause kannte, und es überraschte mich nicht, dass Seven ein ruhiger und unbefangener Vater war. Er ist von Kindern umgeben aufgewachsen – Geschwister, Neffen, Nichten, Cousins – und obwohl er dem Windelnwechseln geflissentlich aus dem Weg ging (das war immer die Aufgabe seiner Schwester gewesen, wie er sagte), ging er entspannt und leichthändig mit dem Baby um.

Was mich dagegen überraschte, war Sevens Enthusiasmus für Neuengland und vor allem seine Begeisterung für den Schnee. Dabei ging es ihm gar nicht darum, wie er sich anfühlte oder aussah oder was für Sportmöglichkeiten er bot – obwohl er später anfing, Schlittschuh zu laufen, war er nie ein begeisterter Wintersportler. Nein, was er mochte, war darin *Auto zu fahren*.

Wir lebten in einer kleinen Wohnung in Cambridge und immer, wenn es in der Nacht geschneit hatte, stand er ganz früh auf und fuhr in der Dunkelheit durch die Straßen, noch bevor die Schneepflüge kamen. Alle hielten ihn für verrückt, bis sie bemerkten, wie gut er mit einem Auto umgehen konnte. In diesem ersten Winter ist er bestimmt einem Dutzend Menschen zu Hilfe gekommen, darunter auch Mitgliedern aus meiner Familie, deren Auto von der Straße abgekommen war.

»Ich versteh es einfach nicht«, sagte ich irgendwann zu ihm. »*Wir* sind hier aufgewachsen, und *du* hast noch nie zuvor Schnee gesehen. Woher kannst du darin so gut Auto fahren?«

»Es ist wie auf Sand zu fahren.«

»Halb-Mensch, Halb-Auto«, erzählte ich von da an den Leuten.

Das Einzige was Seven wirklich vermisste, war das Meer, oder gar nicht so sehr das Meer an sich, als viel mehr das *kai moana*, die Meeresfrüchte. Innerhalb weniger Monate kannte er jeden Fischmarkt im Umkreis von 20 Meilen. Er kaufte nur an bestimmten Orten und nur zu bestimmten Zeiten. Schnell kannten ihn die Menschen hinter den Theken. »Hey Seven!«, begrüßten sie ihn, wenn er hereinschaute. »Wie geht's dir Kumpel?« Sie legten ihm Hummer beiseite und Striper-Köpfe und reservierten die frischesten Muscheln für ihn. Die Art, wie Meeresfrüchte in Neuengland zubereitet wurden – frittiert oder mit Butter sautiert oder in Tomaten mit Knoblauch und Petersilie gekocht –, interessierten ihn nie. Er wollte seine Meerestiere frisch und ohne Soße, oft aß er sie auch einfach roh.

Boston war für Seven ein Abenteuer und ich war froh, in der Nähe meiner Familie zu sein, die uns mit allem Möglichen unterstützte, vom Besteck bis zu den Autositzen. In den Jahren, die folgen sollten, würde ich mich daran erinnern, wie viel einfacher es ist, Kinder großzuziehen, wenn Tanten und Onkel, Cousins und Großeltern in der Nähe sind. Aber noch konnte ich nicht vom Pazifik lassen und ich sehnte mich noch immer nach der anderen Seite der Welt.

Eines Nachts, mitten im Winter, klingelte das Telefon. Wir lagen alle schlafend im Bett und ich wurde gerade noch rechtzeitig wach, um den Anrufbeantworter zu hören. Ich weiß, ich hätte aufstehen sollen, um das Gespräch anzunehmen – um diese Uhrzeit konnte es sich nur um schlechte Nachrichten handeln. Aber ich war müde und gestattete mir selbst, wieder in den Schlaf hinüberzudriften. Schließlich zog Seven seine Beine unter der Decke hervor. Es war drei Uhr nachts und eiskalt. Als er ins Bett zurückkehrte, war ich hellwach.

»Wer war es?«

»Jemand ist gestorben.«

»Wer?«

»Nana Miri.«

Die Stimme meiner Schwägerin war auf dem Band. Sie sprach seltsamerweise zu mir und nicht zu Seven. Offenbar hatte sie nicht gemerkt, dass es in Boston mitten in der Nacht war – bei ihr in Neuseeland war es Mittagszeit – und sie dachte, wir seien alle unterwegs.

»Ich wollte nur anrufen und dir sagen, dass Nana Miri letzte Nacht verstorben ist. Ich weiß, dass du sie besonders gern mochtest, und ich dachte, du wolltest es wissen. Ich hoffe, euch geht es allen gut. Bye.«

Zurückzurufen hatte wenig Sinn. Es war zu kalt, um aufzustehen, und sie war ohnehin nicht diejenige, mit der ich sprechen wollte. Sie kannte die Ereignisse sicher nur aus dritter oder vierter Hand. Ich wollte mit Sevens Mutter sprechen und ich wusste, dass wir sie erst nach dem Wochenende erreichen konnten. Es gab so viele Todesfälle (oder waren es so viele Verwandte?), dass meine Schwiegermutter fast jedes Wochenende ein Begräbnis besuchte. Den ganzen Samstag und Sonntag würde sie im *marae* verbringen, reden, singen, bei dem Leichnam sitzen, die Aufgaben der Totenwache verrichten.

Für meine Schwiegermutter, die über 40 Jahre lang ihre Nachbarin gewesen war, war sie das Alte Mädchen. Mein Mann und seine Geschwister nannten sie Nana, obwohl sie im eigentlichen Sinn nicht mit ihr verwandt waren. Andere aus meiner angeheirateten Verwandtschaft nannten sie Tantchen. Jahrelang hatte ich sie einfach Miri genannt und dabei nicht bemerkt, wie seltsam, schon fast unhöflich das geklungen haben muss. Sie hat mir vergeben, weil ich es nicht besser wusste und hat nie ein Wort darüber verloren. Mich nannte sie Tiraireka, der neuseeländische Name für den Graufächerschwanz, ein schneller, neugieriger kleiner Vogel, der immer umherschwirrt.

Als ich sie kennenlernte, war sie seit fast 30 Jahren Witwe. Schon damals waren ihre Kinder erwachsen und weggezogen; eine ihrer Enkelinnen lebte mit ihr. Wie alle Frauen ihrer Generation hatte sie sehr viele Kinder: zehn, von denen fünf noch am Leben waren. Von den fünf, die gestorben waren, erzählte sie mir von zweien. Ein Baby war an der Ruhr gestorben, während sie mit dem nächsten Kind im Krankenhaus eine Fehlgeburt hatte. Niemand hatte es ihr erzählt, bis sie schwach und mit leeren Händen nach Hause kam. Das andere war ihr jüngstes, ein Junge. Ein Foto von ihm hing in ihrem Haus an der Wand, ein schmaler Teenager mit struppigem Haar und einem scheuen Lächeln; das Foto wurde kurz vor dem Unfall aufgenommen, bei dem er mit 17 Jahren ums Leben gekommen war.

Nana Miri und meine Schwiegermutter kannten sich fast ihr ganzes Leben lang. Ihre Häuser standen nebeneinander auf der Ebene, die auf das Meer blickte, identische Holzhäuser mit abblätternder Farbe und einem Stück Wellblech als Dach. Beide hatten ein Wohnzimmer mit einer Küche, zwei kleine Schlafzimmer auf der einen Seite und ein nachträglich hinzugefügtes Badezimmer im hinteren Teil. Es gab Elektrizität, Propangas zum Kochen und fließendes, aber kaltes Wasser in beiden Häusern – hier hörten die Gemeinsamkeiten aber auch schon auf.

Im Haus von Nana Miri hingen Bilder an den Wänden und im Schrank stand Porzellan. Der Boden war gefegt und das Geschirr verräumt. Hinter den Vorhängen, die die Schlafzimmer vom Hauptraum trennten, waren die Betten gemacht und die Kleider zusammengelegt. Im Wohnzimmer stand ein Sofa an der einen Wand und ein Holzofen, eine Anrichte und ein Spülbecken auf der gegenüberliegenden Seite. In der Mitte war ein Tisch, wo sie mir Tee mit Milch und Zucker anbot und dazu ein Teller Plätzchen. Wir zogen an der Tür unsere Schuhe aus. Für mich fühlte es sich genauso an, wie sich das Haus meiner eigenen Großmutter angefühlt hätte – obwohl ich keine meiner Großmütter gekannt habe, weil beide vor meiner Geburt gestorben waren.

Nebenan sah das Haus meiner Schwiegermutter aus, als wäre ein Tornado darüber hereingebrochen. Als große Frau mit starker Stimme lebte sie umgeben von den Trümmern ihrer eigenen Energie. Der Großteil ihrer Kinder, darunter auch Seven, erbte von ihr diese völlige Gleichgültigkeit gegenüber Ordnung. Es gab keine einzige freie Fläche im ganzen Haus; überall lag ein Haufen von irgendetwas. Unter dem Sofa stapelten sich die Zeitungen, hinter dem Sessel türmten sich Handtücher. Es gab Stapel von Kleidung, Schuhstapel, Stapel mit Papieren. Manche Stapel waren gemischt: Angelzeug und Sandalen, Haarbürsten und Hammer, Küchenmesser und Zeitschriften. Ein Teil des Problems war, dass es zu viele Menschen im Haushalt gab und zu wenige Schubladen – auch meine Schwiegermutter hatte zehn Kinder geboren, von denen alle überlebten, und die meisten hatten wieder eigene Kinder. Das eigentliche Problem aber war, dass niemand etwas wegwerfen konnte. Ihre Töchter räumten regelmäßig auf, hauptsächlich indem sie noch mehr Dinge unter die Möbel schoben und alles an die Ränder des Raumes verbannten. Ein oder zweimal habe ich versucht, ihnen zu helfen, aber es war, als wollte man die Entropie selbst beseitigen.

Immer wenn ich in Mangonui war, schlüpfte ich hinüber zu Nana Miri und saß mit ihr an ihrem Tisch, trank Tee und aß Kekse.

»Ich weiß nicht, wie sie es da drüben aushalten«, sagte sie

dann mit leichtem Kopfschütteln. »Immer schreien sie herum.«

»Ich weiß. Manchmal denke ich, dass sie alle verrückt sind.«

Nana Miri und ich waren aus dem gleichen Holz geschnitzt.

Genau genommen hatte Nana Miri kein Recht auf das Land, auf dem sie lebte. Sie war in Te Hapua geboren, etwa 150 Kilometer nördlich und war mit drei Jahren Waise geworden, als ihre Eltern bei der Pandemie 1918 starben. Auf Te Hapua verbreitete sich die Grippe wie Feuer auf trockenem Gras, so auch in den anderen isolierten Maori-Gemeinden. Die Menschen husteten, froren dann und fieberten schließlich und beschwerten sich, dass ihre Köpfe zwischen zwei Steinen zermalmt wurden. Sie bekamen plötzlich Nasenbluten, und wenn sie husteten, stießen sie blutigen, schaumigen Schleim aus. Sie erlitten Schwächeanfälle und mussten sich auf der Stelle, ganz gleich wo sie waren, mit ausgedörrten Kehlen und schmerzenden Knochen hinlegen; im einen Moment zitterten sie, im anderen warfen sie alle Decken von sich. Diejenigen, die blau wurden, starben zuerst; ein dünner, blutiger Ausfluss rann ihnen aus Nase und Mund. Andere hielten aus und kämpften gegen die Lungenentzündung, die direkt auf die *mate uruta*, die tödliche Erkältung, folgte.

Die Grippe tötete junge wie alte Menschen, aber viele ihrer Opfer waren Männer und Frauen in der Blüte ihres Lebens. In Te Hapua ließ sie genau wie an anderen Orten zahlreiche Waisen zurück, und Nana Miri wurde zu Verwandten auf der anderen Seite des Parengarenga Hafens geschickt. Parengarenga bedeutet, »der Ort an dem die *renga*-Lilie wächst«, *rengarenga* heißt aber auch zerschlagen, zerstört, zertrümmert und verstreut, genau wie sich die Menschen von Te Hapua Ende 1918 gefühlt haben müssen.

Mit 17 heiratete sie und zog mit ihrem Mann nach Waipapakaure, wo sie nach Kauri-Harz gruben. Bei dieser harten Arbeit, die den Rücken schmerzen ließ, standen sie stundenlang bis zu den Knien im Sumpf. Aber Nana Miri war davon überzeugt, dass sie ein langes Leben vor sich hatte, weil die Grippe sie nicht erwischte, als sie alle anderen geholt hatte. Ihr Mann hatte weniger Glück. Jedes Jahr wurde er magerer, und als er mit 43 an Tuberkulose starb, ließ er seine Frau und zehn Kinder in einer Gemeinde zurück, an die sie weder durch Heirat noch Geburt gebunden waren.

In Mangonui findet man auch heute noch kaum jemanden, der nicht zu den *iwi* gehört, dem Stamm, der, wie sie sagen, »nicht von ihren Knochen« ist. Das Land, auf dem Nana Miri lebte, gehörte Sevens Vater, der es ihr überließ, als sie Witwe wurde, und ihr erlaubte, so lange darauf zu bleiben, wie sie wollte. Es gehörte zu einer Parzelle von etwa 400 Morgen – alles was übrig war von den Tausenden, auf die der *hapu* von Ngati Rehia früher Anspruch gehabt hatte. Davon waren die eindrucksvollsten 50 Morgen – entlang der Halbinsel zum offenen Meer hin – für 99 Jahre an Pakeha verpachtet. Weitere 200 Morgen wurden von der Mangonui Corporation bewirtschaftet; etwa 100 Morgen mit Bäumen, Manuka und Ginster blieben unerschlossen; und auf den letzten 50, auf der Innenseite der Halbinsel, lag das Dorf Mangonui.

Die undurchsichtigen Gesetze in Mangonui, die den Hausbau und andere Besitzrechte regelten, und die unterschiedlichen Arten, wie sich verschiedene Menschen an die Geschichte erinnern, ließen Fehden aufkommen, die zu generationen langen Konflikten darüber führten, wem was gehörte. Mein Schwiegervater hatte als ortsansässiger Kirchenmann und wegen seiner unanfechtbaren Abstammung bestimmte Privilegien. Er selbst war das einzig überlebende von fünf Kindern und Sohn des Sohnes des Sohnes bis zurück zu Tareha. Also legte sich niemand mit ihm an, als er Nana Miri das Haus gab und ihr sagte, sie könne für den Rest ihres Lebens bleiben.

Miri und ihr Mann waren vor dem zweiten Weltkrieg nach

Mangonui gekommen und einem Apostel des Propheten Ratana gefolgt; dieser Apostel war ein Maori-Bauer, der in dem schrecklichen Jahr 1918 vom Heiligen Geist besucht worden war und die Anweisung erhalten hatte, das Volk der Maori zu vereinen. Wiremu »Bill« Ratana war im Jahr der Pandemie 45 Jahre alt, ein launischer Mann mit einer Vorliebe für Fußball, schnelle Pferde und Alkohol. Auch er erkrankte an der Grippe, als sie in Wanganui Einzug hielt; als er sich erholte, musste er herausfinden, dass von den 24 Angehörigen seiner Generation nur drei überlebt hatten. Eine Woche später saß er auf seiner Veranda, als sich eine Wolke von der Oberfläche des Meeres erhob und sich auf ihn zubewegte. Aus der Wolke sprach eine Stimme und sagte: »Fürchte dich nicht, ich bin der Heilige Geist. Wasche dich selbst und deine Familie von der Sünde rein, so weiß wie Schnee, so frei von Sünde wie eine Holztaube. Ratana, ich ernenne dich zum Sprachrohr Gottes für dieses Land.« Später erschien ein Engel und wiederholte die Botschaft und sagte Ratana, dass er die Menschen von der Furcht vor Hähnen und Eulen, dem Glauben an Geister und Wesen, die sich in Stöcken und Überresten der Toten versteckten, abbringen sollte. Er sollte das Evangelium lehren, die Kranken heilen und die Menschen zu Jehova führen.

Aus der Asche entsteigt der Vogel der Hoffnung. Im vorangehenden Jahrhundert hatte es andere Propheten wie ihn gegeben, darunter Te Kooti Rikirangi und Te Whiti o Rongomai, die die Menschen in Zeiten der Prüfung um sich versammelten. Und nun, am Ende des großen Krieges und im Schatten der Pandemie, war die Luft voller »Gedankenstürme und halbheidnischem Aberglauben«. Seine Apostel schwärmten von Ratanas Heim aus, mit der Anweisung, die *morehu*, die Übriggebliebenen, zu versammeln, und sie an die Orte zu führen, an denen die Maori mächtig gewesen waren. Miri und ihr Mann gehörten zu den Tausenden, die sich dieser Bewegung anschlossen. Sie wussten, dass die Vergangenheit eine Zeit des

Todes war und blickten zu Ratana in der Hoffnung auf einen Neubeginn, auf Einheit, Unabhängigkeit und Selbstachtung. Und so kamen sie nach Mangonui, ein alter Ort, ein Ort von Stärke und *mana* aus der alten Zeit, ein Ort, an dem sie neu beginnen konnten.

»Es war wunderschön damals«, erzählte mir Nana Miri und blickte über ihre Tasse Tee aus dem Fenster. »Mangonui war nur ein Lager. Auf dieser Seite ein Wattenmeer auf der anderen ein Sumpfgebiet. Die Alten kamen aus Waimate zurück, seit Jahren hatte hier niemand gelebt und wir bauten unsere Häuser dort, wo jetzt die Austernfarm ist.«

Und dann, als würde sie denken, dass sie einen falschen Eindruck erweckt hatte, sah sie mich ernst an. »Es war aber auch sehr hart, weißt du, nicht wie heutzutage. Wir hatten keine solchen Häuser. Wir hatten kein fließend Wasser. Das Licht konnte man nicht einfach mit einem Schalter anknipsen. Unsere Häuser waren aus *raupo*, das Wasser holten wir von einer Quelle. Aber wir hatten alles, was wir brauchten. *Kai moana, kumara* ... Siehst du diese alten Bäume?« Sie zeigte durch das Fenster auf eine Reihe uralter Pfirsichbäume und einen krummen Zitronenbaum am Rande des Buschs. »Die haben wir angepflanzt. Überall haben wir Obstbäume angepflanzt – Pflaumen, Pfirsiche, Zitronen. Die Mutter deines Schwiegervaters bereitete die besten Pfirsiche in ganz Mangonui zu. Wunderschöne goldene Pfirsiche in großen Gläsern. Frag deinen Mann, er wird sich daran erinnern.«

Manchmal machte ich mich nach einem Besuch bei Nana Miri zu einem Strandspaziergang auf, am *marae* vorbei und wieder zurück auf die Hauptstraße. Rechts führte eine Abzweigung zum Friedhof, ein kleines, überwuchertes Grundstück mit einem losen Drahtzaun und einem quietschenden Metalltor an schiefen Scharnieren. Ich sah mir gerne die alten Steine an, vor allem diejenigen mit den Ratana-Symbolen: ein Stern mit fünf Spitzen, der über der Schale eines Halbmondes schwebt, das

Bild des Propheten mit zwei Walen, die Zwillingstürme der Ratana-Kirche, die fast ein bisschen lutheranisch aussahen.

Ich war mir nie sicher, ob ich dort sein durfte, also versuchte ich, mich so unauffällig wie möglich zu verhalten. Die Familie, die neben dem Friedhof lebte, hatte einen Rottweiler, der streng über den Eingang wachte. Zum Glück war er an einem Pfosten des Hauses angekettet, aber immer wenn ich mir die Gräber ansehen wollte, sprang er aus dem Schatten, bellte wie verrückt und fletschte die Zähne. Nie erschien jemand aus dem Haus, obwohl ich oft das Gefühl hatte, dass sich die Vorhänge bewegt hatten.

Ich stellte mir vor, wie sie drinnen saßen: »Ach, es ist nur die Frau von Seven, du weißt schon, die Pakeha, die schon wieder auf den Friedhof geht.«

Nana Miris Tod machte mich trauriger als jeder andere Todesfall außerhalb meiner Familie. Obwohl ich nicht sagen würde, dass ich sie sehr gut gekannt habe, hatte ich immer das Gefühl, dass es zwischen uns eine Verbindung gegeben hat. Ich war eine Außenseiterin, und auch sie war eine Art Außenseiterin. Sie hatte an mir ein Interesse gezeigt, wie es außer Sevens Familie niemand in Mangonui getan hat, und mit der Zeit empfand ich sie als eine Art Ersatzgroßmutter, weshalb ich ihr gegenüber wahrscheinlich mit dem Geheimnis unserer Hochzeit herausgeplatzt bin.

Als ich sie zum letzten Mal in Mangonui gesehen habe, stand der Winter vor der Tür und ich war mit ihr losgezogen, um ihr Kleidung zu kaufen. Sie hatte wenig Geld zur Verfügung und kaufte nur selten etwas für sich selbst und ich wollte ihr etwas schenken, das gleichzeitig elegant und warm war. Wir gingen in einen Laden für Damenbekleidung in Kerikeri und fanden eine grobe schwarze Hose und einen schwarz und grau gemusterten Pullover.

»Darin solltest du dich doch behaglich fühlen.«

»Ach Chris«, sagte sie und umarmte mich.

Sie war schon alt, als ich sie kennenlernte, obwohl sie mit ihren 78 Jahren noch immer die Uferböschung rauf- und runterkletterte. Ich wusste natürlich, dass sie nicht ewig leben würde, aber ich hatte nicht erwartet, dass sie so bald sterben würde – und nicht während ich so weit weg war.

12. Hawaiki

Während dieses Jahres in Boston nahm ich eine Brieffreund-
schaft mit einem alten Freund meiner Eltern auf. Sie waren alle
zusammen in den 30er-Jahren im Süden Kaliforniens aufgewachsen. Ich habe ein Foto von den dreien als Teenager, auf
dem sie Schulter an Schulter am Strand stehen. All die Jahre
sind sie in Kontakt geblieben, obwohl sie das Leben an verschiedene Seiten des Landes geschwemmt hatte, aber eigentlich war ich es, die mit Henry am meisten gemeinsam hatte.
Obwohl wir uns nur sehr selten sahen, schrieben wir uns regelmäßig.

Henry stammte aus einer reichen Familie und hatte niemals
arbeiten müssen. *Einen* Job jedoch hatte er gehabt: nach dem
Zweiten Weltkrieg diente er für kurze Zeit als Gouverneur von
Amerikanisch-Samoa. Dort sollte er das Mädchen treffen, das
er heiraten würde, die Tochter eines amerikanischen Verwal-
ters, die unbedingt wieder in die Staaten zurückwollte. Sie waren erst ein Jahr verheiratet, als sie zurück nach Kalifornien
gingen. Ich glaube, Henry wäre vielleicht geblieben, aber seine
Frau langweilte sich wohl in der eingeschränkten Gesellschaft
der Inseln und war nicht bereit, an einem so abgelegenen Ort
eine Familie zu gründen. Schließlich war es auch nicht ihre
Entscheidung gewesen, dorthin zu ziehen. Also gingen sie zurück nach Los Angeles, wo sie sich in einem großen, schönen
Haus mit Pool und einer Voliere, dem Hochzeitsgeschenk von
Henrys Vater, niederließen.

Aber das ist noch nicht das Ende der Geschichte, zumindest
nicht für Henry. In den folgenden 50 Jahren sammelte er Bücher und Magazine zu den Orten und Völkern im Pazifik, bis
er eine der besten privaten Bibliotheken zu diesem Thema zu-

sammen hatte. Nach Samoa ist er niemals zurückgekehrt, stattdessen kaufte er aber ein großes Stück Land in einem abgelegenen Winkel einer hawaiianischen Insel. Dort baute er ein Haus nach dem Vorbild eines samoanischen *fale* mit einem hohen, spitzen Dach, einem breiten, kühlen Balkon zum Meer hinaus, was dem ganzen eine luftige Atmosphäre gab. Das Haus füllte er mit Büchern, Artefakten und Möbeln aus kostbarem hawaiianischem Holz. Die Bodenfliesen waren blau wie das Meer, die Wände weiß, die Dachbalken dunkel, und hinter dem Haus gab es Gärten und Gartenhäuser voller Palmen und Orchideen und alle Arten von Bromelien, die man sich nur vorstellen kann.

Ich kannte Henry mein ganzes Leben lang, und Seven und ich besuchten ihn immer auf Hawaii oder in Kalifornien auf unseren Hin- und Rückreisen. Aber erst in diesem Jahr in Boston begannen wir einander zu schreiben. Ich vermisste den Pazifik und er – zu dieser Zeit war seine Frau bereits verstorben und seine Kinder erwachsen – schien den Austausch zu genießen. Als wir auf Themen von gegenseitigem Interesse stießen, tauschten wir unsere Notizen dazu aus. Ich schickte ihm das Verzeichnis der Veröffentlichungen des National Research Institute in Boroka, Papua-Neuguinea; er schickte mir Artikel zu Ethnobotanik oder politische Hintergrundinformationen aus der *Pacific Islands Monthly* und Klatsch aus den *Maui News*. Wir beide hatten das *Journal of the Polynesian Society* abonniert, obwohl er der gründlichere Leser war.

»Liebe C.«, schrieb er. »Nur für den Fall, dass Dein Abo der JPS nicht den Weg zu Dir gefunden hat, schicke ich Dir diesen Artikel.« Beigelegt war die Kopie von »Die frühe Humanbiologie des Pazifiks: Einige Betrachtungen« von Philip Houghton von der Universität von Otago, in dem der Autor für die natürliche Selektion plädiert (durch Reisen zu den klassischen Polynesiern). »In den historischen Aufzeichnungen wird monoton das Bild von groß gewachsenen, stark muskulösen Menschen wiederholt, die in einem Großteil des Pazifiks verbreitet sind«, schreibt Houghton. Henry hatte eine kleine Bemerkung hinter diesem Absatz an den Rand geschrieben. Das war eine Art Running Gag zwischen uns beiden, weil Seven so ein gutes Beispiel für diesen Typ abgab.

Die Aussage des Artikels war interessant. In ganz Polynesien, in Samoa, Tonga, Tahiti, Neuseeland, Hawaii, den Cook-Inseln, auf den Tuamotu-Inseln, den Marquesas-Inseln liefern die vorgeschichtlichen Aufzeichnungen starke Beweise für eine markante polynesische Körperform: sehr muskulös mit langem Torso, verhältnismäßig kurzen Beinen und einem runden oder Brachycephalus-Kopf – alles Hinweise auf die Anpassung an ein kaltes Klima. Je größer, stärker und kompakter ein Körper ist, umso besser speichert er die Wärme. Houghton fragt aber natürlich, ob das einen Sinn ergab. Man könnte eine solche Körperform in der Arktis, in den Steppen von Zentralasien erwarten, oder in Nord-Dakota, wo die Menschen kalten Temperaturen oder starken Winden ausgesetzt sind. Aber die große Mehrheit der Polynesier lebt in den Tropen. Ihre Inseln sind warm, in manchen Jahreszeiten sogar schwül, was viele europäische Besucher denken ließ, dass Trägheit und Üppigkeit zum Lebensstil der Polynesier gehörten.

Aber wenn wir etwas kreativer denken, wie es Houghton vorschlägt, erkennen wir, dass die Polynesier weniger ein Insel- als ein ozeanisches Volk sind, und dass die prägende Umgebung für sie nicht die Inseln sind, auf denen sie leben, sondern das Wasser, durch das sie reisen mussten. Ganz egal wie warm es im tropischen Pazifik an Land ist, wenn man nass und dem Wind auf dem offenen Meer ausgesetzt ist, ist es kalt. Und genau das sind die Wetterbedingungen, die jeder frühe Reisende, der Polynesien besuchte, auf sich nehmen musste. »Egal wie hoch die durchschnittliche Luft- und Wassertemperatur ist, die Umgebung des Fernen Ozeaniens ist die kälteste, an die sich der *Homo sapiens* angepasst hat«, schreibt Houghton.

Lieber Henry,

vielen Dank für den Artikel zur polynesischen Morphologie. Wer hätte schon gedacht, dass hier alles nur dazu bestimmt war, die besten Rugbyspieler zu erschaffen! Erinnerst Du Dich an Jonah Lomu, den zwei Meter großen, 120 Kilo schweren Tongaer, der 100 Meter in 10,8 Sekunden lief? Ich weiß noch, wie er beim Weltcup 1995 durch die Südafrikaner gebrochen ist. Er war absolut nicht zu stoppen. Gute Gene, hm?

Aber im Ernst, ich frage mich, ob Houghtons Ansatz akzeptiert worden ist. Es klingt logisch, aber wie schnell kann diese Art von Adaption geschehen?

Ich hoffe, die Orchideen blühen,

wie immer die Deine,

C.

Das polynesische Dreieck zieht sich von Hawaii im Norden nach Neuseeland im Süden und von Tuvalu im Westen bis Rapa Nui (auch bekannt als Osterinsel) im Osten – insgesamt umfasst das Gebiet zehn Millionen Quadratmeter. Manche dieser Inseln sind so weit voneinander entfernt – die Osterinsel ist fast 1500 Kilometer vom nächstgelegenen Stück Land entfernt, Hawaii liegt 1200 Kilometer von seinem nächsten südlichen Nachbarn entfernt –, dass die europäischen Gelehrten sich lange weigerten zu glauben, dass sie absichtlich besiedelt worden waren. Die ganzen 1960er-Jahre hindurch beharrten einige Historiker darauf, dass die Völker, von denen die Tahitianer, Marquesaner und die Menschen auf den Cook-Inseln abstammen – ganz zu schweigen von den weit abgelegenen Hawaiianern, Maori und den Bewohnern der Osterinsel – versehentlich an diese Inseln getrieben worden sind, indem sie z. B. bei einem Sturm auf das Meer geblasen wurden und vom Weg abkamen. Die Distanzen zu weit, die Technologie zu primitiv, das Wetter zu unvorhersehbar, argumentierten sie. Wie konnten jungsteinzeitliche Völker so etwas zuwege bringen?

Aber der Gedanke einer zufälligen Besiedlung ist sicher noch absurder. Fast jede bewohnbare Insel im östlichen Pazifik (und davon gibt es einige Hunderte), weist Anzeichen dafür auf, dass sie zu irgendeinem Zeitpunkt von Polynesiern besiedelt war. War es möglich, dass sie alle an diese Inseln getrieben worden waren? Und hatten diese unbeabsichtigt Reisenden zufällig alle domestizierten Pflanzen und Tiere dabei – die Hunde, Ratten, Schweine, Hühner, *taro, kumara*, Maulbeeren –, die mit auf diese Inseln gezogen sind? Hatten sie Frauen und Kinder? Priester und Götter? Sind sie zum Angeln losgezogen mit allen Zutaten, die man braucht, um eine Zivilisation aufzubauen?

Heutzutage geht man im Allgemein davon aus, dass die Urahnen der heutigen Polynesier vor etwa 3000 Jahren vom westlichen Winkel Ozeaniens aus von Insel zu Insel immer weiter nach Osten gezogen sind und so schließlich Tonga, Samoa und Fiji erreichten. Die Gründe dafür werden wohl für immer im Dunkeln bleiben, hängen aber wahrscheinlich mit Stammeskriegen, Überbevölkerung, womöglich einer Klimaveränderung oder einem Mangel an Ressourcen zusammen, vielleicht aber auch mit Neugier und dem »Wandering Spirit«. Dann, etwa im ersten Jahrtausend (zwischen 100 bis 800 n. Chr.), unternahm ein Volk, das durch Übereinstimmungen in Sprache, Mythen und Technik eindeutig als Polynesier erkennbar ist, eine Reihe von gewagten Erkundungsreisen ostwärts nach Zentralpolynesien – nach Tahiti, den Cook-Inseln und den Marquesas-Inseln. Darauf folgten die wirklich einschneidenden Streifzüge, die sie nach Rapa Nui, Hawaii und Neuseeland führten, bis sie es geschafft hatten, sich »auf einem Viertel des Erdumfangs« zu verbreiten, wie Cook erstaunt feststellte.

Von Europäern gibt es wunderbare Berichte über Pazifiküberquerungen mit Schiffen des 18. und 19. Jahrhunderts. Ihre

Gefühle schwanken zwischen Verwunderung und Angst, dem Staunen über ihre eigene Bedeutungslosigkeit und der Demut im Angesicht des Erhabenen. Für reisende Europäer war der Pazifik eine riesige, unergründliche Leere, ein endloser Horizont, ein Himmel voller Licht – in jeder Hinsicht das genaue Gegenteil der Heimat, die sie kannten, einer heimeligen, behaglichen, weltlichen Ansammlung von Städten und Höfen voller menschlicher Betriebsamkeit. Der Pazifik dagegen erschien wie ein Traum, ein kaum fassbarer Raum, eine Welt der Schatten und Wolken. »Wir dürfen nun sagen, dass wir den Pazifik fast ganz überquert haben«, schrieb Darwin, auf der langen Fahrt von Tahiti nach Neuseeland.

Es ist nötig, über diesen großen Ozean zu segeln, um seine gewaltige Weite zu begreifen. Wochen am Stück fahren wir schnell voran und begegnen doch nichts als demselben blauen, abgrundtiefen Ozean. Selbst von den Archipelen sind die Inseln nur Körnchen und weit voneinander entfernt. Gewöhnt daran, Karten mit kleinem Maßstab zu betrachten, urteilen wir nicht richtig, wie unendlich klein der Anteil trockenen Landes im Vergleich zum Wasser in dieser großen Weite ist. Der Meridian der Antipoden ist ebenfalls passiert; und nun war jede Wegstunde, wie wir voller Freude dachten, eine Wegstunde näher Richtung England. Die Antipoden rufen alte Erinnerungen an kindliches Zweifeln und Staunen wach. Erst neulich freute ich mich auf diese luftige Barriere als festen Punkt auf unserer Heimfahrt, nun aber meine ich, dass sie, wie alle solche Rastorte, für die Fantasie nichts als Schatten sind, welche der Mensch, der vorandrängt, nicht einfangen kann.

Die reisenden Polynesier hatten aber wahrscheinlich ganz andere Erfahrungen gemacht. Bei den ältesten Wörtern jeder polynesischen Sprache, all dem, was jede weiterziehende Gruppe von dem Land ihrer Vorfahren mitbrachte – das elementare Vokabular also –, handelt es sich um Worte für Meerestiere, Fischfang und verschiedene Teile des Kanus. Man könnte anhand eines Angelhakens fast die gesamte Geschichte der polynesischen Diaspora rekonstruieren. Für Polynesier war das Meer weit entfernt von der »pfadlosen Wüste«, als welche es die Viktorianer empfanden, ganz im Gegenteil, es war durchkreuzt von Meerwegen und Passagen. Hinter jedem Horizont lagen Inseln, manche näher, manche weiter weg, manche für eine Besiedlung ausreichend, andere kaum groß genug für eine Pause auf dem Weg. Mehr als 2000 Jahre lang machte das Wissen um diese Inseln, wo sie lagen und wie man sie erreichen konnte, das Geheimnis ihres Volks aus. Sie segelten in großen Doppelrumpfkanus, navigierten mit den Sternen und den Meeresströmungen, dem Wind, der Dünung, den Vögeln und mit ihrem Instinkt für den Himmel und das Wasser. Sie kannten Hunderte von Sternkonstellationen, identifizierten Dutzende von Winden und konnten das Zusammenspiel von bis zu fünf verschiedenen Dünungen durch das Deck eines seetüchtigen Kanus spüren. Sie wussten, welche Vögel am Morgen vom Land wegflogen und in der Dämmerung zurückkehrten. Sie wussten, dass eine hochragende Insel die Passatwinde zerreißt, und dass die Lagune einer niedrigen Insel einen grünlichen Schimmer auf die Unterseite der Wolken legt.

Sie reisten so über das Wasser wie wir über das Land, mit all unseren Habseligkeiten im Gepäck, mit unserem Vieh und unseren besten Samen, einer Bibel und einer Garnitur Kleidung zum Wechseln. Sie führten Paste aus *taro* und Brotfrucht mit sich, getrockneten Fisch, frische Kokosnüsse und Wasser in Flaschenkürbissen. Zu ihrer Fracht gehörten Feuerstein und Samen für Wurzelgemüse, heilige Steine und Federn, Papageien, Ferkel und Hunde. Traditionelle Maori-Geschichten berichten von Babys, die auf langen Reisen geboren worden waren, von Auseinandersetzungen wegen der Segelrichtung, von

Kanus, die in Atollen zerschellten oder in gefährliche Meeres-
gebiete abgetrieben wurden. Wenige der Reisen verliefen ohne
Vorfall: Kanus wurden in monströse Wasserwirbel gesaugt,
von schrecklichen Stürmen verschlungen oder strandeten auf
Inseln, die seitdem unter der Meeresoberfläche verschwunden
sind. Manchmal wurden die Reisenden von Walen oder Vögeln geleitet oder von *taniwha*, den mystischen Seeungeheu-
ern. Oft enthalten diese Geschichten übernatürliche Elemente,
trotzdem sind sie im Detail zu nüchtern – Worte, die man während dem Wasserschöpfen sprach, Listen der Mannschaftsmit-
glieder –, um als reine Mythen abgetan zu werden. Und dann,
vor 600 bis 700 Jahren, hörte das Reisen über lange Distanzen
auf. Obwohl die Polynesier weiterhin Kanus bauten und kurze
Fahrten zwischen den Inseln und an der Küste entlang unternahmen, wagten sie sich nicht mehr auf die Meeresstraßen
hinaus. *Ka kotia te tai tapu ke Hawaiki*, sagt man in Neuseeland.
»Das *tapu*-Meer nach Hawaiki ist abgeschnitten.« In ganz Polynesien verschwand die Erinnerung daran, woher sie gekommen waren und wie man dahin zurückfand; übrig blieb nur
ein Nachhall, die Legende eines angestammten Heimatlandes,
das man nur mit übernatürlichen Kräften erreichen konnte. In
der Sagenwelt der Maori heißt dieses Land Hawaiki, ein Name,
der mit den ersten Siedlern von Insel zu Insel mitgereist war
und in irgendeiner (ähnlichen) Form in jeder polynesischen
Sprache auftaucht. Das Land Hawaiki ist ein Ort im Jenseits,
manchmal im Osten, mal im Westen, manchmal im Himmel
oder unter Wasser. Es ist ein Ursprungsland und ein Lebens-
quell, dort herrscht Überfluss wie im Paradies. Aber es ist auch
ein Ort des Todes und der Trennung, und jene, die nach Hawaiki übergehen, sind für diese Welt verloren.

An drei Orten sind real existierende Inseln so genannt worden. Der erste ist Savaii in Samoa, das gemeinhin als das Original unter diesen Orten gilt, zum Teil weil die Samoaner die
einzigen Polynesier sind, die in ihren Sagen nicht davon be-

richten, von einem anderen Ort zu stammen. Der zweite gilt als *tapu*, heilig, und es handelt sich um eine Insel der Gesellschaftsinseln, besser bekannt als Raiatea. Und der dritte Ort ist die Big-Island-Insel in Hawaii. Hawaii wurde in der Urgeschichte der Polynesier erst spät besiedelt und kann somit nicht das Hawaiki der Legende sein, sondern ein Nachklang oder eine Spiegelung des wirklichen Ortes. Wie bei Plymouth oder Essex oder Neuengland wurde der Name vielleicht voller Hoffnung oder voller Nostalgie in Erinnerung an eine alte Heimat gewählt.

Als Abraham sechs Monate alt war, zogen wir wieder um, diesmal von Boston nach Honolulu, wo ich im Anschluss an die Promotion ein einjähriges Stipendium an einem Forschungsinstitut mit dem Namen East West Center bekam. Wir waren sehr knapp bei Kasse, weil drei Viertel meines Stipendiums für einen abgelebten Bungalow mit drei Zimmern am Rande des Punchbowl Hill draufgingen. Die Einbauregale waren von Ameisen zerfressen und die Badewanne fleckig, aber der Boden war aus einem eigenartigen, aber sehr schön polierten Beton, glatt und kühl wie Seide. Unser Haus lag hoch genug am Hügel, um die Passatwinde spüren und die Lichter von Waikiki sehen zu können.

Der hintere Teil des Hauses schmiegte sich an den Hügel, aber vorne bildeten schwarze Lavawände eine Art natürlicher Terrasse, sodass sich zwischen dem Haus und der Straße eine überraschend flache Rasenfläche erstreckte, die abrupt circa zwei Meter tief zu einem Gestrüpp aus Unkraut und Schlingpflanzen abfiel. Darauf folgte ein weiterer Abhang von etwa 2,5 Meter zur Straße hin. Eine schmale Steintreppe mit einem Eisentor führte zu unserem Haus, das von der Straße aus überhaupt nicht zu sehen war. Unser kleines Refugium lag vor der Welt versteckt.

Lieber Henry,

Hawaiki nui, Hawaiki roa, Seven hat die Heimat seiner Urahnen gefunden! Er lernt surfen und hat einen uralten braunen Ford LTD gefunden, um sein Surfbrett herumzufahren. Letzte Woche ist er mit dem Fahrrad und Aperahama im Kindersitz den Punchbowl Hill hinuntergefahren – was für ein Verrückter! Ich dagegen bin zur Fußgängerin geworden (weil ich den LTD ungern fahre) und laufe den Punchbowl rauf und runter mit den Einkäufen und einem Schirm, um mich vor der Sonne zu schützen. Die einzigen anderen Menschen, die das auch tun, sind ältliche asiatische Damen. Wir nicken uns vornehm zu, wenn wir uns treffen.

Du wirst dich mit uns freuen, dass sich unsere finanzielle Krise entschärft hat. Seven hat einen Teilzeitjob in einem Büro mit einer Horde dicker hawaiianischer Ladys gefunden, die auf Hawaiianisch über ihn sprechen – oder das zumindest so lange getan haben, bis sie ihn lachen hörten und merkten, dass er sie verstehen kann. Mutter steuert den Scheck von ihrer Sozialversicherung bei. Mein Vater sagte dazu nur: »Nimm es als Zuschuss von der Föderalregierung.« So bringen wir drei zusammen die Miete auf.

Wir lieben Hawaii und ich kann mir schon jetzt vorstellen, wie traurig es sein wird, wenn wir wieder gehen müssen. Es wird sich anfühlen wie die Verbannung aus dem Paradies – schon wieder!

Vielen Dank für den Text von Marshall Sahlins – immer wieder interessant.

Henrys Antwort erfolgte fast postwendend.

Liebe C.,

Deine Adresse lässt darauf schließen, dass Du gegenüber von einem Apartment wohnst, das einmal einer Freundin von mir gehört hat. Sie lebte in dem großen Gebäude mit Eigentumswohnungen auf der *makai*-Seite. Ich erinnere mich, dass ich von dort auf die Bungalows auf der anderen Straßenseite geschaut und mir vorgestellt habe, dass dort alte chinesisch-hawaiianische Großmütter leben, deren Familie bei ihnen übernachtet, wenn sie in Honolulu sind. Mit Deinem Schirm siehst Du bestimmt fast aus wie sie – zumindest von oben.

Bald nach unserer Ankunft in Honolulu statteten Seven und ich dem Bishop Museum einen Besuch ab; es wurde 1889 zu Ehren des letzten Nachkommen der hawaiianischen Königlichen Familie gegründet. Wir schlenderten durch die Räume und betrachteten Paddel und Schleifsteine, die allgegenwärtigen Angelhaken und Köder und einige etwas exotischere Objekte, darunter auch eine Kette aus geflochtenem Haar. Schließlich fanden wir uns in einer Bildergalerie wieder. Es gab eine Reihe von Landschaften zu sehen: romantische Ausblicke auf das Manoa-Tal, einen Teich mit einer paar Wasservögeln, freistehende Kokosnusspalmen, den zerklüfteten Umriss der Berge mit ihren tiefen Schluchten. Wir entdeckten eine Skizze von Diamond Head, die vom Punchbowl Hill aus gezeichnet sein musste, ganz in der Nähe unseres Hauses, und ein seltsames Bild mit dem Titel »Blick auf das Smallpox Hospital, Waikiki«. Es war, als wäre die ganze Geschichte darin enthalten: in Bildern, Darstellungen von vor Anker liegenden Schiffen, schwankenden Kanus und dem Honolulu Fort um 1853 mit einer ordentlich aufgereihten Kompanie rotbemäntelter königlicher Wachen und dem Gouverneur Kekuanaoa mit seinem mit Kokarden besetzten Hut.

Als wir um eine Ecke bogen, gelangten wir in eine Nische mit aus der Mitte des 19. Jahrhunderts stammenden Portraits der hawaiianischen Königsfamilie. Von der gegenüberliegenden Wand blickte uns von der Leinwand aus eine junge Königin in einem hochgeschlossenen schwarzen Seidenkleid mit Spitzenkragen an.

»Seven schau mal! Sie sieht genau aus wie Kura!«

Die Ähnlichkeit mit Sevens Schwester war schon fast unheimlich. Die gleichen leicht hervortretenden Augen mit schweren Lidern über der goldbraunen Iris. Unsere drei Jungen wurden mit Augen so schwarz wie die Nacht geboren. Bei keinem von ihnen war es möglich zu erkennen, wo die Pupille aufhörte und die Iris begann. Aber Sevens Augen sind nicht dunkel. Er hat schwarzes Haar aber seine Augen sind von einer warmen Honigfarbe, genau wie die der Könige und Königinnen aus Hawaii.

Wir gingen langsam durch die Nische und schauten uns die Porträts genauer an. Wir fanden König Kamehameha IV und Königin Emma, in der gleichen Pose und genauso dargestellt, als wären sie Bürger, Puritaner oder wohlhabende Wohltäter (was sie tatsächlich auch waren). Ihre strenge, aber elegante Kleidung und ihre ernsten Mienen drückten Melancholie aus, als ob sie durch einen Zeittunnel auf das blickten, was aus allem geworden war. Daneben hing ein empfindsames Porträt ihres Sohnes, dem jungen Prinzen Albert Edward Kauikeaouli Leiopapa a Kamehameha. Als letztes Kind, das der hawaiianischen Monarchie geboren wurde, starb er 1862 mit nur vier Jahren.

Es war ein sehr seltsames Gefühl, diese Familienähnlichkeit zu sehen, auch wenn alles durchaus einen Sinn ergab. Maori und Hawaiianer sind nicht so nah verwandt wie etwa Maori und die Bewohner der Cook-Inseln, oder Hawaiianer und Marquesaner. Die Bevölkerung Polynesiens war nie sehr groß und zu irgendeinem Zeitpunkt mussten alle relativ nah miteinander verwandt gewesen sein. Eine Studie geht davon aus, dass eine einzige Kanu-Ladung von 20 jungen Erwachsenen theoretisch eine Bevölkerung von 100 000 Maori oder Hawaiianern hervorgebracht haben könnte, bis die Europäer anlegten. Es ist nicht anzunehmen, dass alles genau so stattgefunden hat, aber die Ursprungsbevölkerung der einzelnen Inselgruppen war wohl tatsächlich sehr klein. Und da die ersten Polynesier höchstwahrscheinlich auch mit den Inseln in Kontakt geblieben waren, von denen sie ursprünglich stammten, legen keinerlei Hinweise nahe, dass sie mit jemandem außerhalb des polynesischen Dreiecks zu tun hatten.

Außer natürlich man fragt Seven.

Es gab einige Dinge, bei denen sich Seven und ich nicht einig waren: ob Außerirdische auf der Erde gelandet waren; ob die Toten die Lebenden besuchten; ob man mit dem Abschluss einer Lebensversicherung das »Schicksal auf dumme Ideen bringt«. Einer unserer wiederkehrenden Dispute hatte mit dem Ursprung des polynesischen Volkes zu tun. Es begann eines Abends, als wir gemeinsam eine völkerkundliche Sendung im Fernsehen ansahen. Das Thema war die Besiedelung des Pazifiks und die kuriose Tatsache, dass alle Nutzpflanzen und Tiere im Pazifik ihre Ursprünge in Südostasien haben – mit einer entscheidenden Ausnahme. Kumara, die Süßkartoffel, eines der Hauptnahrungsmittel der Maori, nimmt in ihrem Leben einen so zentralen Platz ein, dass in manchen Legenden von Hawaiki behauptet wird, dass dort die Klippen aus dieser Süßkartoffel bestünden. *Hawaiki nui kai* nennen sie es, das Land von Milch und Honig, »Hawaiki mit viel Nahrung«. Die Süßkartoffel stammt unumstritten aus Südamerika. Und so stellt sich die Frage: Wie ist sie nach Polynesien gelangt?

Ende der 1950er-Jahre machte sich der Norweger Thor Heyerdahl auf, um durch ein Experiment zu beweisen, dass Polynesien auch von Mittelamerikanern bevölkert worden sein könnte, die mit Flößen aus Balsaholz dorthin trieben. Er nannte es die Kon-Tiki-Expedition und schaffte es tatsächlich, nach einer qualvollen, 102 Tage dauernden Überfahrt auf einer Insel im Tuamotu-Archipel zu landen. Das Experiment bewies nicht, dass Polynesien auf diesem Weg besiedelt worden war, denn diese Theorie stand im Gegensatz zu allen anderen archäologischen und linguistischen Beweisen und konnte sich nicht etablieren. Aber sie hielt die Diskussion am Leben, ob es jemals Kontakt zwischen den Völkern Polynesiens und denen Amerikas gegeben hatte.

»Die Umstände, die die erste mesoamerikanische Hochkultur hervorgebracht haben, sind noch nicht vollständig erforscht«, so die Stimme des Moderators. »Alles, was wir wissen, ist, dass sie vor 3000 Jahren begann und die Beweise dafür monumental sind.« Dann war der ganze Bildschirm ausgefüllt von einem gewaltigen Steinkopf, einer von 21 Skulpturen, die für Porträts von Olmeken-Herrschern gehalten werden. Es war ein ernstes, schönes Gesicht mit breiten, blinden, mandelförmigen Augen, einer breiten Nasen, vollen Lippen und nach unten weisenden Mundwinkeln.

»Hey!«, rief Seven. »Der sieht aus wie Tu!«

Die Ähnlichkeit mit Seven ältestem Bruder war bestechend. Wahrscheinlich waren die Lippen ausschlaggebend, dieser wunderbar geschwungene, charakteristisch nach unten weisende Mund, und die breite, flache Ebene des Gesichts, das eine gewisse Schwere ausstrahlte. Aber für Seven war es mehr als nur das: Ein Beweis, dass es eine Verbindung zwischen den dunstigen Niederungen des Dschungels von Mittelamerika und dem Land der Langen Weißen Wolke gibt. Die allgemein anerkannte These besagt, dass, falls die Mesoamerikaner und die Polynesier gemeinsame Wurzeln haben, sie nicht weniger als 30 000 oder 40 000 Jahre zurückliegen, und sie sie mit dem Großteil von Asien teilen. Es gibt keinen sicheren Beweis für den Kontakt zwischen den Olmeken oder einem anderen amerikanischen Volk und Sevens Vorfahren. Aber Seven war noch nie ein Mann der allgemein akzeptierten Weisheiten.

»Und Kumara?«, fragte er mich immer, wenn wir stritten. »Wie sind wir an Kumara gekommen? Sag mir das mal. Wenn wir es bis zur Osterinsel geschafft haben, sehe ich nicht ein, warum wir nicht auch den ganzen anderen Weg geschafft haben sollen. Vielleicht waren die Olmeken ja in Wirklichkeit Polynesier ...«

Während unseres Jahres auf Hawaii starb Sevens Vater. Er war kein alter Mann und sein Tod kam ganz und gar unerwartet; zunächst dachten wir auch noch, dass sein Krebs heilbar wäre. Vielleicht wäre alles anders gekommen, wenn er in einer Stadt gelebt hätte, wenn er regelmäßig zum Arzt gegangen wäre, wenn er die Erniedrigungen einer Behandlung auf sich hätte nehmen wollen – eine Zeit lang zumindest. Aber seine Krankheit war schon weit fortgeschritten, als wir alle davon erfuhren. Seven flog mit dem Baby nach Hause und kam gerade rechtzeitig dort an, um seinen Vater noch zu sehen, bevor er starb. Weil Abraham in den USA geboren worden war, hatte ihn sein Großvater väterlicherseits nie gesehen. Die Familie wollte, dass er getauft wurde, möglichst bevor sein Großvater starb. Sevens Vater selbst war zu schwach, um die Zeremonie abzuhalten, aber einer seiner Onkel wollte es tun und er selbst würde dabei sein, um das Kind zu segnen.

Die Frage, ob ich mit ihm reisen würde, stand nicht zur Debatte. Wir konnten schon kaum das Geld für seinen Flug aufbringen, zudem erschien es mir eine dieser Gelegenheiten zu sein, an denen ich nicht recht wusste, wie ich mich zu verhalten hatte. Alle Brüder und Schwestern würden sich versammeln, ganz zu schweigen von den Cousins, Onkeln und Tanten, und mir war klar, dass es eine sehr enge und private Angelegenheit werden würde. Natürlich hätten sie mich gerne dabeigehabt, aber ich hatte auch das Gefühl, dass Seven das alleine tun sollte. Trotzdem fiel es mir unglaublich schwer, die beiden gehen zu lassen. Abraham war gerade alt genug, um ohne mich zu reisen, und ich gab Seven tausend Anweisungen mit auf den Weg.

»Zieh ihn immer warm genug an. Ich weiß, dass dort Sommer ist, aber es ist trotzdem nicht Hawaii, in der Nacht könnte es sehr kühl werden. Bitte verlier seine Decke nicht und achte darauf, ihm nicht allzu viel *kina* zu geben. Und nimm ihn bitte nicht mit zu Harry, jede Wette, dass es in seinem Haus Ungeziefer gibt. Wenn du etwas brauchst, frag Hera, sie weiß, was zu tun ist. Und ruf mich an, ja? Wenn du ankommst.«

Ich verbrachte die Woche alleine in Honolulu, saß im Wohnzimmer und las entweder oder wartete darauf, dass das Telefon klingelte. Ich war völlig benommen von der Stille und der plötzlichen Abwesenheit all der Dinge, die meine Aufmerksamkeit erforderten. Ich nahm meinen Schirm und ging den ganzen Weg bis nach Manoa. Ich holte mir ein paar Bücher aus der Bibliothek und ging zurück. Die Sonne schien, die Wolken zogen sich über dem Pali zusammen, und plötzlich brach die Nacht herein, wie eine Jalousie, die schlagartig heruntergelassen wird. Ich saß auf der Treppe und beobachtete die Nachtfalter und riesigen Kakerlaken, die sich um das Licht über der Tür drängelten. Eines der Bücher, das ich aus der Bibliothek geholt hatte, war eine Sammlung von Klageliedern der Maori. Es ist schwierig, den Maori-Liedern zu folgen, weil sie stark ausgeschmückt sind. Sie stecken voller Anspielungen auf Menschen, Orte und Ereignisse der Vergangenheit; fast jede Strophe ist metaphorisch und die Entschlüsselung erfordert viel Wissen um ihre Traditionen. Aber schließlich fand ich eine, die mir etwas vermittelte. Ich erkannte sogar ein paar Worte: *mate*, Tod; *haere*, kommen oder gehen; *taonga*, etwas Wertvolles, ein Schatz.

Haere, kua uhia koe ki ou taonga, ki nga kakahu o tenei hunga o te mate, ...

Ich konnte beinahe die Stimme meiner Schwiegermutter hören, konnte sie fast vor dem Leichnam sitzen sehen, meinte das leise Gemurmel der Stimmen im *marae* zu vernehmen. Ich las mir das Klagelied laut auf Englisch vor, alleine in dem leeren Haus.

Du bist in die wertvollen Kleider des Todes gehüllt,
Du wurdest gekleidet in die Worte des Abschieds; und
eingetaucht in die nie versiegende Quelle der Tränen;
diesen Gruß haben wir dir gegeben.
So verlass uns jetzt, leb wohl! Geh, Nachfahre der Urahnen,
geh, zum schützenden *rata*-Baum,
geh auf deinem Land,
geh auf deinen Wassern,
getragen von den Worten, die wir für dich gesprochen haben,
in die dunkle Nacht, in die tiefe Nacht, in die schwere Nacht.
Geh nach Antares, zum Stern des Sommers,
zu der Versammlung der Tausend,
Verlassene Liebe, geh!

Eine Woche später holte ich sie vom Flughafen ab. Seven hatte die Decke verloren, aber ein wunderschönes Flachskit von seiner Tante und ein Kiwi-Vogel-Stofftier für Abraham mitgebracht, das er auf dem Heimweg am Flughafen für ihn gekauft hatte. Er war sehr müde, wirkte aber auf mich nicht traurig. Er *war* traurig, dabei aber auch stiller als jeder traurige Mensch, den ich bisher gesehen habe. Er stand nicht unter Schock oder versuchte sich zusammenzunehmen. Er verschloss nicht die Augen vor der Wahrheit. Er war einfach wie immer, nur um einiges gedämpfter.

Er hatte mir nicht viel zu berichten. Nur dass sein Vater gestorben war, dass eine mehrtägige Begräbnisfeier stattgefunden hatte und dass sehr viele Menschen gekommen waren, um sich von ihm zu verabschieden. In der letzten Nacht hatte es einen Sturm gegeben. Seven und seine Brüder hatten sich auf den Hügel gesetzt und über Mangonui geblickt, als die Wolken plötzlich aufrissen und ein Sonnenstrahl genau auf das *marae* fiel.

»Seht euch das an«, sagte einer von ihnen. »Das muss der Ausgang sein.«

»Ja«, antwortete ein anderer. »Der alte Herr ist jetzt auf seinem Weg nach Hawaiki.«

»Nun ja«, sagte Seven, »dort werde ich ihn wiedersehen.«

13. Once Were Warriors

Als wir Hawaii wieder verließen, überquerte ich den Äquator nach meiner Zählung zum neunten Mal innerhalb von sieben Jahren. Ich war mit allen möglichen Fluggesellschaften gereist, hatte an sämtlichen Zwischenstopps haltgemacht, jede mögliche Kombination von Abkürzungen und Umwegen probiert und betrachtete mich langsam selbst als alten Hasen, was den Pazifik anging. Wir zogen Richtung Süden, zurück nach Australien, diesmal aber nach Brisbane, der Hauptstadt von Queensland, wo ich ein weiteres zweijähriges Stipendium bekommen hatte.

Der hohe Norden Australiens nimmt in kultureller und semantischer Hinsicht in etwa die gleiche Position ein wie der tiefe Süden der USA. Queensland ist heiß und tropisch – etwa die Hälfte dieses Bundesstaates liegt innerhalb des Südlichen Wendekreises – und berühmt für seine reaktionären Politiker. Darunter am berüchtigtsten ist wohl Joh Bjelke-Petersen, der fast 20 Jahre lang Premierminister von Queensland war und der unter anderem die weiße Minderheitenregierung der Apartheid in Südafrika unterstützte. Im südöstlichsten Winkel eines Bundesstaates gelegen, der viermal so groß wie Texas ist, gehört Brisbane in vielerlei Hinsicht der urbanen Achse Sydney-Canberra-Melbourne an, die sich entlang der Ostküste Australiens erstreckt. Aber im Gegensatz zu den anderen Städten liegt es am Rande des Hinterlands und man kann – oder konnte – dort noch immer etwas von der Grenze spüren.

Zu Abraham, Seven und mir stieß noch Sevens Schwester Kura, die von Neuseeland angereist war, um mit uns zu leben; so wurden wir eine richtige kleine Familie. Wir lebten alle zusammen in einem ›Queenslander‹ für Arme, eine klassische

Bauform in diesem Staat. Es war ein sehr charmantes Häuschen mit offenen Räumen, hohen Decken und Fenstern mit brandsicherem Glas. Wie alle dieser Häuser war es etwa 1,80 Meter über dem Boden errichtet, sowohl zum Schutz vor Insekten, als auch, um die kühle Nachtluft darunter zirkulieren zu lassen. Im Garten gab es einen großen Mangobaum, der in der Dämmerung einen quiekenden Schwarm von Fledermäusen anlockte und unter dem Haus lebte eine große, aber harmlose blauzüngige Echse.

Auf der anderen Flussseite und mit der Passagierfähre nur fünf Minuten entfernt lag die University of Queensland. Auf einem fast 120 Hektar großen Grundstück besaß sie mit himmelweitem Abstand den schönsten Campus, auf dem ich jemals gearbeitet habe. Der Spaziergang von der Fähre zu meinem Büro führte mich durch ein Labyrinth von Gärten, vorbei an einem Ziersee und hinauf durch eine Jacaranda-Allee bis zu einem Kreis von monumentalen Sandsteingebäuden. Ich hatte sehr nette Kollegen und mein eigenes Büro, aber die Versorgung von uns vieren bereitete mir mit meinem schmalen Gehalt als promovierte wissenschaftliche Mitarbeiterin große Nöte und sobald wir uns eingerichtet hatten, machte sich Seven auf die Suche nach einem Job.

Er hatte noch nie Probleme gehabt, etwas zu finden, obwohl wir fast jedes Jahr in eine neue Stadt gezogen waren. In Boston hatte er Titan-Räder gebaut, auf Hawaii war er Versender für AAA gewesen. In Brisbane war sein erster Gedanke, wieder in einer Gießerei zu arbeiten, was wahrscheinlich unter den weniger anspruchsvollen Wirtschaftszweigen die größte Hoffnung auf einen vernünftigen Lohn bot. Er fand in der Zeitung eine entsprechende Anzeige und als er anrief, wurde er für den nächsten Tag zu einem Gespräch eingeladen. Als er aber dort ankam, wurde ihm gesagt, tut uns leid, die Stelle ist besetzt. Zwei Tage später war die Anzeige wieder in der Zeitung.

Außer mir vor Wut rief ich bei der Gleichstellungsbeauftragten an.

»Was muss man tun, um die rassistische Diskriminierung durch einen Arbeitgeber zu melden«, frage ich.

»Ist ihm gesagt worden, dass sie ihn nicht einstellen, weil er schwarz ist?«, fragte mich die Frau am anderen Ende der Leitung.

»Nein, das haben sie natürlich nicht. Sie haben ihm einfach nur gesagt, es gäbe keine Stelle. Aber die Stelle gibt es ganz offensichtlich, sonst wäre sie nicht weiter ausgeschrieben.«

»Nun, es tut mir leid, aber es muss ausgesprochen werden, schriftlich oder mündlich, dass er aus Gründen seiner Volkszugehörigkeit nicht eingestellt wird.«

»Das ist das Dümmste, was ich jemals gehört habe.«

Kura hatte sich in der Zwischenzeit in der Schule angemeldet. Sie war 23 und verfügte nur über eine zehnjährige Schulausbildung und ich bestand felsenfest darauf, dass sie wieder an die Highschool zurückkehren und ihren Abschluss machen sollte. Wir fanden eine Tagesmutter für Abraham und Seven suchte weiter nach Arbeit. Er sprach davon, Taxifahrer zu werden, und arbeitete eine Weile als Pförtner in einer Fabrik, wo Salate für Supermärkte und Restaurantketten zubereitet wurden. Kurzzeitig arbeitete er für einen Bauunternehmer, der selbst nur periodisch beschäftigt war, und dann kam er eines Tages nach Hause und verkündete, dass er eine Stelle angenommen hatte, bei der er an der Tür Staubsauger verkauft.

»Du machst hoffentlich Witze«, war alles, was ich dazu sagen konnte.

Als ich ein sehr kleines Mädchen war, erzählte ich meiner Mutter, dass ich einen Albtraum hatte. Ich träumte, dass ich in einem kleinen Haus mit einem Panoramafenster lebte. Hinter dem Fenster war ein Tisch zu sehen und auf dem Tisch stand eine Lampe. »Das war alles«, sagte meine Mutter. »Ist das nicht witzig? Du kannst nicht älter als fünf gewesen sein.«

Ich kann mich an diesen Traum nicht erinnern, aber ich weiß genau, welche Art von Haus es gewesen sein muss. Zwischen dem Haus, in dem ich aufgewachsen bin, und der Stadt Boston befand sich eine kleine Stadt, die wir fast täglich passierten. Sie war voller kleiner Häuser mit Fliegentüren aus Metall, die nah beieinander an der Straße standen. Die Häuser sahen aus, wie Kinder sie malen: ein spitzes Dach mit Kamin, eine Tür und ein Panoramafenster durch das ich das flackernde blaue Licht eines Fernseher erkennen konnte, wenn wir nachts daran vorbeifuhren.

Als Kind hatte ich das Gefühl, dass etwas Trauriges über diesen Häusern lag, obwohl ich nicht genau sagen konnte, was es war. Sie erschienen mir arm – nicht die verzweifelte Armut von Harlem, durch das wir manchmal auf dem Weg nach New York fuhren, sondern eine biedere Art von Armut. Ich konnte mich beinahe darin leben sehen, es waren Häuser, in denen ich vielleicht gelandet wäre, wenn alles anders gelaufen wäre. Für mich standen sie für eine Armut, in die man tatsächlich geraten konnte.

Mit diesen Häusern verband ich das gleiche Gefühl wie mit einem reisenden Vertreter, der uns ein, zweimal im Jahr zu Hause aufsuchte, als ich noch jünger war. Er war der einzige reisende Vertreter, den ich jemals kennenlernte – es war das Ende der Ära der Handlungsreisenden –, und ich erinnere mich noch gut an das Gefühl, das mich überkam, wenn ich ihn aus seinem Auto steigen und langsam die Auffahrt zu unserer Haustür hinaufgehen sah. Er muss wohl immer zu Beginn des Frühlings oder im Spätherbst gekommen sein, denn ich habe nur vor Augen, wie er an einem trüben und kühlen Tag den Kies überquert. Er war ein trauriger kleiner Mann mit Toupet und fleischigem Gesicht voller großer Falten. Sogar als Kind stellte ich mir sein Leben sehr armselig vor und es war mir unangenehm, dass wir in einem schönen, warmen Haus lebten, während er draußen von Tür zu Tür gehen musste.

Meine Mutter bat ihn stets herein und er nickte, dankte ihr, wischte seine Schuhe am Türvorleger ab und schleppte seinen Musterkoffer ins Esszimmer, wo er ihn öffnen und auf dem Tisch ausbreiten konnte. Der Koffer war voller Wäsche. Ich befürchtete jedes Mal, dass meine Mutter Nein sagen würde, dass ihr nichts gefiele. Aber sie schaute sich immer alles sorgfältig durch und wählte etwas aus, ein Set bestickter Kissenbezüge oder Taschentücher für meinen Vater. Heute frage ich mich, wie sie ihn bezahlt hat (bar?), und ich frage mich auch, wann genau er dann nicht mehr kam und wann wir schließlich bemerkten, dass er nicht mehr bei uns vorbeischauen würde.

Das Gefühl, das ich ihm gegenüber hatte, habe ich nie wirklich verwunden. Als ich ein bisschen älter wurde, gewöhnte ich mir an, zu verschwinden, wenn er kam. Aber noch nicht einmal das half, denn der bloße Gedanke an ihn – die abgenutzte Kleidung, das strähnige Haar, der erbärmliche Beruf – deprimierte mich. Als dann Seven verkündete, dass er einen Job als Vertreter angenommen hatte, kam die Erinnerung an diesen Mann mit voller Wucht zurück und zum ersten Mal in unserer Ehe war ich völlig verzweifelt.

Ich sagte ihm, das sei nichts für ihn. Er hatte noch nie in seinem Leben etwas verkauft. Er verschenkte immer alles, sogar unsere Autos. Und obwohl es stimmte, dass er, wenn er wollte, lügen konnte wie der Teufel, würde er es niemals schaffen, jemandem um sein Geld zu betrügen, worum es bei dieser Art von Geschäften meiner Meinung nach in Wirklichkeit ging. Fast noch erschreckender aber war die Tatsache, dass er nach nur einer Übungsstunde vollkommen davon überzeugt war, dass dieses überteuerte Gerät jeden anderen Staubsauger auf der Erde weit in den Schatten stellte. Ich wusste, dass er für Quacksalberei sehr empfänglich war und nicht immer die beste Ausgangsposition für die Beurteilung konkurrierender

Behauptungen hatte. Und außerdem: Seit wann war er eigentlich ein Staubsaugerexperte?

Bis zu diesem Zeitpunkt hatte ich Sevens verschiedene Jobs mit einer Mischung aus Humor und einer Art Stolz betrachtet. Ein Fahrradkurier zu sein, hatte einen gewissen unleugbaren Zauber – eine unglaubliche Kondition und Stärke waren gefordert – und sogar seine Arbeit in der Gießerei zeugte von maskuliner Integrität. Mir machte es nichts aus, dass er keinen Bürojob hatte; ich verspürte darüber sogar eine gewisse Erleichterung. In meiner Familie hatte es seit 100 Jahren keinen normalen Arbeiter mehr gegeben – wir waren alle Geschäftsleute, Ingenieure und Professoren –, und ich fühlte mich schon immer vom Unvertrauten angezogen. Abgesehen davon war mir Geld nicht wichtiger als ihm. Ich hatte schließlich alle Möglichkeiten der Welt gehabt und hatte nicht gerade das gewählt, was man als lukrative Karriere bezeichnet. Aber für mein Gefühl überschritt dieser Staubsaugerjob eine bestimmte Grenze. Ich fand es irgendwie erniedrigend und bat ihn, die Stelle nicht anzunehmen.

Seven fand das völlig lächerlich und sang mir noch jahrelang Loblieder auf diesen speziellen Staubsauber vor. Mit einer Sache aber sollte ich recht behalten: Er konnte nicht verkaufen. Er hielt die Stelle etwa zwei Wochen durch, bis er einsah, dass er damit kein Geld verdienen würde, und sie zu meiner unbeschreiblichen Erleichterung aufgab.

Vielleicht hat mich dieser Vorfall in unserem gemeinsamen Leben mehr als jede andere Episode zu der Erkenntnis gezwungen, dass die Unterschiede zwischen uns genauso mit unserer Gesellschaftsschicht wie mit unserer Kultur zu tun hatten. Natürlich hatte ich das immer gewusst, hatte diesem Umstand aber nie große Beachtung geschenkt. Wahrscheinlich war es für mich leichter, unvoreingenommen zu denken – damit meine ich, dass mein Denken weniger von Vorurteilen bestimmt war –, wenn es sich um Unterschiede zwischen Pakeha und Maori handelte, als bei Unterschieden zwischen Privilegierten und Armen. Von kulturellen Themen fühlte ich mich weniger betroffen, also von solchen, die mit der Gesellschaftsschicht zu tun hatten. Es gab Momente, Tage, an denen ich zum Beispiel von der Universität nach Hause kam und Seven und Kura vor dem Fernseher liegend fand, wie sie sich Monster-Trucks ansahen; ich schaute sie an und dachte – *was macht ihr da bloß?* Ich schaute ein zweites Mal hin und dachte – *Will ich etwa, dass sie ganz genauso sind wie ich?* Natürlich nicht. Aber es war eine Tatsache, dass ich auch niemals so werden würde wie sie.

Das Feld, auf dem sich mein innerer Konflikt in der Realität austrug, war Sevens Schwester, die fast zehn Jahre jünger war als ich und bei der ich das Gefühl hatte, sie beeinflussen zu können. Einerseits war mir völlig klar, dass sie zum Scheitern verurteilt wäre, würde sie keinerlei weitere Bildung bekommen – im besten Fall zu einem Leben in Armut, aber in meiner Vorstellung auch noch zu Schlimmerem. Ohne eine Basis aus Qualifikationen und Wissen hatte sie keine Chance, herauszufinden, worin sie gut war, oder die Befriedigung zu erfahren, ihre eigenen Entscheidungen zu treffen. Als Mädchen waren ihre Aussichten noch geringer als die ihrer Brüder. Sie würde sich innerhalb der eng umgrenzten Welt ihrer Familie bewegen; um sie herum aber gab es dieses riesige und großartige Universum, das sie niemals kennenlernen würde. Und trotzdem war mir immer klar, dass ich sie, wenn ich sie ermunterte, sich unabhängig zu machen, letztendlich mit meinen eigenen weißen Mittelschicht-Werten manipulierte.

Es ist ein »grundlegendes Missverständnis der Pakeha«, schreibt der Philosoph John Patterson, »dass sich Maori und Pakeha tief in ihrem Inneren sehr ähnlich sind.« Er argumentiert sogar, dass Maori tief in ihrem Inneren ein völlig anderes Weltverständnis haben. Manches davon mag vertraut erscheinen – der Respekt der Maori für die Natur kann wie Umweltbewusstsein wirken –, aber sie entspringen zwei ziemlich verschiedenen Verständniswelten. Die Sorge der Pakeha um die Umwelt ist in erster Linie auf den Nutzen ausgerichtet, während die Sicht der Maori, ursprünglich zumindest, von ihrer Abstammung herrührt.

In den alten Zeiten stand für die Maori alles mit ihrer Abstammung in Verbindung. Tatsächlich war das Konzept der Familie so grundlegend, dass der Anthropologe J. Prytz Johansen schreibt: »Wenn man sich einen Menschen wie Kant unter den alten Maori vorstellt … dürfte es nicht überraschen, wenn er zu den grundlegenden Kategorien Verstand, Raum und Zeit eine weitere hinzufügen würde: Verwandtschaft.« Klassischerweise stellt sich der ganze Kosmos der Maori als ein großes verzweigtes Netzwerk uralter Verwandtschaftsbeziehungen dar, »in dem der Himmel und die Erde die ersten Eltern aller Wesen und Dinge sind, des Meeres, des Sands an der Küste, des Holzes, der Vögel und der Menschen.« Theoretisch kann jeder Maori seine Abstammung zurückverfolgen entlang einer Reihe historischer Persönlichkeiten wie Tareha oder Hongi Hika, über die legendären Seefahrer, die mit ihren Kanus von Hawaiki anreisten, und darüber hinaus über die Götter des Meeres, des Waldes und des Winds bis zu den ersten Eltern, Ranginui und Papatuanuku – Vater Himmel und Mutter Erde – und jenseits davon in die große Nacht, das Nichts, *Nui te Po*.

Zugegebenermaßen mag dieses Bezugssystem nicht mehr gerade viel mit der Wirklichkeit der heutigen Maori zu tun haben, trotzdem beeinflusst es ihr Leben aus dem Hintergrund – genau wie der jüdisch-christliche Ethos auch auf Atheisten wie mich Auswirkungen hat, weil ich innerhalb seines Geltungsbereiches aufgewachsen bin. Die Werte der Maori sind Stammeswerte: Was gut für die Gemeinschaft ist, ist gut für den Einzelnen, wogegen die Umkehrung nicht unbedingt richtig sein muss. In der perfekten Maori-Gemeinschaft werden sowohl Ressourcen als auch Pflichten geteilt. Oft werden Opfer verlangt; Loyalität wird hoch angesehen. Wettbewerb wird – außer beim Sport – generell nicht gefördert, Gier und Egoismus werden offen verachtet. Das Ergebnis ist eine Gesellschaft, in der jeder versorgt ist, in der bedeutende Leistungen von Einzelnen aber eher die Ausnahme als die Norm sind. Eine Folge dessen ist, dass Maori vom Standpunkt der Pakeha aus oft wenig ehrgeizig wirken, während Pakeha aus Maori-Sicht rücksichtslos, isoliert und kalt erscheinen.

Das hatte ich in Boston aus erster Hand miterleben können, wo meine Familie Sevens Mangel an Ehrgeiz, sagen wir mal, *seltsam* fand.

»Was will er denn *tun*?«, fragte mich mein Vater und meinte damit, wie er sich seine Zukunft vorstellte, was er für Pläne hatte, welche Karriereleiter er besteigen wollte.

»Ich habe keine Ahnung, Dad. Ich weiß nicht, ob er überhaupt etwas tun will.«

Ich gehe davon aus, dass sich diese Dynamik in Sevens Familie umgekehrt herum abgespielt haben muss, und fragte mich manchmal, ob sie mich als völlig egozentrisch und strebsam wahrnahmen, als jemanden, der seine Familie wegen irgendeiner verrückten Karriere um die Welt schleppt. Beide Seiten dieses Problems zu sehen, half mir allerdings kein bisschen weiter. Wenn es um Kura ging – oder eines meiner eigenen Kinder –, konnte ich mich den Imperativen meiner eigenen Erziehung niemals widersetzen. Kura und Seven mochten auf dem Boden liegen und sich Monster-Trucks anschauen, so oft sie wollten; solange sie bei mir lebte, würde ich dafür sorgen, dass sie die Schule besuchte.

Irgendwann in diesem Jahr lernte ich den Aborigine-Schriftsteller und Aktivisten Sam Watson kennen. Ich hatte ein Interview mit ihm verabredet, um mit ihm über sein neues Buch *The Kadaitcha Sung* zu sprechen, aber schon zu Beginn unseres Gesprächs sagte er etwas, das mich traf und mich durchfuhr wie ein Schwert einen Heuhaufen: Für Menschen, die niemals andauernde Diskriminierung erfahren haben, sagte er, sei es sehr schwer nachzuvollziehen, wie es ist, jeden einzelnen Tag irgendwo von irgendwem verdächtigt zu werden, etwas Falsches oder Hinterhältiges getan zu haben, etwas gestohlen, gelogen oder das Gesetz gebrochen zu haben. Es sei kräftezehrend sich permanent gegen die Barriere dieses Verdachts verteidigen zu müssen. »Nach einer Weile wird man davon aufgerieben.«

Ich glaube, dass ich mir, wie die meisten Weißen, Rassismus als etwas vorgestellt hatte, dass in einer Reihe von einzelnen, anstößigen, vielleicht sogar gewalttätigen Vorfällen stattfindet – die schrecklichen Extreme der ganzen Bandbreite an Diskriminierungen; ich hatte nicht erfasst, dass es sich auch und wahrscheinlich sogar in erster Linie durch ein unablässiges, zermürbendes Dröhnen negativer Energie äußert, vor dem es kein Entkommen gibt. Der Grund dafür ist natürlich, dass ich Diskriminierungen bis dato noch nie aus erster Hand erfahren hatte.

Direkt neben uns wohnte eine alte Dame, die Seven regelmäßig mit Geschichten über die Aborigines von der gegenüberliegenden Straßenseite erquickte. »Schmutzige Mistkerle«, sagte sie zu ihm über den Zaun, während er den Rasenmäher herumschob. Ich war über ihr Verhalten völlig verblüfft; nicht nur weil sie solche Dinge sagte, sondern weil sie sie zu Seven sagte, der sich als Maori von ihren Bemerkungen ganz eindeutig angegriffen fühlen musste – denn Maori sind in Neuseeland das, was die Aborigines in Australien sind. Sie hatte offenbar einen Weg gefunden, sich die Realität so zurechtzulegen, dass er auf ihrer Seite stand, während die faulen, trägen, diebischen Aborigines sicher auf die andere Seite verwiesen wurden. Zu meiner noch größeren Verwunderung ignorierte Seven ihre Kommentare. Sie war arm und ungebildet und er sagte, dass sie ihm leidtue, weil sie alleine in ihrem kleinen Haus lebte. Er reparierte ihr hin und wieder etwas und mähte, solange wir dort wohnten, nicht nur unseren Rasen, sondern auch ihren.

In den Außenbezirken von Brisbane lebten gar nicht wenige solcher Menschen wie unsere Nachbarin und man wusste nie, wann man auf einen von ihnen treffen würde. Eines Samstagmorgens quetschten wir uns alle in unser Auto und fuhren los, um die Hausflohmärkte in unserer Nachbarschaft zu durchforsten. Wir besaßen fast keine Möbel oder Haushaltsgeräte, nur ein paar Betten und einen Küchentisch mit Stühlen, und hatten nicht genügend Geld, um etwas Neues zu kaufen; deswegen suchten wir das, was wir brauchten, oft bei diesen Garagenverkäufen.

Das erste Haus, an dem wir haltmachten, hatte an der Seite einen langen Garten mit einem Tor zum Gehsteig und einer Garage weiter hinten. Wir schlenderten ein wenig herum, besahen uns die Sachen und Seven kaufte bei der Frau in der Garage einen Sprinkler für zwei Dollar. Als wir wieder gehen wollten – er lief mit Kura voraus, Abraham saß auf seinen Schultern und ich ging hinter ihnen –, sprach ihn am Tor plötzlich ein Mann in einem Gartenstuhl an.

»Haben Sie das bezahlt?«

Seven sah ihn nur an. »Nein«, und ging durch das Tor.

Ich konnte sehen, wie wütend er war. »Verdammtes altes Aas«, murmelte er, als wir wieder ins Auto'stiegen.

Ich fragte ihn später, ob er auch in Neuseeland solche Dinge öfter erlebt hatte.

»Nein, eigentlich nicht. Die Proleten dort haben zu große Angst, um etwas zu sagen.«

Als ich aber nachhakte, wurde deutlich, dass er die Ansicht vieler Neuseeländer teilte, dass ihre Gesellschaft tatsächlich weniger rassistisch sei als andere, inklusive Australien und die USA. Das mag wohl stimmen, aber ganz gleich wie gut Neuseeland alle seine Einwohner integriert, ist es statistisch gesehen noch immer ein Land mit einer deutlichen Rassentrennung.

Die Lebenserwartung bei der Geburt ist für Maori etwa acht Jahre kürzer als bei anderen Neuseeländern. Zwei von fünf Maori haben keine Ausbildung; fast die Hälfte lebt von einem Einkommen unter 20 000 Dollar im Jahr. Die Wahrscheinlichkeit, dass Maori arbeitslos sind, ist doppelt so hoch wie bei Nicht-Maori. Sie beziehen öfter Sozialleistungen, um in überfüllten Häusern zu leben, die sie eher mieten als besitzen. Die Wahrscheinlichkeit, dass sie Raucher sind und als »gefährliche Trinker« eingestuft werden, ist genauso höher, wie die Anzahl der Asthma-Erkrankungen, Bluthochdruck und Diabetes oder die Wahrscheinlichkeit ohne Telefon oder Auto zu leben. Für Maori ist es wahrscheinlicher, verhaftet, verurteilt und eingesperrt zu werden, als für andere Neuseeländer und obwohl sie nur 15 Prozent der Bevölkerung stellen, machen sie die Hälfte aller Inhaftierten aus.

Jenseits der Höflichkeitsgrenze verläuft eine Argumentationslinie, die diese Zahlen mit bestimmten Charakteristika der Maori erklären will. Maori, heißt es da, seien einfach so: sie stritten und bekämen Ärger, sie seien faul und besuchten keine Schule. Das sind offenkundig rassistische Argumente, aber da sie im Einklang mit ein paar lange tradierten Klischees stehen – die kriegerischen Maori einerseits, die trägen Polynesier andererseits –, sind sie schwer auszuräumen. Genauso offenkundig ist allerdings, dass der wahre Grund ökonomischer Natur ist. Worauf deutet die Häufung sozialer Indikatoren wie eine niedrige Lebenserwartung, schlechte Gesundheit, hohe Arbeitslosigkeit und niedriges Bildungsniveau (sonst) hin, wenn nicht auf Armut? Und was ist der Hauptgrund für die Armut der Maori, wenn nicht die Kolonialisierung?

Man kann kaum abstreiten, dass diese Zahlen in ihrer Gesamtheit den demoralisierenden Effekt der Kolonialisierung auf ein Volk von Eingeborenen widerspiegeln – und das heißt nichts anderes, als dass sie an den Rand gedrängt und in die Armut getrieben wurden, in dem Land, in dem sie einst unabhängig und stark regierten. Genau das kann man an der Entwicklung im 19. und frühen 20. Jahrhundert in Neuseeland beobachten: immer mehr Besiedlung durch Weiße und deren wachsender Wohlstand, einhergehend mit dem Niedergang der Maori. »Denn das, seht ihr, das ist es, was wir verloren haben, als ihr, ihr weißen Zuhörer da draußen, uns besiegt habt. Erobert. Habt unser Land genommen, unser *mana*, habt uns nix gelassen«, sagt einer der Charaktere in Alan Duffs Roman *Once Were Warriors* (mit dem deutschen Titel *Warriors*).

Ich traf Alan Duff noch im selben Jahr in Queensland, kurz nachdem ich mit Sam Watson gesprochen hatte. Duff hatte mittlerweile mindestens zwei Romane und eine Essay-Sammlung geschrieben, aber am meisten interessierte mich sein erster Roman. In Neuseeland war es ein Bestseller, nach dem auch der international erfolgreiche Film gedreht wurde. *Once Were Warriors* ist das erste Buch, das sich mit dem am meisten entfremdeten und dysfunktionalen Segment der neuseeländischen Gesellschaft befasste – arbeitslosen, schlecht ausgebildeten Maori ohne Land. Die Geschichte konzentrierte sich auf die gleiche Gesellschaftsschicht wie der Artikel, den mein Vater von seinem Cousin geschickt bekommen hatte, der im Übrigen mit »One Night Out Stealing« überschrieben war, in einer direkten Anspielung auf einen anderen Roman von Alan Duff.

Once Were Warriors ist eine schreckliche Geschichte über Verlust, Gewalt und Missbrauch; Neuseeländer aller Gesellschaftsschichten reagierten stark drauf; einige waren absolut schockiert und sagten, sie hätten keine Ahnung davon gehabt; andere warfen Duff vor, schmutzige Wäsche zu waschen. Der Protagonist des Romans ist ein harter Kerl namens Jake Heke, der seine Frau schlägt, seine Kinder drangsaliert und der »die anderen zuallerst unter dem Gesichtpunkt ihrer Schlagkraft [sah], alles übrige kam später«.

Duff will darauf hinweisen, dass Menschen wie Jake nur

noch ein eitler, schwacher, schmählicher Abglanz dessen sind, was die Maori einst waren. »Wir waren ein Volk von Kriegern«, sagt Jakes Frau Beth; aber das ist lange her und alles, was heute vom Geist dieser Krieger übrig ist, ist ein grausamer Gleichmut, den Duff Zähigkeit nennt. »Wir Maori können alles sein, was auf dieser Welt schlecht ist, aber unsere Zähigkeit kann uns keiner nehmen«, sagt Beth.

Alan Duff zufolge haben sich die Maori in einen Morast aus Verschwendung und Selbstmitleid sinken lassen. Während der ursprüngliche Grund für diesen Verfall die Kolonialisierung sein mag, hilft es den Maori trotzdem nicht weiter, die ganze Schuld an ihrer Misere den Pakeha in die Schuhe zu schieben. Das ist die Denkweise, die »uns zu einem Volk hat werden lassen, das davon ausgeht, dass es in Ordnung ist, ein Loser zu sein, dass es in Ordnung ist, meine Frau zu schlagen, mich drei oder vier Mal die Woche mit dem letzten Geld zu betrinken ... weil die Weißen uns kolonialisiert haben und mir die Lebensgeister genommen haben«, argumentiert er. Er leugnet keineswegs den Rassismus und die Bigotterie, sondern betrachtet es einfach als etwas, das man miteinberechnen muss. »Ich weiß, dass es für mich schwerer ist, einen Job zu bekommen, also strenge ich mich doppelt so sehr an. Da gibt es nichts zu heulen. Irgendjemand ist immer in der Minderheit.«

Als der Roman veröffentlicht wurde, nannte der Schriftsteller Witi Ihimaera (Autor von *The Whale Rider*) *Once Were Warriors* »das *haka*, die Wut« des Volkes der Maori. Ein *haka* ist ein Kriegslied, das die Männer vor der Schlacht singen und dazu tanzen. Normalerweise wird es mit »Kriegstanz« übersetzt, obwohl Cook es eine »Mutdemonstration durch Beleidigung« nannte. Und genau in diesem Sinn ist auch Duffs Buch zu verstehen: eine Herausforderung, eine Beleidigung und ein Ansporn. Er legt es darauf an, bei fast jedem die Wut zu schüren – Maori-Aktivisten, die ihn als Verteidiger der Pakeha betrachten; liberale Pakeha, die ihn für einen rechtsorientierten Spinner halten; Traditionalisten, die ihn als Peinlichkeit empfinden. Aber man lässt sich so leicht von Duffs aggressiver Pose ablenken, dass man schnell vergisst, was seine eigentliche Botschaft ist: dass die Maori aufhören sollten, sich auf ihrer Zähigkeit auszuruhen, und ihre Köpfe einschalten sollten.

Duff glaubt an die alles wandelnde Kraft von Bildung, Disziplin und harter Arbeit fast wie an eine Religion. Aber seine Aufforderung an die Maori, mehr zu lesen, wieder die Schule zu besuchen, sich vom Arbeitslosengeld zu lösen und sich Arbeit zu suchen, sind oft als Aufruf zur Anpassung an die Pakeha-Gesellschaft ausgelegt worden – ein Vorwurf, der Duff in Rage bringt. »Ich habe *niemals* davon gesprochen, dass sich die Maori an die Pakeha anpassen sollen!«, sagte er in einem Interview mit Vilsoni Hereniko. »Wir leben nicht in einer Pakeha-Welt. Die Welt ist universell. Eigentlich gehören wir heute zu Asien.« Trotzdem müsste man mit Blindheit geschlagen sein, um nicht zu erkennen, dass Duff selbst ein kultureller Mischling ist. Diese spezielle Verknüpfung von Haltungen und Bestrebungen, die er verkörpert, mit Mitteln der Maori und Zielen der Pakeha, steht nicht gerade für die Verbindung zweier Wertesysteme, sondern erscheint wie ein Hin- und Herspringen zwischen zwei Standpunkten.

Duff entstammt »stark kontrastierenden Familienverhältnissen«, wie er es selbst beschreibt. »Maori-Mutter, europäischer Vater. Vater gebildet, Mutter nicht. Vater rational, Mutter ... unbedacht«, wie er es mir gegenüber ausdrückte – es ist bekannt, dass er aus seiner eigenen Erfahrung in Jugendstrafanstalten wie Borstal oder Besserungsanstalten und dem Hintergrund einer weitgehend zerrütteten Jugend schreibt. Duffs Vater, Wissenschaftler und Bruder des (im Übrigen) sehr bekannten Anthropologen Roger Duff, hatte einen, wie er es nennt, »tief greifenden Einfluss« auf ihn. Ihm ist Duffs Beziehung zum Lesen und zu Büchern hauptsächlich geschuldet. »Aber es hat eine Weile gedauert, um den Schaden, der in meiner Jugend angerichtet worden ist, wieder auszumerzen«, erzählte er. »Meine Mutter und ihre Brüder wurden einfach so wegen irgendetwas wütend, alle standen auf und stritten und das galt als völlig normal. Dann küssten sich alle und betranken sich und am nächsten Tag oder in der folgenden Woche passierte wieder genau das Gleiche. Daher hatte ich auch dieses durchgehende Motiv in *Warriors*.«

Wenn *Once Were Warriors* ein *haka* ist, ist es aber genauso auch ein Klagelied, sowohl um den »wilden Stolz« des Kriegervolkes als auch um eine Kindheit, die der »Unbedachtheit« und der Vernachlässigung zum Opfer fiel. Die Kraft dieses Romans erwächst genau aus der Kombination dieser beiden Arten der Trauer, die auf komplizierte Weise miteinander verwoben sind; dadurch verbildlicht der Roman den wohl quälendsten und schwierigsten Aspekt der Kolonialisierung: dass mehr verloren ging, als gewonnen wurde, und dass doch nichts anderes bleibt, als weiterzukämpfen.

Ich teile Duffs Meinung über den grundlegenden Wert von Bildung; jahrelang sprach ich mit Seven darüber, ob er wieder zur Schule sollte. Ich wollte ihn nicht drängen – ich halte gar nichts davon die Menschen, die man liebt, ändern zu wollen –, aber ich wollte ihn auf jeden Fall ermutigen, falls er irgendein Interesse daran zeigte.

Aus schulischer Hinsicht hatte er viel nachzuholen: Algebra, Geometrie, Aufsatzlehre. Er war mit 15 in die Berufsschule geschleust worden, und hatte noch nicht einmal die Highschool komplett abgeschlossen. Es machte mich rasend, wenn ich nur daran dachte: die ganzen Maori-Jugendlichen wurden als Teenager zu Arbeitern gemacht, während sie eigentlich Chemie und Differenzialrechnung hätten lernen sollen.

Einige Jahre später schrieb er sich schließlich beim örtlichen Gemeinde-College ein. Er besuchte Mathematik- und Technologiekurse, einen in Malerei und zum Verfassen von Texten, wo Kurzgeschichten, Gedichte und Dramen gelesen wurden. Das Theaterstück in diesem Semester war *Oedipus Rex* von Sophokles. Seine Aufgabe war es, über Oedipus' fatalen Fehler zu schreiben, und ich versuchte ihm verschiedene Wege zur Betrachtung des Königs aufzuzeigen, ohne den Text für ihn zu schreiben.

»Du musst noch andere Arten finden, um ihn zu beschreiben«, erklärte ich ihm. »Was für Worte gibt es sonst noch für ›Wut‹? Seine absurde Feindseligkeit, seine unmäßige Aggression …«

»So etwas würde ich nicht sagen«, meinte er. »›Gewalt‹ vielleicht.«

»Denk an deinen Onkel, deine Cousins, das sind wütende Männer. Denk daran, wie sie schreien und Sachen herumwerfen, wie sie die Leute drangsalieren. Du hast doch viel Erfahrung mit solchen Dingen.«

Seven schien das witzig zu finden. »Once were warriors«, sagte er.

14. Gu, Choki, Pa

Schon weit vor seiner Geburt wusste ich, dass unser zweites Kind ein Junge werden würde. Dauernd trat er mich, wand sich oder stieß mir seine Ellbogen in die Rippen. Wir konnten seine Knie und Ellbogen sehen, vielleicht waren es aber auch seine Fäuste, die da gegen die Bauchwand drückten. Er ist ein Fisch, dachte ich, ein schnell schwimmender, tief tauchender, kämpfender Fisch, ein Marlin, eine Königsmakrele, ein Thunfisch.

Für mich war es keine Überraschung zu sehen, was für ein Baby aus ihm wurde. Stark und stramm wie er war, hatte er mehr Muskeln als alle anderen Kleinkinder, die ich je gesehen habe. Sein Kopf war voll schwarzem Haar, seine Haut dunkel und er hatte zwei blauschwarze Mongolenflecke am Hintern. Unser erstes Kind war so hellhäutig, dass man es für ein weißes Kind halten konnte; nur die tiefe Schwärze seiner Iris und etwas an seiner Gesichtsform ließ ahnen, dass er kein klassischer Weißer war. Aber dieses zweite Kind ging sicher als Maori durch. In seinem Gesicht konnte ich sogar Züge von Sevens Mutter finden.

Ich stellte mir vor, dass er so werden könnte wie seine Cousins, die Söhne von Sevens Schwestern und Brüdern. Einer von ihnen, ein hübscher rundgesichtiger Junge mit glänzendem Haar, hat uns einmal am Flughafen empfangen, indem er aus der Menge sprang und einen *haka* aufführte. Er war damals etwa fünf Jahre alt; völlig furchtlos schlug er sich auf die Schenkel, stampfte mit den Füßen und rief »*Ka mate, ka mate ka ora, ka ora*« zur Verblüffung aller, die mit uns am Schalter der internationalen Ankunft gelandet waren.

Wenn ich versuchte, mir Sevens Kindheit vorzustellen,

musste ich immer an diese Jungen denken. Man konnte sie ohne große Mühe in die Geschichten einbauen, die er mir erzählte. Wie zum Beispiel die, in der er mit seinem Bruder den großen Hügel in Mangonui hinuntergefahren ist, auf einem Rad ohne Sitz, ohne Pedale und ohne Bremsen. Am Fuß des Hügels war eine rechtwinklige Kurve und sein älterer Bruder, der das Rad gesteuert hatte, brachte sich in letzter Minute durch einen Sprung in Sicherheit; Seven dagegen flog direkt in einen Zaunpfosten und musste schließlich mit 50 Stichen am Knie genäht werden.

Oder ein andermal, als er angeln ging, diesmal mit einem anderen Bruder, und seinen Angelhaken auswarf – direkt in sein eigenes Bein. Sie waren gerade bis zur Mündung der Bucht hinausgerudert und keiner von ihnen wollte den ganzen Weg zurückrudern. Ihr erster Gedanke war, den Haken herauszuschneiden, aber das Messer, das sie dabeihatten, war zu stumpf. Also beschlossen sie, stattdessen die Schnur abzuschneiden und den Haken zu lassen, wo er war, bis sie mit dem Fischen fertig waren. Irgendwann brachten sie Seven schließlich zu einem Arzt. Als Vorbereitung für den Schnitt wollte dieser Sevens Bein betäuben und ihm ein Anästhetikum durch die Fußsohlen spritzen. Seven hatte jedoch in seinem jungen Leben kaum jemals Schuhe getragen und die Hornhaut an seinen Fußsohlen war so dick, dass die Nadel brach.

Alle seine Geschichte waren ähnlich: Geschichten von Risiko und Rettung, oft mit einem leicht makaberen Dreh. Er hegte keinen Groll gegen den Bruder, der vom Rad gesprungen war; er hätte wahrscheinlich das Gleiche getan und hatte nur das Pech, nicht selbst zu lenken. In der Geschichte mit dem Angelhaken dagegen steckte ein feiner Spott; nicht nur wegen Sevens Missgeschick, sein eigenes Bein an den Haken zu kriegen, sondern auch wegen dem des Arztes, eine Injektion in die Fußsohle eines zehnjährigen Maori-Jungen setzen zu wollen. Oft hatten diese Geschichten von Schrammen, Pannen und

Fehlentscheidungen etwas Absurdes; der Witz lag aber in der Nonchalance des Erzählers gegenüber dem Ernst und Ausmaß der Ereignisse.

Das ausgefallenste Beispiel dafür hat mir einer von Sevens Cousins erzählt. Dabei ging es um einen Hund, der von der hinteren Ladefläche eines Lastwagens gefallen war und an einem Seil einen halben Kilometer hinterhergeschleift worden war, bis jemand etwas bemerkte. Dieser Cousin schien das unglaublich witzig zu finden. »Es war ein guter Hund«, sagte er, als er endlich wieder aufhörte zu lachen. »Er kroch davon und leckte sich wieder sauber.« Damals nahm ich an, dass er mir diese Geschichte als eine Art Test erzählte. Aber trotz allem fand ich sie sehr aufschlussreich. Nach Meinung dieses Cousins war es ein guter Hund, weil er alle Schwierigkeiten durchlitten und ohne jemandes Hilfe überlebt hatte.

In Neuseeland gibt es ein Wort, das dort so gebraucht wird, wie ich es noch nirgendwo anders erlebt habe. »Staunch« bedeutet im normalen Englisch »zuverlässig« oder »loyal«. In Neuseeland aber, vor allem unter den Maori, hat es eine etwas andere Bedeutung. Ich hatte es als »stark« oder »furchtlos« verstanden oder vielleicht »nervenstark«. Aber laut Seven gab es noch Färbungen, die ich nicht kannte.

»Was bedeutet es, wenn du sagst, jemand ist ›staunch‹?«, fragte ich ihn.

»Es heißt … sich nicht unterkriegen lassen. Präsent sein.«

»So wie furchtlos?«

»Eigentlich nicht. Menschen, die Extremsport machen, sind furchtlos. Sie sind nicht ›staunch‹.«

»Okay, dann geht es also nicht um körperlichen Mut. Wie wäre es mit stark?«

»Jeder kann ›staunch‹ sein. Große Menschen, kleine Menschen …«

»Es geht also nicht um einen beeindruckenden Körperbau. Es ist eine Haltung.«

»Genau. Es ist eine Art Macht, die jemand hat und die andere Leute dazu bringt, ihn zu respektieren.«

Das erinnerte mich an etwas, das ganz zu Beginn geschehen war, als Seven zum ersten Mal nach Melbourne gekommen war und wir uns gerade erst wirklich kennenlernten. Wir gingen zusammen auf einem vollen Gehsteig und mir fiel auf, dass die Menschen Platz machten, wenn sie sich uns näherten. Wenn ich allein war, hatte das noch nie jemand getan, deshalb sagte ich: »Mensch, es muss toll sein, so groß zu sein.« Und Seven lachte und sagte, dass es an seinem Gang liegen würde, der die Menschen dazu bringt, ihm Platz zu machen.

»Wirklich? Versuchst du sie einzuschüchtern?«

»Nein, ich gehe nur einfach gerne in einer gerade Linie.«

In Neuseeland bedeutet ›staunch‹ zu sein, *mana* zu haben, wie ich irgendwann herausfand. *Mana* hat mehrere Bedeutungen, wie etwa »Autorität«, »Einfluss«, »Prestige« und »Macht«, aber im Prinzip gibt es kein Wort, das alle seine Bedeutungen vereint. In den alten Zeiten wurde *mana* vererbt, seitdem aber waren die Menschen »mit einem Wettstreit um *mana* beschäftigt, das entsprechend ihrer Taten im Krieg, der Ehe, bei Festen oder im *marae* wachsen oder abnehmen konnte«, schreibt Anne Salmond. Es kam fast einer Art Heiligkeit gleich, wie ein Hauch von Göttlichkeit oder Erlesenheit, und trotzdem war der Weg, um *mana* zu bekommen, erstaunlich demokratisch.

Zwischen *mana* und körperlicher Stärke gibt es keinen zwingenden Zusammenhang – einige der am meisten gefürchteten und erfolgreichsten Maori-Häuptlinge der historischen Periode, Hongi Hika etwa, waren körperlich eher unscheinbar – aber schon immer war *mana* durch das Konzept von *utu* mit Gewalt verbunden. *Utu* ist ein weiteres Wort für das es keine angemessene Übersetzung gibt. *Utu* wird oft mit »Rache« wiedergegeben, aber eigentlich handelt es sich um das Prinzip der Wechselwirkung, das Konzept, dass jeder dazu verpflichtet ist, jede Form von Herabsetzung des eigenen *mana* zurückzugeben bzw. auszugleichen. Für gewöhnlich »wurde *utu* auf dem Schlachtfeld ausgetragen, wo es schwierig ist, jemandem genau das richtige Strafmaß zukommen zu lassen; nach jeder dieser feindlichen Begegnungen, kam es zu neuen *utu*-Forderungen. Die Konsequenz war, dass sich feindliche Parteien ewig bekriegten; Dörfer mussten befestigt werden, in den stark umkämpften Gebieten lebten die Menschen in ständiger Alarmbereitschaft«, so Salmond.

Verschiedenen Kulturen scheint, von außen betrachtet, ein bestimmtes Muster zugrunde zu liegen, eine Fasson, ein Ethos, ein charakteristischer Geist, eine bestimmte Anordnung. In einem amerikanischen Wörterbuch habe ich einmal das Wort »belligerence« (Kriegslust) nachgeschlagen und den folgenden Satz gefunden, der die Verwendung des Wortes verdeutlichen sollte: »Unter den Eingeborenenstämmen Amerikas der kolonialen Periode waren die Irokesen für ihre *Kriegslust* bekannt.« Wäre dieses Wörterbuch auf der anderen Seite der Welt geschrieben worden, hätte anstelle »Irokesen« wahrscheinlich »Maori« gestanden. Mit Stereotypen verhält es sich für gewöhnlich so, dass ihnen ein bestimmter Informationsgehalt zugrunde liegt – in diesem Fall das Ausmaß, in dem die Maori oder die Kultur der Irokesen den Akt des Krieges verehrten; gleichzeitig verschleiern Stereotypen aber auch die Werte, die das vorherrschende Konzept widerlegen oder es verkomplizieren: Etwa die Bedeutung von *aroha*, der Liebe, die zentrale Rolle von Kindern, den Respekt vor den Älteren, alles, was dem häuslichen Leben angehört, die sanften Eigenschaften der Freundschaft, Liebenswürdigkeit, Wohltätigkeit und des Zusammenhalts.

Ein Mann, der in all meinen Erlebnissen diese anderen Qualitäten beispielhaft verkörperte, war Sevens Vater. Ich hatte gehört, dass er in jungen Jahren ein Tunichtgut gewesen sein soll, aber ich kenne ihn nur sanft und zurückhaltend. Seven schien in dieser Hinsicht nach seinem Vater geraten zu sein, obwohl er viel größer und stärker war (seine Körpergröße geht auf die Familie seiner Mutter zurück, wie vielleicht auch das wildere Temperament einiger seiner Geschwister). Er war in seiner Milde seinem Vater sehr ähnlich und spielte diese Milde oft gegen seine Stärke aus.

Irgendwann drehten sich Sevens Geschichten aus seiner Jugend nicht mehr um Fahrräder und Angelhaken, sondern um Kämpfe. Er mochte diese Geschichten und erzählte sie oft, aber so, als wären sie Teil einer irgendwie mystischen Vergangenheit – wie das eine Mal, als sich alle Jungen der Schule auf einem Spielfeld im Kreis versammelt hatten, um seinem Kampf mit einem berüchtigten Schulhofschläger zuzusehen. Seine großen Hände, seine langen Arme und seine schnellen Reflexe machten ihn zu einem ausgezeichneten Kontrahenten und er schien oft die Aufmerksamkeit von großen, streitlustigen Männern zu erregen. Als wir einmal in Australien herumreisten und in irgendeiner Provinzstadt in einem Restaurant saßen, kam ein dicker Mann auf ihn zu und versuchte ihn herauszufordern.

»Keine Chance, Mann«, sagte Seven.

»Passiert dir das öfter?«, fragte ich, nachdem der Mann endlich aufgegeben hatte und verschwunden war.

Seven war im Grunde seines Herzen kein Kämpfer. Er verfügte über die Voraussetzungen dazu, aber nicht den Drang; er besaß alle Fähigkeiten, aber nicht (oder nur selten) den Wunsch, sie einzusetzen. Er konnte wahrscheinlich sehr gefährlich werden, aber in seiner Nähe fühlte man sich völlig sicher. In meinen Augen war er immer die Kehrseite der Medaille, jemand der daran erinnerte, dass die Dinge komplexer sind, als sie auf den ersten Blick scheinen.

Das traf auch auf Matiu zu, unseren zweiten Sohn. Zuerst hatte ich kurz darüber nachgedacht, ihn Mao Mao zu nennen, als ich in Gedanken noch bei dem Fisch war, oder Makoare, ein Familienname, der auf Englisch fast wie »Macquarie« klingt.

Auch Kingi ist ein relativ gängiger Maori-Name (die weibliche Form dazu lautet Kuini). Aber schließlich entschieden wir uns für Matiu – die Maori-Form von Matthew oder Matthias, die Máchu ausgesprochen wird, wie bei Máchu Pichu – weil mir der Klang des Namens gefiel.

Manche sehr kräftigen Babys winden sich, zerren und drücken einen oft weg, als ob sie es nicht ertragen könnten, eingeengt zu sein. Diese Art von Körperlichkeit hatte Matiu nie. Er war ein äußerst kräftiges Baby und konnte seinen Kopf halten, sitzen und stehen, weit bevor es seinem Alter entsprochen hätte; zugleich hatte er eine tiefe, körperliche Gelassenheit an sich. Er wurde ganz sanft und ruhig, wenn man ihn im Arm hielt und kuschelte sich in die Armbeuge, wo er mit dem Kopf unter meinem Kinn stundenlang liegen konnte und auf meinen Herzschlag hörte. Wir nahmen ihn des Öfteren mit zu Partys und reichten ihn herum, sodass alle Frauen ihn halten und sich darüber auslassen konnten, was für ein liebes Baby er war.

Als er älter wurde, war schnell klar, dass er nie ein ungestümes Kind werden würde, kein Kämpfer. Er war sanft und hilfsbereit, liebevoll und freundlich. Er glich seinem Vater und seinem Großvater, und soweit ich wusste auch seinem Urgroßvater. Und trotzdem verfügte er über körperliche Kraft, schnelle Reflexe, starke Muskeln und schwere Kochen. Er könnte jederzeit den starken Mann markieren, wenn er es wollte, obwohl ich nicht glaube, dass er es jemals tun würde. Aber immer mal wieder geschah aus dem Blauen heraus etwas beinahe Atavistisches.

Eines Tages, als Matiu etwa drei Jahre alt war, kam er von der Vorschule nach Hause, stellte sich breitbeinig hin, schlug in die Luft und schrie: »*Gu! Choki! Pa!*«

Ich saß mit der Nachbarin in der Küche und wir sahen uns an und fingen an zu lachen. Keine von uns hatte die leiseste Ahnung, was er da tat.

Zu den Worten gehörten Handbewegungen: *Gu* war begleitet von einer ausgestreckten Faust. *Choki* waren zwei Finger in V-Form. *Pa* war eine geöffnete Hand, die Handfläche nach oben und die Finger auseinandergestreckt. Jede Geste wurde mit vor dem Körper ausgestrecktem Arm ausgeführt.

»Das muss der Maori in ihm sein«, kommentierte meine Nachbarin. »Er ist der geborene Krieger.«

Bei Matiu sah es aus wie ein *haka*, aber wie ich später herausfand, war es einfach nur Schere-Stein-Papier, also Knobeln … auf Japanisch.

In unserer kleinen Familie gab es nicht jedes Mal dann ein Baby wenn wir umzogen, aber immer, wenn ein Kind unterwegs war, waren wir gerade dabei, umzuziehen. Matiu wurde in Queensland gezeugt, aber bis er geboren wurde, mussten wir schon wieder zurück nach Melbourne ziehen. Mir war dort eine Stelle als Lektorin angeboten worden und obwohl es bedeutete, dass ich mein Stipendium nicht zu Ende bringen konnte, war die Gelegenheit zu gut, um sie ziehen zu lassen. Kura hatte ihr Semester abgeschlossen und Seven war nicht traurig darüber, Brisbane zu verlassen. Es war ihm nie gelungen, eine Arbeit zu finden, die ihm auch Spaß machte, und, wie um das Ganze noch schlimmer zu machen, hatte er sich in der Salatfabrik seinen Rücken verletzt, lag über Wochen zeitenweise auf dem Wohnzimmerboden und wurde zunehmend mutloser.

Seven, Kura, Abraham und ich fuhren von Queensland hinunter, machten an der Grenze des Bundesstaats halt, um eine Kiste Bowen Mangos zu kaufen und campten in verschiedenen Parks voller Kängurus entlang der Nordküste von New South Wales. Es war Frühling und zunächst hatten wir wunderbares Wetter, kühle Morgen, heiße Nachmittage, der Himmel glasklar und sonnig. Aber auf unserem Weg nach Süden verschlechterte sich das Wetter zusehends und als wir schließlich in Victoria ankamen, war es kühl und regnerisch.

Für die erste Zeit, die wir brauchen würden, um eine richtige Bleibe zu finden, hatten wir eine Wohnung mit Zimmerservice in der Nähe der Universität gemietet. Weil wir die Stadt ja gut kannten, gingen wir davon aus, dass es höchstens ein paar Wochen dauern konnte. Aber seit wir in Melbourne gelebt hatten, waren Jahre vergangen und der Immobilienmarkt hatte sich drastisch verändert: weniger Wohnraum zu höheren Preise. Außerdem waren wir damals nur zu zweit gewesen; jetzt waren wir vier, fast fünf. Das bedeutete, dass wir drei Schlafzimmer brauchten, womit alle Stadtviertel, die wir kannten und in denen wir zuvor gelebt hatten, weit außer Reichweite rückten.

Wir suchten und suchten und ich machte mir immer mehr Sorgen, aber dann, eines Tages, hatte ich eine Idee. Wir könnten das Haus eines Akademikers im Austausch übernehmen, eine Art Kurzzeitmiete, nur für ein Semester, oder wenn wir Glück hatten ein volles akademisches Jahr. Die Häuser sind komplett eingerichtet, von den Bettlaken bis zum Geschirr, was uns sehr gelegen kam. Wegen der kurzen Mietdauer würde die Miete unterhalb des normalen Preises liegen. Auf diese Weise konnten wir unsere drei Schlafzimmer in jedem Viertel bekommen, das wir wollten, solange wir bereit waren, alle sechs bis zwölf Monate unsere Sachen zu packen und umzuziehen.

Über die folgenden vier Jahre lebten wir in einer Reihe von Häusern anderer Leute. Eines gehörte einem Chemieingenieur, ein anderes einem Dozenten für Wirtschaftsprüfung, das dritte einer Frau, die Filme machte, und das vierte einem Mann, der die Universität verließ, um für ein Unternehmen in Übersee zu arbeiten. Sie nahmen ihre Familien, ihre Haustiere und ihre persönlichen Dinge mit sich, ließen aber alles andere zurück: ihre Möbel, ihre Geräte, ihre Töpfe und Pfannen, ihr Gartenwerkzeug, ihre Handtücher und Bettlaken, sogar ihre Videos und Bücher.

Zu Beginn war es immer ein seltsames Gefühl. Wir schlichen durch das Haus, öffneten Schubladen und Schränke, versuchten herauszufinden, wo alles verstaut war: Welche Laken gehörten zum Rollbett und welche auf das Doppelbett; wo befanden sich der Hammer und der Korkenzieher; welche Töpfe passten gut in den Schrank und welche ließen sich besser unter dem Herd verstauen? Wie bei der Dewey-Dezimalklassifikation hatte alles nur einen internen Sinn, und man konnte das System nur verstehen, wenn man sich seiner Logik hingab. Es war zwecklos, einem Haus, das schon komplett eingerichtet und bewohnt war, eine eigene Ordnung aufzwingen zu wollen, auch wenn die Besitzer gar nicht mehr dort lebten. Der Trick war, sich nicht gegen das andere Ordnungssystem zu wehren, sondern vielmehr sich hineinzudenken, also die Dinge so zu tun, wie es die ursprünglichen Bewohner gemacht hätten. Nach einer Zeit gewöhnten wir uns daran, nicht nur jeweils an das neue Haus, sondern auch an den Prozess der fortgesetzten Anpassung.

Bis ich aufs College ging, hatte ich mein Leben lang in einem einzigen Haus gewohnt – das Haus, in dem meine Eltern noch immer lebten und in das ich Seven gebracht hatte, als er zum ersten Mal in die Staaten kam. Die einzige Ausnahme war ein Jahr, in dem meine Familie in der Schweiz lebte, wohl während eines Sabbaticals meines Vaters. Es war das Jahr, in dem ich acht wurde, und es ist das einzige Jahr meiner Kindheit, an das ich mich genau erinnern kann. Ich erinnere mich an die Schule, die ich besuchte, und an die Reihe in meiner Klasse, in der ich saß. Ich erinnere mich an die Jacke in der Farbe der Osterglocken, die ich an Ostern trug, und an den Geruch des Ladens unterhalb unserer Wohnung, der Süßigkeiten und Zigaretten verkaufte. Diese Erinnerung ist frisch und lebendig wie ein Stein, der aus dem Strom ragt, wogegen meine restliche Kindheit wie ein ununterbrochener Fluss von Erlebnissen wirkt, aus dem ich kaum ein einzelnes Detail herausfischen kann.

Das ist anscheinend einer der Vorteile von Umzügen: In der Erinnerung werden Raum-Zeit-Bezüge geschaffen. Allerdings gibt es einen Grund für die Entstehung dieser Bezüge; nicht nur weil es Unterschiede zum alten Leben gibt. Umziehen ist von Natur aus traumatisch und einer der Gründe, warum wir uns so deutlich daran erinnern, ist die Tatsache, dass Umzüge immer ein Schock sind.

Matiu wurde im zweiten dieser Häuser geboren; im dritten kam Abraham in die Schule. Als wir kurz vor dem Umzug in das vierte Haus standen, war klar, dass wir so nicht weitermachen konnten. Es war eine Sache, uns das selbst aufzuerlegen, oder auch uns selbst und einem Baby, aber es war eine ganz andere Sache, mit einem Schulkind umzuziehen. Abraham hatte den Kindergarten in einer hübschen kleinen Schule besucht, gleich am Ende der Straße, in der das Haus stand, das wir um die Zeit seines fünften Geburtstags gemietet hatten. Als aber sein sechster Geburtstag näher rückte und damit auch sein erstes Schuljahr, kehrten die Besitzer aus dem Ausland zurück. Ich hatte mich damit abgefunden, dass wir umziehen mussten – ich mochte das Haus ohnehin nicht besonders –, aber ich wollte vermeiden, dass Abraham die Schule wechseln musste.

Natürlich hatte ich das kommen sehen, und wir hatten den ganzen Sommer über nach einem anderen Heim gesucht. Aber der Immobilienmarkt war so schlimm wie noch nie. Es gab nichts: weder Wohnungen, die wir uns leisten konnten, noch solche, die wir uns nicht leisten konnten. Zwei Wochen vor Schulbeginn wurde ich langsam panisch. Und dann, ganz plötzlich, rief jemand an, der einen Zettel gesehen hatte, den ich nahe der Schule angebracht hatte. Die Familie wollte gerade nach England ziehen. Ob wir Interesse hätten, ihr Haus in ihrer Abwesenheit zu mieten?

Es war ein Geschenk der Götter. Ein wundervolles Haus mit schönem Garten, einer hellen, offenen Küche, Zentralheizung (ein Luxus in Melbourne, in dessen Genuss wir nie gekommen waren) – eine solide Mittelklassebehausung und ein großer Schritt aus unserer höhlenartigen, zugigen, unrenovierten viktorianischen Bleibe, in der wir das vergangene Jahr verbracht hatten. Das Beste war, dass es nur ein paar Blocks von Abrahams Schule entfernt war. Aber wie lange konnten wir es bewohnen? Die Besitzer hatten von einem Jahr gesprochen, vielleicht zwei, vielleicht auch drei, wenn wir Glück hatten. Aber es hatte nicht viel Sinn, sich daran zu gewöhnen. Früher oder später würden wir ausziehen müssen.

Zuerst hatte sich der Umzug nach Melbourne wie eine Heimkehr angefühlt. Aber die Zeit hatte ihre Spuren hinterlassen und die Dinge hatten sich verändert. Erstaunlich wenige unserer Freunde hatten Kinder, und die Tatsache, dass wir keine weiteren Verwandten in der Nähe hatten – außer Kura, die mittlerweile das College besuchte und in einer Wohngemeinschaft mit Gleichaltrigen lebte –, machte alles schwieriger. Es gab niemanden, der für uns babysittete oder uns die zu klein gewordene Kleidung der eigenen Kinder weitergab; niemand, mit dem wir die Ferien hätten verbringen können oder der uns bei Feiern aushelfen konnte.

Nur wenige Dinge sind schwieriger als Kinder in einem Vakuum zu erziehen. Ich machte mir ohnehin schon Sorgen, dass wir die Jungen nicht in Neuseeland großzogen. Einerseits bedeutete das, dass sie sich nicht mit den hausgemachten Problemen auseinandersetzten mussten, weil sie Maori waren; andererseits aber gab es viele Dinge, die sie niemals kennenlernen würden. Niemand würde ihnen einen *haka* beibringen; sie wussten nicht, wie man sich in einem *marae* verhält. Ihr Maori würde nie ganz echt klingen, den Klang der Sprache würden sie nie in ihrem Kopf hören können. Sie wären Fremde, wenn sie nach Neuseeland zurückkehrten; sie würden die Bräuche oder Tradition nicht kennen und die gleichen dummen Fehler wie ich machen. Aber daran konnte ich wenig ändern, solange sich Seven keine Gedanken darüber machte.

Oft versuchte ich, ihn dazu zu ermutigen, mit den Kindern Maori zu sprechen und ihnen ein paar der Dinge beizubringen, die er wusste. Einmal schlug ich ihm vor, Abraham zu zeigen, wie man mit einer Schnur fischt, wie ich es bei ihm in Mangonui gesehen hatte. Dabei handelte es sich nur um einen Plastikkreis, um den eine Angelschnur gewickelt war, aber die Art wie er sie auswarf, war ganz erstaunlich. »Oh, ich weiß noch nicht mal, wo man die hier bekommt. Abgesehen davon ist es eh viel einfacher mit einer Rute zu fischen.« Ich glaube, er fand die Vorstellung, die Welt, in der er aufgewachsen war, an einem anderen Ort nachzubilden dumm. Niemals hat er einen Kult um seine Herkunft aufgebaut, zumindest nicht, wie er betonte, wenn es eine genauso gute Alternative dazu gab. Wie Sir Paul Reeves, der ehemalige Generalgouverneur von Neuseeland einmal sagte: »Es gibt so viele Arten als Maori aufzuwachsen, wie es Maori selbst gibt.« Eine davon ist, überhaupt nicht wie ein Maori aufzuwachsen.

Aber da war noch ein anderes Problem, mit dem ich nicht gerechnet hatte, und das mit meiner eigenen Erziehung zu tun hatte. Wenn man seine Kinder großzieht, hat man im Voraus keine Ahnung, wie viel man aus seinen eigenen Kindheitserfahrungen schöpfen wird. Aber auch ich bewegte mich »außerhalb meiner Kultur«. Zum Beispiel war mir das australische Schulsystem fremd, und obwohl ich mir von Schuljahr zu Schuljahr meiner Kinder zusammenreimen konnte, wie es funktioniert, hatte ich keine Erinnerungen, auf die ich zurückgreifen konnte, keinen Überblick, keine Ahnung, wohin es führen sollte, kein Modell für das, was auf uns zukommen würde. Auch verstand ich die anderen Mütter oft nicht, die zum Großteil hier aufgewachsen waren, manchmal sogar genau in diesem Stadtviertel. Ich wusste nicht, was man für die Kindergeburtstage vorbereiten musste, oder was man zum großen Schulessen mitbringt. Ich war kein ergebener Fan des örtlichen Fußballvereins. Innenarchitektur und Gärtnerei lagen mir nicht besonders am Herzen. Ich gehörte keiner Kirche an.

Ein Teil dieser Unbeholfenheit rührte wahrscheinlich von der Nachbarschaft her, in der wir lebten. Es gibt Gegenden in Melbourne, in denen ich mich vermutlich viel mehr zu Hause gefühlt hätte – wo die Mütter eher so wie ich gewesen wären, obwohl die Väter Seven wohl weniger geglichen hätten – aber wir konnten es uns nicht leisten, dort zu wohnen. Das Seltsame war, dass mich früher dieses Gefühl der Deplatziertheit niemals gestört hätte. Ganz im Gegenteil, am wohlsten habe ich mich immer in fremden Gewässern gefühlt. Aber seit ich Verantwortung für meine Kinder übernehmen musste, genoss ich das Gefühl, mich in einer fremden Umgebung zurechtfinden zu müssen, nicht mehr. Woher konnte ich wissen, was ich mit ihnen tun sollte, wenn alles was ich kannte, nicht mehr galt?

Es ist das klassische Problem des Einwanderers und natürlich hätte es noch viel schlimmer sein können. Melbourne war von dem, was ich kannte, nicht *so* verschieden – immerhin sprachen alle Englisch –, aber es war fremd genug, um mich zu verwirren. Und das gab mir in Kombination mit meiner wachsenden Unsicherheit, weil wir noch kein eigenes Heim hatten, das Gefühl, dass wir zwar an einen Ort zurückgekehrt waren, an dem wir glücklich gewesen sind, aber nicht unbedingt an einen Ort, den wir Zuhause nennen konnten.

Und dann fiel uns ein Pfeil vor die Füße, wie es Seven immer ausdrückte. Das geschah in Form eines Anrufs meiner Mutter. Mein Vater war wieder im Krankenhaus; es war ernst, aber noch nicht lebensbedrohlich. Er ging mittlerweile auf die achtzig zu und ich stand vor der Frage: Wollte ich das Gleiche tun wie Seven und zum Begräbnis nach Hause fahren, oder war es vielleicht an der Zeit, endgültig nach Hause zurückzukehren?

15. Matariki

Ich erinnere mich daran, dass ich bei meinem allerersten Flug über den Äquator mitten in der Nacht aufgewacht bin und aus dem Flugzeugfenster geschaut habe. Dort, ganz tief am Horizont und viel kleiner, als ich es mir vorgestellt hatte, war das Kreuz des Südens. Dieses Sternbild ist für die südliche Halbkugel das, was der Große Wagen für die nördliche ist, ein helles, vertrautes Bild im Nachthimmel, das jedes Kind herauspicken kann. Es besteht aus vier hellen Sternen mit einem kleineren fünften, der im unteren rechten Quadranten schwebt. Unten links liegt eine dunkle Fläche, von der lange angenommen wurde, dass sie »eine Öffnung in die schreckliche Einsamkeit des unbewohnten Weltalls sei«. Tatsächlich handelt es sich um eine dunkle Wasserstoffwolke, fast 500 Lichtjahre entfernt.

Als zirkumpolare Konstellation wandert das Kreuz des Südens durch den südlichen Himmel. Seine lange Achse zeigt immer auf den Pol und ist in der südlichen Hemisphäre dem Seefahrer als Orientierungspunkt von genauso großem Nutzen wie der Polarstern im Norden. Obwohl ich mich in diesem Augenblick theoretisch vielleicht noch immer nördlich des Äquators befand – denn das Kreuz ist nur innerhalb des Wendekreises des Krebses sichtbar und kann deshalb tief am Horizont von Hawaii und den Florida Keys aus gesehen werden –, war diese kleine Ansammlung von Sternen nicht nur ein Zeichen dafür, dass ich die Grenze überschritten hatte. Es war auch ein Zeichen, *das* Zeichen, dass die Welt, die ich kannte, hinter mir abtauchte, während vor mir eine Welt aufging, die ich noch nie gesehen hatte.

Als ich anderthalb Jahrzehnte später meine letzte Reise

machte, geschah dies auf demselben Weg, nur in umgekehrter Richtung. Ich hatte Seven, Abraham und Matiu bei mir und trug ein drittes Kind unter dem Herzen. Wir nahmen uns fünf Wochen Zeit, um unsere wahrscheinlich letzte große Reise zu genießen, zumindest in absehbarer Zeit. Es gibt viele Dinge, die mit einem Kind schwierig werden, wenn nicht gar unmöglich; mit dreien gehören internationale Reisen sicherlich dazu.

Wir machten in Neuseeland halt, um uns zu verabschieden und besuchten Sevens Geschwister in Auckland, Kaitaia und Whangarei. Wir schliefen auf Sofas und in Gästezimmern und einmal stellten wir sogar ein Zelt im Garten auf. Aber nach zehn Tagen des ständigen Umherziehens (das Zelt war ziemlich feucht), beschlossen wir, uns für eine Woche ein Haus am Strand in der Nähe von Mangonui zu mieten. Es war winzig und sehr rustikal, bot aber einen spektakulären Blick über die Bucht. Wir hatten Herbst, die Nebensaison, und das Wetter war unstetig: auf einen wunderbaren Sonnentag folgten zwei mit eilenden Wolken.

Der Strand lag an der Meeresseite eines nördlichen Auslegers der Bay of Islands, eine sich lang erstreckende Halbinsel, die in die See hinausragte. Der Ort war abgelegen und sehr ruhig, es gab nur ein paar Häuser, von denen einige bereits für den Winter geschlossen waren. Am einen Ende des Strandes lief ein Bach ins Meer und jede Flut baute für die Kinder neue kleine Seen und Strudel. An der hinteren Seite des Strandes lagen steile Hügel, die zum Kamm des Bergrückens hinaufführten. Ein oder zweimal stieg ich mit meinem Handy bis ganz nach oben, um meine Mutter anzurufen. Zu unser beider Überraschung war die Verbindung völlig klar und es fühlte sich an, als würde ich ein Alternativ-Universum beschreiben, als ich versuchte, ihr zu erklären, wo ich war.

»Na ja, ich sitze auf einem Stein auf einer Weide. Hinter mir sind ein Zaun, ein paar Kühe und viele gereizt aussehende

Gänse. Aber wenn man in die andere Richtung schaut, ist es fast unglaublich. Ich bin auf einer Klippe zum Pazifik und von meinem Sitzplatz aus kann ich sogar die Krümmung der Erde sehen. Ich glaube, wenn man hier ablegt und immer geradeaus segelt, stößt man erst in Valparaiso wieder auf Land.« Von Osten rollte eine große Welle herein und die Schaumkronen unten am Strand leuchteten strahlend weiß, als sich die Sonne darin brach. »Die Farbe des Meeres? Hmmm. Ich glaube, es ist Preußischblau.«

Die andere wichtige Station auf unserer Abschiedsreise war natürlich Hawaii. Jahre waren vergangen, seit wir in Honolulu gelebt hatten, aber unsere Liebe zu diesem Ort war uns geblieben und Seven sprach oft davon, dahin zurückzukehren. Wir wohnten in einer kleinen Wohnung auf dem Campus der Universität und nahmen die Jungen mit nach Ala Moana, um ihnen die Wellen zu zeigen, wo Seven immer surfen gegangen war. Wir gingen über den umnebelten Pali hinauf und zum Strand von Sans Souci hinab. Im Bishop Museum zeigten wir ihnen die Götter aus Korbgeflecht und die Halsketten aus menschlichem Haar und gingen mit ihnen die Porträts der hawaiianischen Monarchen ab, deren Ähnlichkeit zu ihren Maori-Onkeln und -Tanten so deutlich war. Schließlich besuchten wir noch jeweils unsere Lieblingsorte: den Bungalow am Punchbowl Hill, den Beachclub am North Shore und natürlich Henrys wunderschönes Haus.

Henry war genauso alt wie mein Vater, und das Reisen bereitete ihm einige Mühe; wir hatten Glück, dass wir ihn dort antrafen. Wahrscheinlich war es das letzte Mal, dass er die Reise von Kalifornien aus auf sich nehmen konnte. Ich hatte ihm ein Buch von Ben Finney gekauft trotz des großen Risikos, dass er es schon besaß; es war die Geschichte der Reise der *Hokulea* – ein nachgebautes Doppelrumpfkanu – von Hawaii nach Neuseeland und zurück. Eine Reise mit Abstechern nach Tonga, Samoa, Tahiti und Rarotonga von insgesamt

12 000 Seemeilen. Henry kannte sich gut aus mit experimentellen Seereisen – lange Seefahrten, die in althergebrachten Schiffen mit dem entsprechenden Wissen und Werkzeug durchgeführt wurden – und hatte das Schicksal der *Hokulea* seit ihrer Jungfernfahrt nach Tahiti 1976 mitverfolgt. Obwohl er leicht allergisch auf das Konzept von neu oder wieder erfundenen Traditionen reagierte und die Horden der New-Age-Touristen verabscheute, die anreisten, um zu der Göttin Pele zu beten, war er fasziniert von der Bemühung, die altertümlichen Navigationstechniken wiederzuentdecken.

»Hokulea ist der hawaiianische Name für Arktur, der Zenitstern Hawaiis«, erklärte uns Henry. »Arktur gehört zu den hellsten Sternen überhaupt, ich glaube, er ist der hellste Stern am Nordhimmel und sein Neigungswinkel stimmt zufällig genau mit dem Breitengrad von Big Island überein. Manche Menschen gehen davon aus, dass die alten Polynesier folgerten, eine Insel müsse sich unter dem Stern befinden, weil sie der Idee Glauben schenkten, dass jeder helle Stern etwas Wichtiges markiert. Sirius, der hellste Stern am Firmament, verläuft direkt über Tahiti. Wenn man aber auf der Suche nach Hawaii ist, können auch die Plejaden weiterhelfen. Makalii [der hawaiianische Name der Pleijaden], das bedeutet »kleine Augen« – oder laut mancher Quellen sogar »göttliche Augen«, obwohl das auch eine späte Interpretation sein könnte – wandert ebenfalls über uns hinweg.«

Henry lehnte sich in seinem Stuhl zurück und blickte durch das große Glasfenster in den Himmel.

»Den kenne ich«, sagte Seven, »wir nennen ihn Matariki. Manchmal haben wir uns an ihm orientiert, um Norden zu finden. Aber ich wusste nicht, dass er über Hawaii steht.«

Als sechs Monate später unser dritter Sohn geboren wurde – ausgerechnet am Columbus-Tag –, fragte meine Mutter im Scherz, ob wir ihn nun Christobal nennen würden.

»Haha«, sagte ich. »Nein. Er wird Dani heißen, schlicht und

einfach, findest du nicht? Aber sein vollständiger Name ist Dani Matariki, der, der auf die nördliche Hemisphäre zeigt. Ein Stern des Nordens für den Süden.«

Jeder weitere Umzug wurde logistisch schwieriger zu organisieren und jedes Mal war der Aufwand größer. Wir hatten entgegen aller Schwierigkeiten begonnen, in Australien Wurzeln zu schlagen. Meine komplette Berufskarriere hatte in der Pazifikregion stattgefunden; jeder, den ich kannte und mit dem ich jemals gearbeitet hatte, lebte dort. Seven hatte sich gut eingearbeitet in das Leben als Kurier und kannte die Stadt wie seine Westentasche. Unsere Kinder sprachen mit australischem Akzent. Ich selbst war sogar bereits eingebürgert und hatte zwei Pässe: einen mit dem amerikanischen Adler und einen mit einem Emu und einem Känguru.

Und trotzdem: Als der Anruf wegen meines Vaters kam, zögerten wir kaum. Er war alt und krank und es gab zu viel, um das man sich kümmern musste, zu viele Blätter, zu viel Gras, zu viel Schnee. Wir selbst hatten zu wenig Geld zur Verfügung. Ganz egal, wie viel wir arbeiteten, immer ging es nur einen Schritt vorwärts und zwei zurück. Vielleicht konnten wir in Amerika unsere Kräfte vereinen: Meine Mutter würde kochen, ich putzen, mein Vater konnte die Rechnungen bezahlen und Seven konnte die anstrengenden Hausarbeiten übernehmen. *Jeder nach seinen Fähigkeiten, jedem nach seinen Bedürfnissen*, witzelte ich.

Wir verschifften drei Schrankkoffer mit Kleidung und Bettzeug, zwei Truhen mit Spielzeug, ein Titan-Rad, eine Kiste mit Werkzeug und 40 Kisten mit Büchern und Papieren. Mehr hatten wir nie angesammelt, aber für eine fast fünfköpfige Familie war es noch immer erstaunlich wenig. Wir besaßen überhaupt keine Möbel und keine erwähnenswerte Kücheneinrichtung. Ich besaß ein gutes Messer, das ich in ein Handtuch wickelte und in meinen Koffer packte, und es gab eine Pfanne, die ich von einem Freund bekommen hatte und sehr mochte, aber ich ließ sie bei Sevens Schwester zurück, zusammen mit allem anderem, auch dem Auto. Wir versprachen unseren Freunden in ein paar Jahren zurückzukommen, aber sie sahen einander nur wissend an und sagten: »Jaja, das sehen wir ja dann.«

Wie immer hatten wir fast gar nicht darüber nachgedacht, wo wir wohnen würden. Unser erster Gedanke war es, bei meinen Eltern zu bleiben, bis wir uns selbst organisiert hätten. Aber es stellte sich schnell heraus, dass Boston sogar noch teurer als Melbourne war. An einen Job zu kommen war schwierig; die Löhne waren niedrig, Krankenversicherung und Kinderbetreuung dagegen astronomisch. Und Häuserpreise und Mieten waren wie immer völlig unerschwinglich. Aber wir hatten eine Sache, die uns in Australien immer gefehlt hatte: Hilfe.

Die Vorteile in einem Haushalt mit mehreren Generationen zu leben, leuchten vielen Menschen in der ganzen Welt ein, aber in Amerika hat der Wohlstand zu einer Kultur der Isolation geführt; die Vorstellung, mit der weiter gefassten Familie zusammenzuleben, empfinden die meisten Leute als ziemlich verrückt. *Wie hältst du es aus, mit deinen Eltern zu leben?*, fragten mich meine Freunde, während die Freunde meiner Eltern fragten: *Wie hältst du es aus, mit deinen Kindern zu leben?* Aber eigentlich war es sehr einfach. Auf diese Weise gab es viel mehr Menschen, um all die Dinge zu erledigen, die es ohnehin zu tun gab: schaufeln, kochen, babysitten, die Fensterläden anbringen und abnehmen … Während wir einiges an Unordnung und Chaos mit uns brachten, folgten uns aber auch Leben und Energie in ein Haus, das von Jahr zu Jahr stiller geworden war.

Sicher hätte das nicht bei jedem geklappt, aber bei uns ging es gut. Jeder opferte etwas – Privatsphäre, Kontrolle –, aber jeder profitierte auch. Seven und ich konnten unsere Kinder in einer viel schöneren Umgebung großziehen, als es unsere finanziellen Mittel eigentlich erlaubt hätten. Meine Eltern hatten Gesellschaft und Hilfe bei der beschwerlichen Aufgabe, sich um ein Haus mit drei Morgen Land zu kümmern. Und für die Kinder war es sowieso eine Situation, bei der sie nur gewinnen konnten: Ein Aufgebot von hingebungsvollen Erwachsenen, die sich um sie kümmerten, eine sichere und schöne Umgebung und eine nette, kleine Schule.

Das soll aber nicht heißen, dass es keine Probleme gab. Meine Eltern beschwerten sich wegen Sevens Kleinlaster, ein wuchtiger roter Ford mit einem rostigen Schneepflug, von dem er dachte, dass er ihn eines Tage benutzen wollte, und ihnen waren die Massen an Schrott, die Seven auf der Müllhalde fand, ein Dorn im Auge: kaputte Schneefräsen und Fernseher, verbogene Skistöcke und Kinderwagen, Lampen, Radios, Fahrräder, alle möglichen ferngesteuerten Autos. Das alles war symptomatisch dafür, wie unterschiedlich sie waren: sein Ideenreichtum gegenüber ihrer Kultiviertheit. Ich musste immer an die Behauptung des Anthropologen Nicholas Thomas denken, dass das nahe Zusammenleben zweier Kulturen – etwa an der kolonialen Grenze – nicht zwingend zu einer kulturellen Synthese führt. Ganz im Gegenteil, er schreibt, dass »eng verbundene Dinge völlig verschieden bleiben können«.

Seven und meine Eltern einigten sich darauf, sich nicht einigen zu können, und solange sie gegenseitig ihre Grenzen respektierten, war alles in Ordnung. Ich selbst hatte dafür ein Problem mit meinem Zeitgefühl – ich fühlte mich, als wäre ich in der Zeit gereist. Wo immer ich auch war, spürte ich das Echo meiner eigenen Geschichte: Es gab das Feld, auf dem ich immer geritten war; dort war die Turnhalle, in der ich mir den Arm gebrochen hatte; hier stand die Kirche, in der mein Cousin geheiratet hat. Ich war in diesem Haus, mit diesen Menschen aufgewachsen und diese Art zu leben war mir durch und durch vertraut. Aber es war ein Leben, das ich mit meiner Kindheit assoziierte, und beizeiten fühlte ich mich wie das

Versuchskaninchen in einem Psychologieexperiment zur Ausradierung der Erinnerung meines Erwachsenenlebens. Meine Eltern schliefen noch immer im gleichen Raum. Meine Kinder in dem Raum, der als Kind mir gehörte; Seven und ich im Gästezimmer – als ob man nicht wüsste, wo man in seinem Leben gerade steht.

Aber war dieses Gefühl der Orientierungslosigkeit nicht das, nach dem ich immer gestrebt hatte? Ich sagte mir selbst, dass ich mich einfach auf ein neues Abenteuer eingelassen hatte, voller Minivans, Fußballfelder und Kontoüberziehungen, was dem voreingenommenen Betrachter wie die Antithese einer Entdeckungsreise erscheinen mag, eine Art Anti-Expedition, ein Minusabenteuer, aber was – wenn man es vom richtigen Blickwinkel aus betrachtet – genauso herausfordernd war, wie vieles andere, das ich getan hatte.

Für einen allerdings war es tatsächlich ein Abenteuer. Seven war nicht mehr ganz so unerfahren wie das erste Mal, als wir nach Amerika kamen, aber an einem Ort wie diesem hatte er noch nie dauerhaft gelebt.

Die Ortschaft, in der meine Eltern wohnten, war ein typisches neuenglisches Dorf mit Blumentöpfen, einer weißen Kirche, einem Gemeindehaus in der Mitte und einem kleinen, etwas widerwilligen Zugeständnis an den Kommerz in Form einer Bank, einer Post, eines Supermarkts und eines Souvenirladens etwa eine Meile entfernt. Obwohl Boston nur etwa 25 Kilometer weit weg war, hatte es dank der Einführung einer strikten Baubeschränkung in den 50er-Jahren viel von seinem ursprünglichen Charakter behalten. Während alle Kleinstädte in der Umgebung immer dichter besiedelt und vorstädtischer wurden, ist in dem Städtchen meiner Eltern mehr oder weniger alles beim Alten geblieben.

Einen demografischen Wandel hatte es aber doch gegeben. Die Leute, die Ende der 50er- und Anfang der 60er-Jahre in die Stadt gezogen sind – darunter auch meine Eltern – ließen sich von der Aussicht auf günstigen Grundbesitz locken. Dabei handelte es sich hauptsächlich um Menschen aus dem Mittelstand, Berufstätige und Geschäftsmänner, aber auch einige Akademiker waren darunter und es gab ganze Straßenzüge voller Professoren. Als jedoch der Wert des Landes stieg, veränderten sich die Berufsgruppen der Einwohner. Professoren konnten es sich nicht länger leisten, dort zu leben, und als Seven und ich einzogen, war die Stadt voller Kapitalanleger und Financiers.

In dieser kleinen und wohlhabenden Gemeinde war Seven schwer zu übersehen. Alles unterschied ihn: sein Aussehen, sein Auto, sein Akzent, seine Kleidung. Schon bald schien ihn jeder zu kennen. Obwohl ich ihm voraushatte, dass ich dort bereits gelebt hatte, kannten Seven innerhalb weniger Monate mehr Menschen als mich.

Eines Tages ging ich in die Stadtbibliothek, um mir für einen Vortrag über Neuseeland, den ich in Matius Vorschule geben sollte, ein paar Bücher zu besorgen. Als ich dort ankam, stellte sich heraus, dass eine Gruppe an einem Projekt arbeitete und alle Bücher über Neuseeland bereits ausgeliehen waren. Ich erklärte der Bibliothekarin die Situation.

»Wissen Sie«, sagte sie, und lehnte sich vertraulich über die Theke, »in unserer Stadt gibt es einen Maori, mit dem Sie sprechen könnten.«

»Ich weiß«, sagte ich mit einem unterdrückten Grinsen, »ich bin mit ihm verheiratet.«

Als die Jahre ins Land zogen und wir keine Anstalten machten, wieder in die Pazifikregion zurückzukehren, begannen mich die Leute zu fragen, ob Seven in den Staaten glücklich war und ob er jemals wieder zurückkehren wollte.

»Sehnst du dich nicht nach Neuseeland zurück?«, fragte ich ihn dann jedes Mal.

»Eigentlich nicht«, antwortete er immer.

Aus irgendeinem Grund erwartete jeder (ich eingeschlossen), dass er irgendwann Heimweh bekommen würde. Aber als ich an meine 15 Jahre im Ausland dachte, fiel mir ein, dass ich in der ganzen Zeit fast nie Heimweh gehabt hatte. Ich hatte die Freiheit genossen, die man fühlt, wenn man weit weg ist, und es hatte mir gefallen, die einzige meiner Art zu sein. Jetzt, wo ich zurück in Boston war, lernte ich es wieder zu schätzen, irgendwohin zu gehören. Ich kannte die Landschaft und das Wetter; ich verstand viel mehr Witze. Aber noch immer fand ich es manchmal beengend und ich stellte mir vor, dass Seven wahrscheinlich die Freiheit genoss, sich selbst neu zu erfinden – also das tat, was ich durch meine Heimkehr aufgegeben hatte.

Zum Beispiel begann er, Tennis zu spielen, ein Sport, den dort, wo Seven herkommt, kein Maori spielt. Er war athletisch und für Sport begabt; bis er lernte, mit dem Ball umzugehen, verließ er sich ganz auf seine Kraft.

Er hatte sich bei einem der örtlichen Tennisclubs angemeldet, wo jeder Spieler eingestuft wurde und einen Tennispartner mit dem entsprechenden Niveau zugeteilt bekam. Seven war Anfänger und wurde einer Gruppe für Doppel, bestehend aus drei Frauen im mittleren Alter zugewiesen. Was diese Damen gedacht haben, als sie ihn mit seinem langen, schwarzen Pferdeschwanz und seinen starken, dunklen Armen in dem leuchtend weißen Tennisdress kommen sahen, kann ich mir nur ausmalen. Nachdem eine seiner Partnerinnen nach einer schlecht gezielten Vorhand von ihm, die sie am Hinterkopf traf, fast ohnmächtig geworden wäre, wurde er nie mehr einer solchen Gruppe zugeteilt.

Mit der Zeit wurde aus Seven ein ziemlich guter Tennisspieler. Einmal gewann er am Unabhängigkeitstag sogar ein Tennisturnier für Doppel. Der Preis war eine Wasserflasche, die mit den Worten »Suburban Tennis League« bedruckt war.

»Ich werde ein Bild von dir mit der Flasche machen«, sagte ich zu ihm, »und es deinen Brüdern schicken.«

16. Diebe und Indianermörder

Kurz vor unserer Abreise aus Neuseeland waren wir mit einigen von Sevens Brüdern und Schwestern in das Pub nach Kerikeri gefahren, in dem wir uns kennengelernt hatten. Ich wurde ein bisschen nostalgisch und nach ein paar Bieren gestand ich einem von seinen Brüdern, dass ich einen Plan ausheckte.

»Weißt du, was ich tun werde?«, fragte ich ihn.

»Was denn, Schwesterchen?«

»Ich werde eure Familiengeschichte aufschreiben.«

»Schreib lieber erst deine eigene«, sagte er, ohne zu zögern.

Darüber dachte ich nach, als ich nach Amerika zurückkehrte. Jahrelang hatte ich mich mit Sevens Geschichte befasst – oder genauer gesagt mit der Geschichte der Maori –, aber über meine eigene Geschichte hatte ich mir nie groß Gedanken gemacht.

Wie es der Zufall will, war sechs Monate nach unserer Rückkehr nach Boston unerwartet ein schmales, gebundenes Bändchen in der Post. Hinter dem Titel *The Descendants of George Abbott of Rowley, Mass, in the Single Line to Everton Judson Abbott, Followed by All the Abbott Descendants of the Twentieth Century* (»Die Nachfahren von George Abbott aus Rowley, Massachusetts, in der direkten Linie von Everton Judson Abbott, sowie alle Nachfahren der Abbotts im 20. Jahrhundert«) verbarg sich der Stammbaum der Familie meiner Mutter, zusammengestellt von einem ihrer Cousins in Minnesota. Die Geschichte der Ursprünge der Familie in England und ihrer Ankunft in den amerikanischen Kolonien war wegen undurchsichtiger Urkunden, falscher Beerdigungen und fehlender Testamente reichlich verwirrend. Aber eines sprang mir direkt ins Auge: der namensgebende amerikanische Vorfahre George Abbott aus Rowley,

Yorkshire, hatte 1642 ein Grundstück von zwei Morgen Land in Rowley, Massachusetts, übernommen.

Als ich auf diese Tatsache stieß, setzte sich in meinem Kopf etwas in Bewegung. Welche Bedeutung haben Zahlen? Zufälle, Symbole, Chiffren sind an sich bedeutungslos. Und trotzdem gibt es hier einen Zusammenhang: ein amerikanischer Neuanfang zeitgleich zu einem Schlusskapitel der Maori, als ob der Lauf der Geschichte, wie bei Elektrizität, von einem Stromleiter zu einem anderen übergesprungen wäre.

Die Abbotts aus Yorkshire waren Freidenker, allerdings gingen sie dabei sehr vorsichtig vor und hielten wenig von überstürzten Entscheidungen. Trotzdem beobachteten sie sicher mit wachsender Sorge, wie sich England langsam leerte. Ich gehe davon aus, dass George Abbott das Schicksal der Reformisten genau mitverfolgte, als sie, Gemeinde um Gemeinde, ihre sieben Sachen packten und sich nach Amerika aufmachten, in der Hoffnung, in diesen wilden und unwirtlichen Gebieten »eine Grundlage für das Fortschreiten des Reiches des Heilands zu legen«. Neuigkeiten kamen über das Meer zurück: Die Siedlungen in Neuengland florierten. Schließlich fasste er sich ein Herz, ließ alles zurück, was ihm in seinem Leben vertraut war, und schloss sich der letzten großen Abwanderungswelle in die Kolonien an, gerade als England auf den großen Bürgerkrieg zusteuerte.

Es gäbe viel zu sagen über den Wagemut der Einwanderer, aber man fragt sich, ob irgendeiner dieser Händler, Ladenbesitzer und Bauern wirklich wusste, was sie erwartete. Rowley in Massachusetts war 1642 ein Ort, an dem Stühle eine Seltenheit waren, Porzellan nicht zu bekommen und Tee ein großer Luxus war. Männer erreichten ein Durchschnittsalter von 43 und Kinder fielen oft ansteckenden Krankheiten zum Opfer. Unfälle standen auf der Tagesordnung: Menschen ertranken und erfroren, wurden skalpiert oder verirrten sich im Wald.

Feuer fraß Häuser auf; Schuppen wurden vom Blitz getroffen und manchmal hinterhältig in Brand gesteckt. Man wurde öffentlich ausgepeitscht, wenn man am Sonntag Geflügel schoss, für aufrührerische Reden wurden die Ohren abgeschnitten. Der Besitz von Büchern und mehr als drei Garnituren an Kleidung galt als eindeutiges Zeichen von Wohlstand.

Die Grenzen von Rowley umfassten einen Durchmesser von zwölf Kilometern, mit dem Andachtshaus in der Mitte. Jenseits davon herrschte Wildnis: im Osten ein Gewirr von Salzsümpfen, im Westen der Urwald, in dem es nicht nur Elche und Bären gab, sondern auch Wölfe, und zwar in solchen Mengen, dass für jeden Kopf, der an die Wand des Andachtshauses genagelt wurde, eine Belohnung ausgeschrieben war. Darüber hinaus gab es Indianer – Agawam, Pennacook und Pawtucket –, deren unheimliche Fähigkeit, unvermittelt aufzutauchen und wieder zu verschwinden, neben ihren schwankenden und unberechenbaren Loyalitäten die Siedler in permanenter nervöser Anspannung hielt. Die öffentlichen Einrichtungen der Stadt spiegelten die Hoffnungen und Ängste der Siedler wieder und waren in etwa gleichen Teilen den Bereichen des Lebens und des Todes gewidmet: eine Schrotmühle, ein Sägewerk und ein Andachtshaus auf der einen Seite, ein Wachturm, ein Pulverlager, ein Übungsplatz und ein Friedhof auf der anderen. Es sollte Jahre dauern, bevor sie an eine Schule auch nur denken konnten.

George Abbott wurde bei der ersten Verteilung ein Grundstück mit zwei Morgen Land an der Ecke der Kiln Lane und High Way zugewiesen, neben Sebastian Briggam. Wie den anderen Siedlern wurde ihm ein Wald-, ein Wiesen- und ein Anbau-Grundstück vom Gemeindeland zugeteilt. Er baute ein Fachwerkhaus mit Dachschindeln und errichtete eine Feuerstelle aus Steinen. Am Hang hinter dem Haus legte er einen kleinen Apfelgarten an und pflanzte Roggen, Erbsen, Bohnen und Mais. Dort lebte er mit seiner Frau und vier Söhnen bis zu

Beginn des Winters von 1647, als er bei der Reparatur seines Kamins vom Dach seines Hauses fiel und starb. Zu seinem Vermögen bei seinem Tod gehörten eine Satinmütze, 30 Bücher und zwei schwarze Kleider, was ihn in der Siedlung als Mann von einigem Einfluss auszeichnete. Trotz seines frühen Todes, heiratete seine Nachkommenschaft und gedieh mit nicht weniger als 23 Nachfahren in der zweiten Generation.

Das Land, auf dem Rowley errichtet worden ist, gehörte – wie all das Land zwischen den Flüssen Merrimack und Bass – Masconnomet, dem Sagamore der Agawam. Für das Besitzrecht wurde nichts bezahlt (abgesehen von 800 Pfund, die an einige Siedler aus Ipswich und Newbury gingen, die im Vorfeld Anspruch auf Ländereien erhoben hatten, die mittlerweile innerhalb von Rowleys Grenzen lagen), bis sechs Jahre später drei Enkel von Masconnomet eine Abfindung forderten. Grundlage ihrer Klage war eine Urkunde der benachbarten Stadt Ipswich, die ihr Großvater 1638 unterzeichnet hatte. Damit hatte er für die Summe von 20 Pfund »alle Rechte und Ansprüche, die ich auf alle Häfen, Flüsse, Buchten, Inseln, Jagd- und Fischgründe mit allen Wäldern, Sümpfen, Bauholz und was es sonst noch gibt oder geben wird auf besagtem Grund, der mir gehört« abgetreten.

In der nervösen Atmosphäre der neuen Siedlung kursierten viele Gerüchte und das Verhältnis zwischen Siedlern und Eingeborenen stand auf wackligen Beinen. Unter den Siedlern erzählt man sich, dass die Indianer Verschwörungen ausheckten und dass sie planten, die Siedler in ihren Betten zu ermorden. Haftbefehle wurden ausgestellt, um die Häuptlinge der Indianer festzunehmen und zu entwaffnen, nur um wieder außer Kraft gesetzt zu werden, wenn sie sich als unbegründet oder zwecklos erwiesen. In jeder Siedlung wurden militärische Wachen und Warnmelder eingesetzt und die Männer waren angewiesen, sich mit Pulver und Schrot auszustatten und ihre Musketen bereitzuhalten. Eine Atmosphäre der Furcht herrschte unter der allgemeinen Bevölkerung. John Winthrop berichtet von einer kühlen Nacht im September 1642, in der sich ein Reisender im Sumpf verirrte und in der Dunkelheit nach Hilfe rief, als er die Wölfe in der Ferne heulen hörte. Ein Siedler in der Nähe hörte die Rufe, vermutete aber, dass Indianer den Mann folterten, und wagte es nicht, zu seiner Rettung zu eilen. Stattdessen feuerte er seine Muskete ab und löste damit von Dorchester bis Salem Alarm aus.

Aber obwohl die Kolonisten die Indianer fürchteten und sogar hassten, waren sie sich bei einer Sache sicher: Auf lange Sicht gesehen, würden die Eingeborenen verschwinden. Die Siedler erzählten sich von schrecklichen Epidemien, die die Küstenregionen leer gefegt hatten, sogar noch bevor die Pilgerväter in Plymouth gelandet waren. Diese Krankheitsausbrüche beschrieben sie als geheimnisvolle, günstige Fügungen: »Als ob Gott dieses Land für unser Volk vorgesehen hätte«, schrieb einer, »vernichtet er die Einheimischen durch die Pest, von der kein Engländer erfasst wird, obwohl viele mit den Indianern verhandeln und vertraut sind.« Mancherorts »hat die Seuche kaum einen aus hundert am Leben gelassen«, schrieb ein anderer, anderswo hat die Pest »Männer, Frauen und Kinder hinweggerafft, sodass kein Mensch mehr übrig ist, der Anspruch auf den Boden erheben könnte, der ihnen gehörte«.

Meine Mutter erzählte gerne, dass wir Nachkommen von Taschendieben und Halunken seien, in letzter Zeit war aber auch noch von »Indianermördern« die Rede. Die Geschichte von den »Taschendieben und Halunken« ist ein zweideutiger Verweis auf die frühe Ankunft der Familie in den Kolonien und auf die Tatsache, dass jede Siedlergemeinschaft ihren Anteil von Schurken mit sich brachte. Die »Indianermörder« dagegen deuten direkt auf ihren Urgroßonkel Colonel Sibley hin, der den Feldzug gegen die Santee Sioux geführt hat. 1862 endete dieser Feldzug mit der Massenhängung von 38 Indianern in Mankato, Minnesota, die größte Massenhinrichtung in der Geschichte der USA.

Es war ein bitterer Scherz, denn obwohl wir wussten, dass dieser Scherz auf einer Wahrheit beruhte, konnte keiner von uns guten Gewissens sagen, dass wir wünschten, alles wäre anders gekommen. Privilegien sind teuer, und es waren die Stämme der Dakota, Pennacock und Pawtucket, die den Preis für das Wohlergehen unserer Familie bezahlten. Das trifft natürlich auch auf alle anderen zu, die auf der Gewinnerseite der kolonialen Grenze standen. Sobald ich meine Aufmerksamkeit einmal auf meine Seite der Familie gelenkt hatte, drängte sich mir die unglückliche Ironie geradezu auf, dass der Wohlstand meiner Mutter in direkter Verbindung mit der Enteignung der amerikanischen Eingeborenen stand, während die Armut meines Ehemanns direkt auf eine identische und zeitgleich stattfindende Enteignung zurückzuführen war, durch Menschen wie uns, die einfach nur auf die andere Seite der Erde gezogen waren.

Die Geschichte der Familie meiner Mutter war mir in meiner Jugend immer fast glamourös erschienen. In unserem Haus fanden sich einige Gegenstände, die ihren Verwandten gehört hatten: eine kleine silberne Dose mit emailliertem Deckel, die einer ihrer Tanten als Geschenk bei einer Abendeinladung mitgebracht worden war, eine gregorianische Kaffeekanne mit Holzgriffen, zwei vergoldete Kelche, ein Schreibtisch mit Geheimfächern. Diese Gegenstände verkörperten für mich eine Welt, über die ich als Kind in Büchern las, eine Welt, in der Mädchen und Jungen Waisen wurden und deshalb in große Häuser geschickt wurden, wo sie mit Menschen lebten, die sie kaum kannten. Eine Welt voller Ammen und Dienstmädchen, mit festgelegten Verhaltensregeln und strengen Anstandsvorschriften, eine Welt, in der der äußere Schein und die Realität wie Gegensätze wirken, zumindest auf ein Kind unserer Zeit.

Ich konnte mir diese Welt nur vorstellen und daher war meine Wahrnehmung davon wesentlich unproblematischer als die meiner Mutter, die ihrer Familie mit gemischten Gefühlen gegenüberstand. Sie hatte sich ernsthaft darum bemüht, ihrer Familie zu entfliehen, indem sie einen mittellosen Kalifornier geheiratet hatte und in den Osten gezogen war, um dort ein modernes, weltoffenes Leben zu führen. Und trotzdem gehörte sie natürlich zu ihnen; sie sprach oft von ihrer Familie, erinnerte sich an ihre provinzielle Manieriertheit und ihre befangene Vornehmheit mit einer Mischung aus Verachtung und Stolz.

In früheren Generationen hatten die Abbotts zum gehobenen Bürgertum von St. Paul, Minnesota, gehört, einer Hauptstadt im mittleren Westen. St. Paul war von Yankees besiedelt, die die Aura ihrer vornehmen Herkunft, die sie wohl direkt aus England mitgebracht hatten, in ihrer Umgebung am Leben erhielten. St. Pauls Gesellschaft bestand bei der Wende zum 20. Jahrhundert aus einer Gruppe von Familien – Ramseys und Archers, Sibleys und Steeles –, die große Häuser mit ihrem privaten Einkommen verwalteten, Partys gaben, reisten und hin und wieder arbeiteten, wenn auch oft nur sehr sporadisch. Keiner der Abbotts hatte in den zwei Generationen, bis meine Mutter zur Welt kam, viel gearbeitet, und das Familiengerüst begann zu bröseln. Ihre Eltern waren vollauf mit ihren eigenen Problemen beschäftigt und kümmerten sich kaum um ihre Kinder. Deshalb wurden sie oft außer Haus an Verwandte weitergereicht.

Meine Mutter lebte bei ihrer Großmutter und drei unverheirateten Tanten in einem großen Haus an der Grand Avenue in St. Paul. Für das Abendessen kleideten sie sich um und das Frühstück nahmen sie im Bett ein; bedient wurden sie von irischen Mädchen, die ihre Sofaschoner bügelten und einen anderen Hauseingang benutzen mussten. Das alles fand lange vor meiner Geburt statt, aber meine Mutter hielt ein paar der Gewohnheiten am Leben, von denen die meisten schon längst ihren praktischen Nutzen verloren hatten. *Wenn die Fingerschale vor dich gestellt wird, dann hebe sie an und entferne das Deckchen vom Teller. Lege das Deckchen rechts neben dein Gedeck und stelle die Fingerschale darauf. So wird dein Teller für den Nachtisch frei.* Einmal erzählte sie mir von einem Fremden, der dachte, das Wasser in der Fingerschale sei eine klare Suppe und es trank; die Blütenblätter der Gardenien aß er als Beilage.

Ihre Großmutter Abbott war eine üppige Frau, die fünf Kinder großgezogen hatte, ohne jemals eine Windel zu wechseln oder eine Mahlzeit zuzubereiten. Einmal im Jahr stieg sie hinab in die Küche und ließ sich von einer Magd eine Schürze umbinden. Dann stellte sie sich mit einem langen hölzernen Kochlöffel vor den Herd und rührte in einem großen Topf Marmelade. »Mama kocht die Marmelade ein«, hieß es dann. Einer ihrer Söhne war Arzt, wie sein Vater, der andere, mein Großvater, lebte ein Lotterleben. Keine der Töchter heiratete jemals, obwohl die älteste temperamentvoll und heiter gewesen sein soll; man sagt, sie sei enttäuscht worden. Warum die zweite nie heiratete, weiß ich nicht, aber die jüngste und hübscheste der dreien wurde bei einem schlimmen Unfall als Kind verwundet. Sie war mit dem Fahrrad bergab gefahren, als sich ihr Rock in den Speichen verfing und sie hart mit dem Kopf auf einem Bordstein aus Granit landete. Danach war sie taub und sonderlich; eine eigenartige Gerechtigkeit gewährte ihr ein längeres Leben als allen anderen; auf höchst exzentrische Weise verstand sie es, ihren Anteil des Familienvermögens komplett auszugeben.

In ihrer Generation waren die altjüngferlichen Tanten meiner Mutter nicht alleine. Fast in jeder Familie gab es diese Mädchen. Als sie jung waren, in ihren Teenagerjahren oder mit Mitte zwanzig, gab es in Orten wie St. Paul zu wenig geeignete Männer. Die jungen Männer starben im Ersten Weltkrieg an der Ruhr oder durch Minenwerfer, manche starben an der Grippe, andere gingen einfach weg und kehrten nicht mehr zurück, nachdem sie New York oder Kalifornien entdeckt hatten. In der Zwischenzeit blieben die Fräulein Abbott mit ihrer Mutter im großen Haus zurück, verrichteten gute Taten und wurden darüber alt. Nachdem ihr Vater gestorben war und ihre Brüder geheiratet hatten, blieben nur noch die vier zurück. Fünf, wenn man Großtante Clara, die Schwester von Großmutter Abbott, dazuzählte, die als Witwe im Commodore Hotel lebte und sich unablässig mit ihrer Freundin Mrs. Griggs darüber stritt, welche von ihnen die reichste Frau Minnesotas sei.

Es ist kaum zu glauben, wie schnell sich diese Gesellschaft herausbildete und wie felsenfest sie sich zementierte, wenn man bedenkt, dass Minnesota gerade erst dem Zeitalter der Pioniere entwachsen war. Großmutter Abbott selbst war als Mädchen mit einer Welle von Grenzsiedlern in dieses Gebiet gekommen, die den oberen Mississippi in den 1850er-Jahren überschwemmte. Zu Beginn diese Jahrzehnts lebten nur etwa 6000 Siedler in Minnesota, und jemand, der damals nach St. Paul reiste, gab als Ziel wohl noch immer den Ortsnamen »Pig's Eye« (Schweinsauge) an. Zehn Jahre später war die Zahl der Siedler auf 172 000 angestiegen, der Traum vom eigenen Staat war Realität geworden und die Bildung sozialer Schichten war auf dem besten Weg.

In der Zwischenzeit zogen sich die Indianer immer weiter nach Westen zurück, Vertrag um Vertrag, mit dem sie ihr Land abgaben, wurde unterzeichnet. Untereinander bezeichneten sie sich als Dakotas, aber die Weißen nannten sie Sioux. 100 Jahre zuvor waren die Franzosen in dem Gebiet die ersten Siedler gewesen; ihnen wurde von den Ojibwa (oder Chippewa), mit denen sie Handel trieben, gesagt, dass die Völker im Westen »Nadouessioux« seien, was so viel bedeutet wie »kleine Viper« oder »geringerer Feind«. »Geringer« deshalb, weil in den Augen der Ojibwa die »große Viper« der vielköpfige und gefährliche Stamm der Irokesen im Osten war. Dieser Name wurde einfach zu Sioux abgekürzt und von den britischen und amerikanischen Händlern und dann von den Siedlern, die Mitte des 19. Jahrhunderts scharenweise Einzug hielten, übernommen.

Chahta, Chippewa, Irokesen, Sioux – das waren Namen, die in Abzählreimen vorkamen, als meine Mutter noch ein Kind war. Zu den Damen um ihre Tanten gehörten zwei Schwestern, von denen hinter vorgehaltener Hand gesagt wurde, dass sie niemals verheiratet werden könnten, weil indianisches Blut in ihren Adern floss. Aber wo die Indianer selbst hinverschwunden waren, interessierte niemanden mehr wirklich. Ich fragte meine Mutter, ob sie jemals irgendwelche Indianer gesehen hatte, als sie in Minnesota aufwuchs. Sie schaute etwas verwirrt drein, als ob das eine Fangfrage wäre.

»Sie bildeten eine Unterklasse«, antwortete sie.

»Aber irgendwo muss es doch Indianer gegeben haben«, insistierte ich. »Vielleicht nicht in St. Paul, aber auf dem Land, in den Reservaten. Hast du jemals Indianer gesehen?«

»Manchmal besuchten wir Powwows, bei denen wir Indianer trafen.«

»Wie sahen sie aus?«

»Sie waren verkleidet – wie Indianer. Du weißt schon, sie tanzten und trommelten.«

»Taten sie das für die Weißen? Haben sie sich für euch oder für sich selbst so angezogen?«

»Ich weiß es nicht.«

»Habt ihr ihnen Geld gegeben?«

»Ich sicher nicht. Aber vielleicht mein Vater. Ich weiß es einfach nicht.«

Ein paar Tage später sagte meine Mutter zu mir: »Weißt du, ich habe über die Indianer nachgedacht und mir ist noch etwas eingefallen.«

Eines Sommers, als meine Mutter etwa 15 Jahre alt war, besuchte sie zusammen mit ihren Tanten Mrs. Griggs in ihrer Sommerresidenz, einem riesigen Anwesen mit Blockhäusern entlang dem Ufer eines Sees. Mrs. Griggs hatte in der nahe gelegenen Stadt ein Bürgerhaus bauen lassen, wo samstagnachts manchmal Filme gezeigt wurden. An diesem Abend lief der Film *Cimarron*, ein beliebter Western, der 1931 den Oskar für den besten Film gewonnen hatte und der, wie ein Kritiker einige Jahre später schrieb, die soziale Botschaft transportierte, dass »Indianer auch Menschen sind«. Der Saal war voller Indianer, an die sich meine Mutter erinnerte als »übergewichtige Frauen in Hausschürzen und Männer in karierten Hemden«. Der Film war aufregend und es wurde viel gejubelt und gelacht, bis zu einer Szene, in der ein Zug vorwärtsraste und aus der Leinwand ins Publikum zu fahren schien. Alle Indianer schrien auf und duckten sich unter ihre Sitze.

Seven war dabei, als meine Mutter diese Geschichte erzählte, und weil ich ahnte, worauf sie hinauslaufen würde, behielt ich ihn im Blick, um zu sehen, wie er reagieren würde.

»Weißt du«, sagte er langsam, »ich glaube, wenn der Saal voller Maori gewesen wäre, hätten sie genau das Gleiche getan.«

Es ist einfach, die Pioniere kritisch zu betrachten, genauso einfach wie es vor hundert Jahren war, sie zu verehren. Wo wir einst ihren Mut, ihre Aufopferung und ihren unerschrockenen Geist sahen, erkennen wir heute nur noch ihre Gier, ihre Brutalität und ihre hinterlistige Manipulation der Wahrheit. Eine Siedlungsgrenze aber ist sehr komplex. Es handelt sich dabei weniger um eine Grenzlinie, als um eine Schattenzone, ein Gebiet von Geben und Nehmen. Es entwickelt und verändert sich, und auch die Menschen darin verändern sich: wie sie denken, was sie sagen und was sie meinen, wenn sie etwas sagen.

1850 schrieb Henry Hastings Sibley, besagter Urgroßonkel meiner Mutter und damals Abgeordneter des US-Kongresses aus Minnesota, einen Brief an Senator H.S. Foote:

Der Indianer ist hier in seinem Heim im Wald bislang vor dem Eindringen der Bleichgesichter sicher; aber das Fortschreiten der Zivilisation sollte ihm eine Warnung sein, dass er über kurz oder lang seinen Anspruch auf diesen rechtmäßigen Besitz abgeben und sich nach einer anderen, eigentümlichen Wohnstätte umsehen muss. Es stimmt melancholisch, wenn man bedenkt, dass die starken und kriegslustigen Stämme der Sioux und Chippewa, die jetzt noch neun Zehntel des Grundes von Minnesota besitzen, sich bald dem gleichen Verfahren unterwerfen werden müssen, das ihre Brüder im Osten von der Erde gefegt hat, wenn die Regierung ihnen gegenüber nicht eine völlig andere Strategie anwendet.

Sibley war, zum Teil wegen seines langen Bündnisses mit den Dakota durch den Pelzhandel, als ein »Freund der Indianer« bekannt. Er war Ende der 1820er-Jahre in dieses Territorium gekommen, als es noch eine Wildnis und er noch ein Teenager war. Er hatte eine Stelle als Kaufmann für die *American Fur Company* angenommen. Schnell wurde er zum Beamten befördert und bald darauf zum Partner erhoben, mit der alleinigen Verantwortung für den Handel mit den Dakota. Er lernte die Sprache der Dakota und trug unter den Indianern den Namen *Wah-pe-ton Houska* oder Long Trader. 1835 baute er ein großes Kalksteinhaus in Mendota und schlug eine politische Karriere ein. Er wurde der erste Friedensrichter westlich des Mississippi, ein Kongressabgeordneter für das Gebiet von Minnesota, Mitglied der Legislative von Minnesota und schließlich der erste Gouverneur des Staates.

An den meisten Grenzlinien im 19. Jahrhundert dominierten zwei konkurrierende Haltungen gegenüber den Eingeborenen. Der derberen Haltung zufolge sollten die Eingeborenen einfach ausgerottet werden, um Platz zu schaffen für die Siedler; in der etwas abgeschwächten Version wurde gefordert, dass sie mit Gewalt weit weg geschafft werden sollten. Die fortschrittlichere Haltung ging davon aus, dass »Bildung sowie die Schulung ihrer Moral« in Verbindung mit »dem Einfluss und den Beschränkungen unseres gütigen Gesetzes« es den Eingeborenen ermöglichen würde, »sozial und politisch mit den Weißen auf eine gleichwertige Ebene gestellt zu werden«. Diese Ansicht teilte Henry Sibley für den Großteil seines Erwachsenenlebens und seiner aktiven politischen Karriere. Niemand – das sollte erwähnt werden – hielt es für möglich, dass Eingeborene als wirkliche Eingeborene neben den Pionieren existieren konnten. Und in der Tat ist es fast unmöglich, sich vorzustellen, wie das hätte funktionieren können – beide Parteien waren im gleichen Maß von demselben Grund und Boden abhängig.

In seiner Ansprache an den Kongress, der sich gerade mit der Frage der Sklaverei befasste, argumentierte Sibley leidenschaftlich, dass den »Gentlemen offenbar nicht bewusst ist, welche zermalmende und untragbare Unterdrückung unter der Regierung dieser Republik stattfindet, deren Opfer die Indianervölker sind; die schlimmsten Formen der menschlichen Knechtschaft, die derzeit in einem christlichen Staat existieren, sind im Vergleich damit Annehmlichkeiten und ein Segen«. Aber bei diesem Thema handelte es sich nicht einfach nur um eine Frage der Moral, es gab auch eine praktische Seite, die es zu bedenken galt. Wenn die Regierung ihren Umgang mit den Indianern nicht veränderte, würde die Situation an den Grenzen ein schlimmes Ende nehmen.

Das geschäftige Summen der zivilisierten Gemeinden kann man schon weit jenseits des mächtigen Mississippi hören …

Eure Pioniere umzingeln die letzte Heimat des Roten Mannes wie mit einer Feuerwand. Ihre Übergriffe äußern sich in der Unruhe und den angriffslustigen Demonstrationen ihrer mächtigen Scharen, die eure abgelegenen westlichen Ebenen bewohnen. Man muss ihnen mit Gesten der Versöhnung und wahrer Freundschaft entgegentreten, sonst werden wir alle unter den Folgen eines blutigen und erbarmungslosen indianischen Krieges leiden.

Es ist eindeutig, fuhr Sibley fort, dass jeder derartige Kampf mit den Indianern »gezwungenermaßen in ihrer Ausrottung enden muss«, aber das alles könnte vermieden werden, wenn die Regierung ihre Aufmerksamkeit auf die Probleme im Westen lenken würde.

Sie tat es jedoch nicht, und alles kam mehr oder weniger so, wie es Sibley vorhergesagt hatte. Der Sioux-Aufstand (Dakota-Konflikt) hatte viele Gründe; er sollte sich auswachsen zu einer langen Serie von Kämpfen, die fast drei Jahrzehnte andauerten und in die die meisten Indianer des Westens verwickelt waren; erst 1890 fanden sie ein erbärmliches Ende mit dem Massaker bei Wounded Knee. Einer der wichtigsten Gründe aber war eine List gegenüber den Dakota bei der Unterzeichnung des Vertrages von Traverse des Sioux 1851. Dabei handelte es sich um ein wichtiges Abkommen, das das Land westlich des Mississippi für die Siedler erschließen sollte. Obwohl die unterzeichnenden Indianer nur ein paar Pennys pro Morgen bekamen, waren sie mit dem Abkommen zufrieden, denn damit wurden den Stämmen jährliche Pensionen zugesichert in einer Zeit, als sie in große Not gerieten wegen des Rückgangs des Fellhandels und des Mangels an Wild zusätzlich zum wachsenden Druck der künftigen Siedler.

Allerdings wurden die Häuptlinge in Traverse des Sioux nach der Unterzeichnung des offiziellen Vertragsdokuments zu einem anderen Stück Papier geführt, um dort ihr Zeichen zu machen. Über dieses Dokument war nicht verhandelt worden. Später gaben die Häuptlinge an, dass sie dachten, es sei ein Duplikat des Vertrages, den sie gerade eben unterzeichnet hatten. Dieser zweite Vertrag, der bekannt wurde als »traders' paper«, ermöglichte die Begleichung der Schulden einzelner Indianer an Fellhändler aus dem allgemeinen Stammesfundus, der ihnen von Geldern der Regierung als Bezahlung für das Land zustand. Man könnte es also als eine direkte Subventionierung von unternehmerischen Pionieren durch Regierungsgelder betrachten. Sibley, dessen privates Vermögen schon lange an den Fellhandel gebunden war (nach eigenen Angaben hatte er seit 1842 pro Jahr 10 000 Dollar verloren, viel davon durch Kredite an indianische Händler), war einer der maßgeblichen Verfechter dieser Verhandlungen.

Als sich zehn Jahre später die Situation so verschlechtert hatte, dass die Sioux, mittlerweile am Hungertuch nagend und fast ohne jedes Land, in die offene Revolte gezwungen wurden – wer wurde da gerufen, um ihren Aufstand niederzuschlagen? Kein anderer als Henry Sibley, der zu dieser Zeit ein wohlhabender Landbesitzer im mittleren Alter mit einem wohlbegründeten und beträchtlichen Interesse an der Stabilität des Staates war. Nach einem Monat war der Krieg vorüber und Sibley hatte fast 2000 Indianer in Gefangenschaft. Er ließ einen Ausschuss einberufen, um die Teilnehmer des »Mordes und der Gräueltaten« gegen die Siedler zu verurteilen. In den nächsten fünf Wochen wurden 425 Indianer vor Gericht gestellt – bis zu 40 am Tag – 321 wurden schuldig gesprochen, 303 davon zum Tod verurteilt. Das persönliche Eingreifen von Abraham Lincoln rettete die Leben von allen bis auf 38, die 1862 am Tag nach Weihnachten in Mankato vor einer Zuschauermenge gehängt wurden.

1843 heiratete Henry Sibley Sarah Steele, die Tante meiner Urgroßmutter. Ihr Bruder Franklin Steele, ein früher Pionier mit einem untrüglichen Auge für Landbesitz, hatte sie nach Minnesota gebracht. Bei einem harten Wettbewerb hatte Franklin Steele Anspruch auf eines der kostbarsten Grundstücke an den Ufern des Mississippi erhoben – die Wasserfälle von St. Anthony am schiffbaren Kopf des Flusses –, unmittelbar nachdem die Sioux es freigegeben hatten. Innerhalb eines Jahrzehnts besaß er die zwei größten Sägemühlen in einem Staat voller Bauholz, zu einer Zeit, in der er als erster Millionär des Territoriums einen Platz in den Geschichtsbüchern ergatterte.

In den 1850ern schrieb Franklin Steele an seinen älteren Bruder John, einem Arzt in Pennsylvania, und ermutigte ihn in den Westen zu kommen und sein Glück zu versuchen. John Steele, der Vater von Großmutter Abbott, packte seine insgesamt elfköpfige Familie ein – die Bediensteten nicht mitgezählt – und reiste mit dem Boot von Pennsylvania auf dem Ohio und den Mississippi hinauf bis St. Paul. Wie sein Bruder hatte auch John Steel ein Händchen für Geschäfte und so beeilte er sich, Land zu kaufen, viel davon in St. Paul. Das eindrucksvollste seiner Besitztümer war ein großes dreistöckiges L-förmiges Gebäude an der Ecke der Wabasha- und der siebten Straße. Der »Steele-Block«, wie man es nannte, stellte meiner Familie viele Jahre lang ein gutes Einkommen. Großmutter Abbott und ihre Kinder, darunter auch mein Großvater und seine altjüngferlichen Tanten, lebten davon, die ganze Große Depression hindurch, die sie, wenn überhaupt, nur indirekt zu spüren bekamen.

Erst nach dem Zweiten Weltkrieg begannen die Probleme. Die Pachtwerte des Grundes sanken, unbezahlte Steuern kamen zu unklugen Geschäften und das Gebäude wurde baufällig. Wer welche falschen Entscheidungen getroffen hatte, wurde nie wirklich geklärt, aber letztendlich blieb wohl wenig Wahl. Die Familie war gezwungen, ihren letzten Vermögenswert zu veräußern und ein Jahr nach meiner Geburt wurde der Steele-

Block verkauft und meine Mutter bekam einen letzten Scheck mit ihrem Anteil.

»Was hast du damit gemacht?«, fragte ich.

»Was *haben wir* damit gemacht? Dieses Haus gebaut natürlich.«

Meine Mutter wiegte das Baby auf ihrem Schoß. »Stell dir mal vor Dani, mein Schatz, irgendwann wird das alles dir gehören.«

17. Ein Sommer

Meine Kinder sind Abbotts, aber sie gehören auch dem Ngati Rehia *hapu* an, dem Stamm der Ngapuhi von Waimate und der nördlichen Bay of Islands. Das Telefonbuch von Neuseeland listet zehn Einträge mit dem Nachnamen meiner Kinder auf. Davon ist eine die Großmutter, zwei sind Onkel, zwei sind Tanten und der Rest sind Cousins. Es gibt natürlich noch mehr, einige haben kein Telefon und andere leben in Australien. In der derzeitigen Generation ist es eine große und gedeihende Familie – die Maori-Großmutter meiner Kinder hat fast 30 Enkel; ihre Pakeha-Großmutter dagegen nur sechs.

Aber man muss nicht sehr weit zurückgehen, um noch auf ein ganz anderes Szenario zu stoßen. Erst 1921 hatte sich die Maori-Bevölkerung wieder so weit erholt, dass sich ihre Zahl dem Stand von 1850 annäherte, der, verglichen mit einer Generation zuvor, noch immer katastrophal war. Das 19. Jahrhundert hindurch und bis ins 20. hinein haben Epidemien wie Masern, Grippe und Keuchhusten regelmäßig die Maori-Gemeinden dezimiert, und die Tuberkulose, die in Neuseeland bis 1814 unbekannt war, wurde Ende des 19. Jahrhunderts als der »Fluch dieser Rasse« angesehen. Der Stammbaum der Maori hat viele Phantomglieder. Für meine Kinder fühle ich eine Art Schuld der Überlebenden; für mich selbst fühle ich die Schuld des Eindringlings.

In diesem ersten Sommer zurück in den USA – es war ein Sommer der ganz plötzlich über uns kam, ohne dass ein Frühling vorangegangen wäre – unterzeichnete ich einen Vertrag im Wert einer halben Million Dollar an Lebensversicherungen. Nicht dass ich erwartet hätte zu sterben; ganz im Gegenteil, ich war kein großes Versicherungsrisiko, sodass ich sogar mit einer reduzierten Prämie eingestuft werden konnte – so sagte mir zumindest der Versicherungsvertreter. Die Versicherung war für meine Kinder, für alle drei, damals noch kleine Jungen. Ich war gerade 40 geworden und nach Amerika zurückgekehrt und hatte das Gefühl, an einem Scheidepunkt angekommen zu sein. Seven hatte einen Job, aber keinen besonders ergiebigen, und ich verdiente fast kein Geld. Ich hatte meine Stipendien und besserte sie durch etwas freie Mitarbeit auf, aber angesichts der Lebenshaltungskosten war das fast nichts.

Die Versicherungsträger stellten sogar meine Bewerbung infrage: Wozu braucht sie 500 000 Dollar, wenn sie nur 15 000 im Jahr verdient? »Ach so«, sagte ich ihnen. »Wir sind momentan in einer etwas ungewöhnlichen Situation.« Was ich ihnen nicht sagte, war, dass wir in dieser etwas ungewöhnlichen Situation oder einer ähnlichen schon seit etwa 15 Jahren waren. Außerdem fragten die Versicherungsträger, warum *ich* die Versicherung abschließen wollte und nicht mein Mann. Das war schon schwieriger zu erklären. Ich konnte ja nicht sagen: *Er ist ein Maori. Er spricht nicht gerne über den Tod.* Aber das war die Wahrheit. Der Gedanke, sich auf den Tod vorzubereiten, ihm von Angesicht zu Angesicht gegenüberzutreten, wäre für Seven viel zu viel gewesen, sodass ich ihm gar nicht erzählte, was ich getan hatte. Er war Begünstigter einer Versicherung über eine halbe Million Dollar und wusste gar nichts davon.

Jegliche finanzielle Sicherheit, die wir jemals haben würden, würde nicht von seiner Seite der Familie kommen. Sie besaß Land in Neuseeland, ein kleines Grundstück, das in immer mehr Einheiten geteilt werden müsste. Es war deprimierend, darüber nachzudenken: Alles hatte irgendwann einmal seiner Familie gehört, die halbe Bay of Islands, alles von Waimate bis Marsden Cross. Aber das war zweihundert Jahre her und hatte sich mit dem Verkauf des Landes und der Annektierung verändert und die Maori waren in Ungnade gefallen. Sevens Familie besaß noch immer etwas Land in Mangonui; nur war es einfach nicht genug. Ihr Anteil hatte Sevens Großvater und seinen beiden Schwestern gehört, aber der alte Mann hatte einige Kinder und auch die Schwestern hatten jeweils fünf oder sechs, von denen alle wiederum eigene Kinder hatten; sie alle hatten das gleiche Anrecht darauf, obwohl einige, und zu ihnen gehörte auch Seven, wahrscheinlich ihren Anspruch nie geltend machen würden.

Nein, alles, was unsere Kinder jemals besitzen würden, musste von meiner Seite kommen. Und hier war ich also nun: 40, kein Haus, kein Grundbesitz und keine Wertpapiere. Ich besaß noch nicht einmal ein ordentliches Auto. Ich fühlte mich, als hätte ich ihnen einen schlechten Dienst erwiesen, indem ich nicht versucht hatte, all die Dinge anzusammeln, die Kinder erwarten können, und ich war mir nicht sicher, ob sie zu schätzen wussten, was sie hatten, nämlich eine interessante Familiengeschichte. Ich war mir unsicher, ob ihnen das letzten Endes genügen würde. Also schloss ich die Versicherung ab.

Außerdem hatte ich das Gefühl, dass ich ihnen eine Erklärung schuldete. So setzte ich einen Brief auf, beinahe eine Art Manifest, das ich in den Ordner »Erfülltes Leben« packte. Ich erwartete, dass sie erwachsen wären, wenn sie es fänden; vielleicht geschähe es sogar in dem Moment, wenn sie neugierig auf diese Dinge werden würden. Zumindest hoffte ich das. Ich wusste, dass es noch lange dauern würde, bis sie sich dafür interessierten, aber genauso wusste ich auch, dass dieser Tag kommen würde.

Meine lieben Jungen,

in jedem von euch steckt etwas von den Eroberern und den Eroberten. Die Menschen haben uns, wenn sie uns und euch gesehen haben, immer in Schubladen gesteckt: Der eine sieht ein bisschen mehr wie ein Maori aus, der andere etwas mehr wie ein Weißer. Dabei scheint es nicht nur um die Hautfarbe zu gehen, sondern um die Fähigkeiten – dieser verfügt über eine gute Koordination, jener hat einen analytischen Verstand. Die alten Vorurteile sind noch immer erkennbar, wie Steine, die aus einer dünnen Schicht Erde hervorragen. Oft fühlten sich die Menschen dazu veranlasst, die *hybride Kraft* zu erwähnen, als ob sie uns mit der Anerkennung des guten Ergebnisses der Vermischung zweier Volksstämme schmeicheln wollten.

Zwei Dinge sind mir in diesem Zusammenhang immer im Kopf geblieben. Das erste ist die Tatsache, dass mir eure Tante Kura erzählte, eure Großmutter habe sie immer dazu gedrängt, sich außerhalb ihres Stammes zu verheiraten. Um das zu verstehen, muss man um die Größe ihrer Gemeinde wissen, und dass fast alle auf beiden Seiten der Straße miteinander verwandt waren. Eure Großmutter hatte Sterbensangst vor einer Ehe innerhalb sehr naher Verwandtschaft. Ich glaube nicht, dass es sich dabei um eine persönliche Eigenheit handelte. In ihrer Familie gab es Menschen, die sich zu nah verheiratet hatten – einer ihrer Onkel hatte seine eigene Nichte geheiratet –, aber das gehörte zu den Dingen, über die niemand sprach. Was die Ehepartner ihrer Kinder anging, waren für eure Großmutter Maori dann in Ordnung, wenn sie nicht zu nah verwandt waren; aber Pakeha waren ihr lieber, einfach weil sie definitionsgemäß weiter weg waren.

Das war das genaue Gegenteil meiner Erwartungen. Ich war immer davon ausgegangen, dass meine englische Herkunft von der Familie eures Vaters nur als eine Schwächung der Familienlinie angesehen werden konnte. Heute weiß ich, dass dieser Gedanke von einer gewissen Sentimentalität zeugt. Oft konnte ich nur sehr schwer einschätzen, was sie dachten. Was zum Beispiel hat Onkel Hone gemeint, als er sagte, dass euer Vater und ich vielleicht gar nicht so weit voneinander entfernt sind, wie wir aussehen? »Weißt du«, sagte er eines Nachts im Pub zu mir, »*einen* Pakeha gab es damals hier. Ein amerikanischer Schiffskapitän. Er ließ sich in Waimate nieder mit einem Schwesternpaar als Frauen. Vielleicht seid ihr beiden also in Wirklichkeit Cousins.«

»Vielleicht«, antwortete ich. »Denkst du, wir sollten das Ganze absagen?«

In meiner Familie war das völlig anders. In meiner Familie wurde Inzucht als das kleinere Übel angesehen, ein annehmbares Risiko, nicht halb so gefährlich wie unterhalb der eigenen Gesellschaftsschicht zu heiraten. In St. Paul, wo eure andere Großmutter geboren wurde, war die Auswahl an möglichen Heiratskandidaten fast genauso klein wie in Mangonui. So klein, dass man fast sicher sein konnte, dass jeder mit standesgemäßer Herkunft auf irgendeine Art verwandt war. So klein, dass das Zusammentreffen des Ersten Weltkrieges und der Grippe eine ganze Generation hilflos machte. Meine Mutter hatte nicht weniger als drei unverheiratete Tanten. Deren Bruder, mein Großvater, heiratete seine eigene Cousine. Beide begingen später Selbstmord – getrennt voneinander – indem sie die Garage verschlossen und das Auto laufen ließen. Das allerdings beweist natürlich gar nichts.

Das andere, das mir dazu immer in den Sinn kommt, ist Charles Darwin, der seine eigenen Gründe hatte, sich mit dem Thema der Inzucht und Kreuzung zu befassen. Er selbst entstammte einer Darwin-Wedgwood-Ehe und 1839 heiratete er eine andere Wedgwood, seine Cousine Emma. In 17 Jahren hatten sie zehn Kinder, von denen zwei früh starben und einige an chronischen Krankheiten litten; das letzte Kind war etwas sonderlich.

Darwin selbst litt an einer chronischen Darmstörung, die niemand jemals wirklich diagnostizieren konnte und als seine älteste Tochter über Magenprobleme zu klagen begann, war er sich sicher, dass er etwas weitervererbt hatte.

Innerhalb weniger Monate wurde sie immer kränker – fiebrig, mit Kopfschmerzen und konnte immer weniger im Magen behalten. Schließlich begann sie, sich unkontrolliert zu übergeben, und erbrach nicht nur die wenigen Löffel Brandy, die man ihr einflößte, sondern auch hellgrüne Gallenflüssigkeit. Als sie in ein Koma fiel und starb, gab der Arzt als Todesursache ein Gallenfieber mit typhus-ähnlichen Merkmalen an, aber sowohl er als auch Darwin waren sich sicher, dass sie einer Erbkrankheit erlegen war.

Spät in seinem Leben begann Darwin mit einer Reihe von Experimenten, um seine Vermutungen empirisch zu beweisen. Zehn Jahre lang sammelte er Daten zu Größe, Gewicht, Lebenskraft und Fruchtbarkeit von Dutzenden von Pflanzenarten – Prunkwinde, Fingerhut, Orchidee, Petunie, Primel, Mohnblume –, die er mit einem Pinsel vorsichtig kreuzte und sie mit Pflanzen verglich, die normal befruchtet worden waren. 1876 erstellte er aus seinen Ergebnissen eine Tabelle. Sein Cousin Galton, ein Eugeniker, verglich seine Statistiken: Die gekreuzten Pflanzen waren den normal befruchteten in jeder Hinsicht überlegen.

Kinder, macht daraus, was ihr wollt. Es gibt genügend Gründe, um sich schlecht zu fühlen: Das Volk eures Vater hat über die Maßen gelitten, mein Volk hat profitiert, wenn auch nicht direkt durch deren Not, dann doch von der Not anderer, die in einer sehr ähnlichen Situation waren. Es ist eine unschöne Geschichte, so viel steht fest, aber es ist wichtig, das klar und deutlich zu erkennen und nicht sentimental zu werden wegen Dingen, die in der Vergangenheit geschehen sind.

Manchmal habe ich das Gefühl, dass wir alle nur Teil einer großen Flutwelle sind, die uns aus unseren einzelnen Strömen in einen riesigen, unterschiedslosen Ozean treibt. Ich weiß nicht, wie man sich damit fühlen soll. Wenn zwei Kulturen zusammentreffen, vermischen sie sich nicht zu gleichen Teilen: Unweigerlich ist eine stärker und die andere verschwindet oft ganz. Wahrscheinlich ist es das Gesetz der Natur: die Herrschaft der vielen über die wenigen. Und obwohl dabei so viel verloren geht, wird auch etwas gewonnen. Die Welt wird kleiner – oder größer? –, die Grenzen, die so viel Leid verursacht haben, verschwinden.

Halb-Blut. Das ist die Sprache des letzten Jahrhunderts, von Kipling und Conrad, und sie ist lange aus der Mode gekommen. Für mich aber trägt das Wort einen Beigeschmack von Kühnheit. Auf Hawaii sagt man dazu *hapa*: Fast jeder gehört zur Hälfte dem einen und zur Hälfte dem anderen an; gemeint ist ein Mensch mit einem Fuß in zwei Welten. Als ihr Kinder noch klein wart und wir quer über den Pazifik hin- und herzogen und dem unsteten Pfad einer akademischen Karriere folgten, machten wir oft auf Hawaii halt. Außerhalb der Universitätsbibliothek gab es einen Ort, den ich besonders mochte, eine kühle Steinbank unter dem Vordach. Viele Male saß ich dort mit einem Stapel Bücher und beobachtete die einheimischen Kinder, die an mir vorbeigingen, *hapa-hoale, hapa-pake, hapa-pilipino*, mit ihrer mandelfarbenen Haut und ihrem langen schwarzen Haar. Mit ihrer unbestimmten exotischen Schönheit erinnerten sie mich immer an euch.

Ich hoffe, ihr Jungen fühlt euch nicht um das betrogen, was ihr hättet haben können – Geld, Landbesitz, ein *turangawaewae*, »einen Ort zum Bleiben«, wie die Maori sagen. Aber ihr entstammt einer langen Reihe von Nonkonformisten. Eure Großmutter mütterlicherseits war in den 30er-Jahren eine Kommunistin, wie ihr euch vielleicht erinnert – etwas, das die jungfräulichen Tanten absolut schockierte. Und die Seite eures Vaters führt schnurgerade zu Tareha zurück, der so gut wie alleine dastand zwischen den Häuptlingen aus dem Norden, weil er sich weigerte, den Vertrag von Waitangi zu unterschreiben. Diese Geschichte lebt in euch weiter. Sie ist euer

Geburtsrecht, euer Erbe, wie eine Schatten-DNA, in die auch das prächtige Haus in der Grand Avenue eingeschrieben ist mit seinen Schusterpalmen und Suppenterrinen neben den Huia-Federn, die euer Urururgroßvater trug und den geschnitzten Kanus der *tangata whenua*, der Völker des Landes.

Ich schob den Ordner in den Aktenschrank zwischen »Steuern« und »Einwanderung Neuseeland«. Ich weiß, dass viele Menschen meine Entscheidung infrage gestellt haben, einen Mann zu heiraten, der nicht unterschiedlicher von mir hätte sein können, hätten wir versucht, das Prinzip von »Gegensätze ziehen sich an« verkörpern zu wollen. Und sogar ich frage mich manchmal, warum ich nicht zu Hause geblieben bin und einen Radiologen geheiratet habe. Aber genau das war es, die *interessante persönliche Geschichte* – in meinem Kopf eine Abkürzung für alles, worauf es im Leben ankam: für Freiheit, für Abenteuer, für Risiko und den Charme des Ungewissen, für das Glücksspiel, nicht immer zu wissen, was passieren würde.

Epilog: Neuseeland, 1642

Im Kriegsjahr 1942 erschien zum 300-jährigen Jubiläum der Entdeckung von Neuseeland durch Tasman ein kleines Buch. Es bestand aus drei unabhängigen Teilen: einem Gedicht, das der neuseeländische Dichter Allen Curnow zu Ehren des Anlasses geschrieben hat; einem Essay über Tasmans Platz in der Geschichte von dem großen Pazifik-Historiker J. C. Beaglehole; und dem Text aus Tasmans Tagebuch »von einer Reise unternommen von der Stadt Batavia in Ostindien aus zur Entdeckung des unbekannten Südlands im Jahr 1642, begonnen am 14. August«.

Es ist ein wunderbares Buch: das Gedicht ist eine ernsthafte, bewegende Betrachtung über das Verhältnis von Gegenwart und Vergangenheit; der ausführliche und tief gehende Essay ist erstaunlich kenntnisreich; und das Tagebuch ist gleichzeitig faszinierend und trügerisch, wie es Dokumente aus der fernen Vergangenheit oft sind. Zusammengenommen ergeben diese drei Teile die bestmögliche Analyse der Ereignisse. Und trotzdem, man kann das ganze Buch lesen – und alles andere, das jemals zu diesem Thema geschrieben wurde – und trotz allem nicht das Gefühl haben, als verstünde man wirklich und wahrhaftig, was am 19. Dezember 1642 in Neuseeland geschehen ist.

Das kommt daher, dass keinerlei Bericht aus Sicht der Maori überliefert ist. Zumindest ist keine Geschichte über den Besuch Tasmans jemals einem Europäer zu Ohren gekommen. Fünf oder sechs Jahre später konnte Cook bei seiner Ankunft in der Nähe der Mörderbucht niemanden finden, der etwas darüber wusste. Und weitere 50 Jahre später hatten die sozialen Umwälzungen als Folge des Kolonialismus die Region so radikal verändert, dass die Ngati Tumatakokiri – der Stamm, der dort wahrscheinlich zu Tasmans Zeiten gelebt hat – so gut wie ausgerottet waren.

Den Maori der Kolonialära war der Ort als Taitapu bekannt, was so viel bedeutet wie »heilige Küste« oder »heilige Gezeit«, ein Wort voller Untertöne von Gefahr und Verbot. *Taitapu* ist auch ein altes Wort für »Grenze«, und eine Art Grenze war am 18. Dezember 1642 sicherlich durchbrochen worden. Denn obwohl nichts geschehen ist, keine bleibenden Siedlungen entstanden sind, keine Verträge unterzeichnet wurden, keine Flaggen als Ausdruck einer Absicht gehisst wurden, hatte sich ein Spalt in eine Welt geöffnet, ein fast unsichtbarer Spalt, den mehr als ein Jahrhundert lang niemand beachten würde. Trotzdem war es ein Riss in der Isolation, in der das Volk der Maori seit fast 1000 Jahren gelebt hatte.

Wenn man die späteren Ereignisse betrachtet, wirkt es wie eine Ironie, dass es den Europäern bei diesem ersten Aufeinandertreffen schlecht erging. Tasmans Unterweisungen warnten ihn vor »rohen, wilden« Völkern, auf die er stoßen könnte, da man, wie die Erfahrung in anderen Teilen der Welt gezeigt hatte – vor allem in Amerika –, »keinen barbarischen Völkern trauen kann, weil sie für gewöhnlich annehmen, dass die Menschen, die ihnen so äußerst seltsam und unerwartet erscheinen, nur kommen, um ihnen ihr Land wegzunehmen«. Das hatten viele der »barbarischen Völker« aus wiederholter und schmerzhafter Erfahrung gelernt, aber die Maori hatten noch nie von Europäern gehört; »seltsame« oder »unerwartete« Menschen waren über Hunderte von Jahren nicht an ihren Ufern erschienen. Nichtsdestotrotz stand ihnen der Sinn eindeutig nach Angriff, so schnell hatten sie sich versammelt, so weit war ihr Plan gediehen. Sie waren in der Überzahl und kannten keine Feuerwaffen. Vom Standpunkt der Maori aus muss es wie ein einfacher Sieg gewirkt haben.

Und dennoch, wenn man sich vorstellt, wie befremdlich die

holländischen Schiffe auf sie gewirkt haben müssen mit ihren riesigen hölzernen Flanken und den seltsam bleichen Gesichtern, die aus dieser erstaunlichen Höhe auf sie herabblickten; wenn man an das Donnern des Kanonenfeuers und die Funken der Gewehre denkt, ist es fast unmöglich, sich nicht zu fragen, was die Maori gedacht haben müssen. Manchmal wird davon ausgegangen, dass die Maori und andere Polynesier die Europäer fälschlicherweise für Geister, Götter oder übernatürliche Wesen hielten, obwohl es schwer ist, so eine Vermutung zu stützen, wenn man bedenkt, wie bereitwillig die Maori das Übernatürliche in ihrem Leben akzeptierten. Wie dem auch sei, sie müssen das Außerordentliche dieser Ereignisse erkannt haben. Und so drängt sich die Frage auf: Haben die Maori von Taitapu auf die überraschende Ankunft der holländischen Schiffe mit einem entsprechend ungewöhnlichen Verhalten reagiert? Waren sie von dramatischer Aufregung ergriffen, von einem dringenden Bedürfnis, ihre Stärke zu zeigen? War es die Fremdartigkeit der Situation, die sie angreifen ließ? Oder empfingen sie ihre Besucher auf die übliche Weise, wie sie es mit jedem Feind des Stammes taten, den sie dabei ertappten, dass er die Grenzen ihres Gebiets überschritt? Handelten sie aus einer umgekehrten Furcht oder einer schamlosen und streitlustigen Grundhaltung heraus? Waren Hinterhalt und Gemetzel das letzte Mittel oder das erste?

Aus dieser Entfernung werden wir es niemals herausfinden, so spärlich sind die historischen Berichte von dem Tag, an dem die Europäer in Sichtweite von Neuseeland trieben. Oft gibt die Geschichte keine Antworten auf die interessantesten Fragen. Was sie uns aber lehrt, ist, dass diese Momente, egal wie düster und absurd sie waren, irgendwann mythisch und urbildlich werden. Sie sind Beginn einer neuen Geschichte, die ersten Töne einer neuen Melodie, die ersten Windungen eines Seils, das die Völker verbindet. Natürlich erscheinen sie nicht auf den ersten Blick so. Zunächst werden sie nur als Ereignisse wahrgenommen. Aber über kurz oder lang gewinnen sie einen besonderen Status als Bezugspunkte, an denen alle folgenden Kontakte gemessen werden müssen.

Im Nachhinein können wir herausarbeiten, wie sich die Europäer, die auf Tasman folgten, seine Geschichte zunutze gemacht haben, wie dieser erste Kontakt die Wahrnehmung und Erfahrungen seiner Nachfolger geprägt und welche monumentalen Folgen das für die Maori hatte. Aber wir können auch einfach zurückblicken auf einen Tag wie jeden anderen, ein Tag mit Wind oder ohne, mit Regen oder nicht, ein überraschender und beängstigender Tag für die Holländer, ein triumphaler Tag für die Maori, der aber sicher auch von Zweifel erfüllt war.

Man sagt, die Vergangenheit sei ein seltsames Land; mir erscheint sie aber mehr wie ein Ort, an dem wir als Kinder gelebt haben und den wir noch jung verlassen haben; ein Ort, verformt und verzerrt von der Erinnerung, aber auch ein Ort, den wir in bestimmter Hinsicht noch immer kennen. Die Geschichte wiederholt sich – und sie tut es nicht, zumindest nicht wirklich. Immer und immer wieder tauchen dieselben Szenarien auf, dieselben Risse, dieselben Strukturen, aber jedes Mal mit anderen Details; so ergeben sie jedes Mal eine andere Geschichte. Worauf es ankommt, ist sowohl, was sich verändert, als auch, was bleibt: die Besonderheit und das Muster, der Tänzer und der Tanz. Worauf es ankommt ist, dass wir die Vergangenheit als etwas Vertrautes und Wiedererkennbares begreifen und zugleich als etwas so Fremdes, dass wir darin kaum einen Sinn erkennen können – wie das Geräusch eines Muschelhorns, maurisch und trotzdem nicht einfach nur maurisch.

Dank

Es hat lange gedauert, dieses Buch zu schreiben, und viele Menschen haben mir dabei geholfen. Ich möchte dem *Literature Board of the Australia Council and Arts Victoria* für zwei Zuschüsse danken, die mir das Startsignal gegeben haben, und Hazel Rowley, die die ersten Entwürfe gelesen hat. Meinem alten Freund Peter Craven, der mir mit der Aufnahme von zwei Kapiteln in *Best Autralian Essays* schon früh sein Vertrauen bewiesen hat. Auch den Mitgliedern meiner Autorengruppe möchte ich danken –
Ann Cobb, Terry Butler, Maryel Locke, Gwynne Morgan, Henriette Power, Jeanne Stanton und Meg Sinnott Rubin –, deren wohlwollender Enthusiasmus, freundliche Verbundenheit und bewundernswerte Professionalität mir über den schwierigen Mittelteil geholfen haben. Viele andere Menschen haben kleinere Teile gelesen und mir geduldig zugehört; obwohl ich sie nicht alle nennen kann, möchte ich meine Freundinnen Tessa Fisher und Birgit Larsson erwähnen.

Es gibt zwei Menschen, ohne die dieses Buch niemals entstanden wäre. Die erste ist meine Agentin, Brettne Bloom, der ich unglaublich viel Dank schulde, nicht nur, weil sie dieses Projekt überhaupt angenommen hat, sondern auch für ihren unermüdlichen Enthusiasmus, ihre Wärme und Großzügigkeit, die sie mir in jeder Phase entgegenbrachte. Sie war bei unzähligen Gelegenheiten eine Quelle des Trosts und der Ermutigung. Die zweite ist meine Lektorin, Gillian Blake. Es heißt, dass heutzutage die Bücher nicht mehr lektoriert werden, aber meinen Erfahrungen nach ist das völlig unwahr. Ohne Gillians starke, einfühlsame Anleitung und ihren außergewöhnlichen textlichen Scharfsinn, säße ich noch immer an meinem Schreibtisch mit einem ewig im Werden begriffenen Buch. Zusammengenommen und für sich allein sind sie genau die Sorte von Agent und Lektor, von der jeder Schriftsteller träumt. Ich hatte großes Glück, ihre Hilfe zur Seite zu haben.

Schließlich will ich den Mitgliedern meiner Familie danken. Die bedingungslose Großzügigkeit meiner Eltern über mehr Jahre hinweg, als ich hier aufzählen möchte, hat es mir ermöglicht, mich auf ein Projekt einzulassen, das beizeiten erstaunlich ausschweifend gewirkt haben muss, von dem sie aber wussten, dass es mir alles bedeutet. Ich hätte es ohne ihren Beistand niemals durchführen können; zu meinem großen Bedauern hat mein Vater nach so vielen Jahren der Hilfe nicht lange genug gelebt, um das fertige Werk zu sehen. Als Letzter – aber nur weil ich ihm besonders viel verdanke – kommt mein Mann Seven. Als mein beständiger Begleiter in den letzten zwei Jahrzehnten hat er diese letzten Jahre mit sogar für ihn erstaunlicher Gelassenheit überstanden. Obwohl ich versucht habe, mit meinen verschiedenen Pflichten als Frau, Mutter, Arbeitnehmerin und Schriftstellerin zu jonglieren, ohne dabei allzu viele Bälle fallen zu lassen, wissen wir beide, er und ich, wie viele davongeflogen sind. Ich möchte diese Gelegenheit nutzen, um ihm dafür zu danken, dass er sie im Stillen, großzügig und ohne sich je zu beschweren, alle aufgehoben hat.

Anmerkung zu Aussprache und Schreibweise

Maori ist vergleichsweise einfach zu lesen und auszusprechen. Es gibt fünf Vokale (a, e, i, o, u), die mehr oder weniger wie im Deutschen ausgesprochen werden:

- a wie in »Vater«
- e wie in »Ende«
- i wie in »ich«
- o wie in »Sonne«
- u wird zwischen dem deutschen u und ü ausgesprochen.

Und es gibt acht Konsonanten (h, k, m, n, p, r, t, w). Alle Konsonanten werden wie im Deutschen ausgesprochen, mit Ausnahme von »r«, das gerollt wird wie im Italienischen und im Spanischen und das, wenn es in der Mitte eines Wortes steht, wie ein »d« klingen kann. Daher kann zum Beispiel der Name *Kiri* in unseren Ohren wie »Kiddy« klingen.

Außerdem gibt es zwei Konsonantenkombinationen, die Nicht-Maori manchmal stocken lassen: *wh*, das wie »f« ausgesprochen wird, und *ng*, wie in »singen«, das aber auch am Anfang eines Wortes stehen kann, zum Beispiel bei *nga*.

Vokale sind in Maori entweder lang oder kurz, und auch das spielt bei der Bedeutung des Wortes eine Rolle. Derzeit ist es in Neuseeland gängige Praxis, einen langen Vokal im geschriebenen Maori mit einem Macron (eine gerade Linie über dem Buchstaben) anzuzeigen. Daher ist die korrekte Form des Wortes *Maori* eigentlich *Māori* und *pa* schreibt sich eigentlich *pā*. Für Maori gibt es seit circa 200 Jahren eine Schriftform und über diese Zeit hinweg finden sich beträchtliche Abweichungen in der Schreibweise. Zuweilen war es zum Beispiel üblich, den langen Laut durch eine Verdoppelung des Vokals anzuzeigen, so etwa bei *paa* anstatt *pā* oder *Maaori* anstatt *Māori*, wogegen es in den ganz frühen Texten überhaupt keine Auszeichnung für die Vokallänge gibt.

Im Interesse der Vereinheitlichung habe ich beschlossen, weder den Macron noch den Doppelvokal zu verwenden. Ein Leser mit wenig oder keiner Erfahrung mit Maori kann sich in den meisten Fällen mit Hilfe der eben genannten Richtlinien die korrekte Aussprache erschließen. Wer sich detaillierte Informationen zur Sprache wünscht, sollte die Webseite der Maori Language Commission (www.tetaurawhiri.govt.nz) besuchen.

Eine andere Entscheidung, die es zu fällen galt, betrifft die Pluralform von Maori-Wörtern. In Maori wird die Anzahl oder die Zeit etc. nicht durch eine Veränderung des Wortes angezeigt – so wie wir zum Beispiel ein »s« an manche Nomen anhängen. Obwohl meiner Erfahrung nach viele Maori-Sprecher ein »s« an Maori-Wörter anhängen, wenn sie z.B. Englisch sprechen, habe ich beschlossen, das nicht zu tun. Deshalb kann sich das Wort *marae* auf ein Andachtshaus oder auf mehrere beziehen.

Glossar

aroha – Liebe

fale (auf Samoa) – Haus

haere mai – komm her

haka – ein Aktionslied (manchmal auch »Kriegstanz« genannt)

hangi – Erdofen

hapa (Hawaii) – ein Lehnwort aus dem Englischen »half« (halb); ein Mensch mit verschiedenen Wurzeln, wie etwa *hapa-haole* (mit kaukasischem Anteil), *hapa-pake* (mit chinesischem Anteil), *hapa-pilipino* (mit philipinischem Anteil)

hapu – Unterstamm (auch »schwanger«)

iwi – Stamm (auch »Knochen«)

kai – Nahrung

kai moana – Meeresfrüchte

kete – geflochtene Flachstasche oder -korb, auch oft »kit« genannt

kina – Seeigel

kumara – Süßkartoffel

makai (Hawaii) – Richtung Meer

mana – Macht, Prestige, Einfluss, geistige Stärke

marae – Andachtshaus

mate – Tod

mate uruta – tödlicher Katarrh, Grippe

mere – eine Art Club

moko oder *mokomokai* – Gesichtstätowierung

morehu – Rest

nui – groß

ora – Leben

pa – befestigtes Dorf

pakeha – weißer Neuseeländer

patu – nominal: eine Art Schläger/Knüppel; verbal: schlagen

paua – Seeohr

pipi – Neuseeländische Herzmuschel

po – Nacht, Dunkelheit, Nichts

puha – die stachligen Blätter der Gänsedistel

rangatira – Häuptling

rata – eine Baumart

raupo – Schilf

renga – Lilie

roa – lang

taiaha – Speer

taniwha – mythische Echse, Schlange, Seeungeheuer

tapu – heilig, verboten (Ursprung des Wortes Tabu)

taua – Kriegspartei

te – bestimmter Artikel (der/die/das)

tupuna – Vorfahr

turangawaewae – ein Ort, von dem aus man spricht (z. B. in den *marae*)

umu (Hawaii) – Erdofen

utu – das Prinzip der Wechselwirkung

wahaika – geigenförmiger Schläger

whare – Haus

whare kai – Küche (der *marae*)

Bibliografie

Ein Buch, das mir mehr als alle anderen am Herzen liegt, ist Bernard Smiths bahnbrechende Studie zu Kunst und Geschichte mit dem Titel *European Vision and the South Pacific*, das so viele der zentralen Fragen formuliert. Außerdem stehe ich in der Schuld einer Generation von Akademikern, deren lebendige und zuverlässige Schriften Maßstäbe gesetzt haben für die Feldarbeit: J. C. Beaglehole (1901–1971), E. H. McCormick (1906–1995) und O. H. K. Spate (1911–2000). Und ich möchte neben anderen Autoren auch Nicholas Thomas erwähnen, dessen brillante und flexible Denkweise mir seit Langem eine Inspirationsquelle war; James Belichs grundlegende Studie zu den Kriegen in Neuseeland sollten alle lesen, die sich für Neuseeland interessieren, genau wie Anne Salmond, deren Studien zum Kontakt zwischen Maori und Europäern das Wissen zweier Disziplinen auf wundervoll anwendbare und interessante Weise zusammenfassen.

Prolog: Neuseeland, 1642

Abel Janszoon Tasman, *Entdeckung Neuseelands, Tasmaniens und der Tonga- und der Fidschi-Inseln 1642–1644*. Hrsg. Egon Larsen, Erdmann Tübingen, 1982.

Andrew Sharp, *The Voyages of Abel Janzsoon Tasman*. Oxford University Press, 1968.

James Backhouse Walker, *Abel Janszoon Tasman: His Life and Voyages*. Government Printer, Hobart, 1896.

E. H. McCormick, *Tasman and New Zealand: A Bibliographical Study*. Government Printer, Wellington, 1959.

1. Paihia

A. W. Reed, *The Reed Dictionary of New Zealand Place Names*. Reed, Auckland, 2002.

Terra Australis to Australia. Hrsg. Glyndwr Williams und Alan Frost, Oxford University Press, 1988.

Richard Lansdown, *Strangers in the South Seas: The Idea of the Pacific in Western Thought*. University of Hawaii Press, Honolulu, 2006.

Ross Gibson, *The Diminishing Paradise*. Angus & Robertson, Sydney, 1984.

Great Adventures and Explorations. Hrsg. Vilhjalmur Stefansson, The Dial Press, New York, 1947.

Jack Lee, *The Bay of Islands*. Reed, Auckland, 1983.

Charles Darwin, *Die Fahrt der Beagle. Tagebuch mit Erforschungen der Naturgeschichte und Geologie der Länder, die auf der Fahrt von HMS Beagle unter dem Kommando von Kapitän Robert Fitz Roy, Rn, besucht wurden* (1839). marebuchverlag, Hamburg, 2006.

The Spell of the Pacific: An Anthology of Its Literature. Hrsg. A. Grove Day und Carl Stroven. Macmillan, New York, 1949.

David Colquhoun, »›Pakeha Maori‹: The Early Life and Times of Frederick Edward Maning,« Magisterarbeit, University of Auckland, 1984.

2. Abscheulich unverschämt

John Dunmore, *The Fateful Voyage of the St. Jean Baptiste*. Pegasus, Christchurch, 1969.

The Expedition of the St. Jean-Baptiste to the Pacific 1769–1770: From Journals of Jean de Surville and Guillaume Labé. Hrsg. John Dunmore, Hakluyt Society, London, 1981.

Historical Records of New Zealand. Hrsg. Robert McNab, 2 Bände, Government Printer, Wellington, 1908–1914.

Anne Salmond, *Two Worlds: first meetings between Maori and Europeans 1642–1772*. Viking Penguin, Auckland, 1991.

James Cook, *The Journals of Captain James Cook on his Voyages of Discovery*. Hrsg. J. C. Beaglehole, Bd. 1, *The Voyage of the Endeavour 1768–1771*. Hakluyt Society Extra Series Nr. 34, Cambridge University Press, 1955. (Deutsche Übersetzung aus: Forster, Georg: *Des Capitain Jacob Cook's dritte Entdeckungs-Reise welche derselbe auf Befehl und Kosten der Großbrittannischen Regierung in das stille Meer und nach dem Nordpol hinauf unternommen und mit den Schiffen Resolution und Discovery während der Jahre 1776 bis 1780 ausgeführt hat*. o. J.)

J. C. Beaglehole, *The Discovery of New Zealand*. Oxford University Press, 1961.

J. C. Beaglehole, *The Life of Captain James Cook*. Stanford University Press, 1974.

Captain Cook in New Zealand. Hrsg. A. H. und A. W. Reed. Reed, Wellington, 1969.

Joseph Banks, *The Endeavour Journal of Joseph Banks.* Hrsg. J. C. Beaglehole, 2 Bände, Angus & Robertson, Sydney, 1962.

Jeffrey Sissons, Wiremu Wi Hongi und Pat Hohepa, *The Puriri Trees are Laughing: A political history of Nga Puhi in the inland Bay of Islands.* The Polynesian Society, Auckland, 1987.

4. Terra Incognita

Joseph Conrad, *Tales of Unrest.* 1898; Penguin, London, 1977.

Ernest Favenc, *The History of Australian Exploration, 1788–1888.* Faksimile. Hrsg. Golden Press, Gladesville, NSW, 1983.

Patrick White, *Voss.* Kiepenheuer und Witsch, Köln, 1958.

Joseph Conrad, *Geschichten vom Hörensagen,* S. Fischer, Frankfurt a. M., 1959.

5. Present Perfect – Die zweite Vergangenheit

Patricia Grace, *Baby No-Eyes.* Penguin, Auckland, 1998.

Arthur O. Lovejoy und George Boas, *Primitivism and Related Ideas in Antiquity.* Octagon, New York, 1965.

O. H. K. Spate, *Paradise Found and Lost: The Pacific since Magellan, Volume III.* Australian National University Press, Canberra, 1983.

Bernard Smith, *European Vision and the South Pacific 1768–1850: A Study in the History of Art and Ideas.* Oxford University Press, 1960.

George Robertson, *The Discovery of Tahiti: A Journal of the Second Voyage of H.M.S.* Dolphin *Round the World, under the Command of Captain Wallis, R..N., in the Years 1766, 1767 and 1768.* Hrsg. Hugh Carrington, Hakluyt Society, London, 1948.

Louis de Bougainville, *Reise umd die Welt.* Hrsg. Klaus-Georg Popp, Rütten und Loening, Berlin, 1985.

News from New Cythera. Hrsg. L. Davis Hammond, University of Minnesota Press, 1970.

6. Die Venus

Patrick O'Brian, *Joseph Banks: A Life.* David R. Godine, Boston, 1993.

Ray Parkin, *The Great Endeavour: H. M. Bark Endeavour, Her Place in History.* Melbourne University Press, 1997.

R. A. A. Sherrin, *Early History of New Zealand.* H. Brett, Auckland, 1890.

Robert McNab, *From Tasman to Marsden*. J. Wilkie, Dunedin, 1914.

Trevor Bentley, *Captured by Maori: White Female Captives. Sex and Racism on the Nineteenth-century New Zealand Frontier*. Penguin, Auckland, 2004.

A People's History: Illustrated Biographies from the Dictionary of New Zealand Biography, Volume One 1769–1869. Dept. of Internal Affairs, Wellington, 1992.

Augustus Earle, *Narrative of a Residence in New Zealand; Journal of a Residence in Tristan da Cunha*. Hrsg. E. H. McCormick, Oxford University Press, 1966.

Samuel Marsden, *The Letters and Journals of Samuel Marsden 1765–1838*. Hrsg. John Rawson Elder, Reed/Otago University, Dunedin, 1932.

Trevor Bentley, *Pakeha Maori: The extraordinary story of the Europeans who lived as Maori in early New Zealand*. Penguin, Auckland, 1999.

I. C. Campbell, »*Gone Native*« *in Polynesia: Captivity Narratives and Experiences from the South Pacific*. Greenwood Press, Westport, CT, 1998.

A. Irving Hallowell, »American Indians, White and Black: The Phenomenon of Transculturalization«, *Current Anthropology*, Bd. 4, Nr. 5, Dez. 1963.

L. L. Robson, *The Convict Settlers of Australia*. Melbourne University Press, 1965.

Bronislaw Malinowski, *Argonauten des westlichen Pazifik: ein Bericht über Unternehmungen und Abenteuer der Eingeborenen in den Inselwelten von Melanesisch-Neuguinea*. 1922; Klotz, Eschborn bei Frankfurt a. M., 2001.

7. Ein geborener Gentleman

E. H. McCormick, *Omai: Pacific Envoy*. Auckland University Press, 1977.

Herman Melville, *Moby Dick* (1851); Carl Hanser Verlag, München, 2001.

8. Ein gefährliches Volk

Rosemary McLeod, »One Night Out Stealing«, *North & South,* Dez. 1994.

Arthur O. Lovejoy und George Boas, *Primitivism and Related Ideas in Antiquity*. Octagon, New York, 1965.

James Cook, *The Journals of Captain James Cook on his Voyages of Disco-*
very. Hrsg. J. C. Beaglehole, Bd. 1, *The Voyage of the Endeavour 1768–*
1771. Hakluyt Society Extra Series Nr. 34, Cambridge University
Press, 1955.

The Expedition of the St. Jean-Baptiste to the Pacific 1769–1770: From Jour-
nals of Jean de Surville and Guillaume Labé. Hrsg. John Dunmore, Hakluyt Society, London, 1981.

Historical Records of New Zealand. Hrsg. Robert McNab, 2 Bände, Government Printer, Wellington, 1908–1914.

Charles Darwin, *Die Fahrt der Beagle. Tagebuch mit Erforschungen der*
Naturgeschichte und Geologie der Länder, die auf der Fahrt von HMS
Beagle unter dem Kommando von Kapitän Robert Fitz Roy, Rn, besucht
wurden (1839). marebuchverlag, Hamburg, 2006.

Joseph Banks, *The Endeavour Journal of Joseph Banks*. Hrsg. J. C. Beaglehole, 2 Bände, Angus & Robertson, Sydney, 1962.

Alfred W. Crosby, *Die Früchte des weißen Mannes – Ökologischer Imperia-*
lismus 900–1900. Campus, Frankfurt, 1991.

Anne Salmond, *Hui: A Study of Maori Ceremonial Gatherings*. A. H. &
A. W. Reed, Wellington, 1975.

John Hawkesworth, *Geschichte der See-Reisen und Entdeckungen im*
Süd-Meer welche auf Befehl Sr. Großbrittanischen Majestät unter-
nommen, und von Commodore Byron, Capitain Wallis, Capitain Carteret
und Capitain Coockim Dolphin, der Swallow, und dem Endeavour nach
einander ausgeführt worden sind. 3 Bände, Haude und Spener, Berlin.

W. H. Pearson, »Hawkesworth's Alterations«, *Journal of Pacific History*
7, 1972.

F. E. Maning, *Old New Zealand: A Tale of the Good Old Times and a History*
of the War in the North told by an old Chief of the Ngapuhi Tribe. 1887;
Gold Press, Auckland, 1973.

9. Geräucherte Köpfe

Samuel Marsden, *The Letters and Journals of Samuel Marsden 1765–*
1838. Hrsg. John Rawson Elder, Reed/Otago University, Dunedin,
1932.

H. G. Robley, *Moko: The Art of Tattooing*, 1896; Tiger Books, Twicken-
ham, UK, 1998.

Horatio Gordon Robley: Soldier Artist in The Bay of Plenty 1864–1866. Katalog seiner bei Baycourt ausgestellten Zeichnungen, August 1990,
Tauranga Historical Society, 1990.

Barnet Burns, *Brief Narrative of a New Zealand Chief*. R. & D. Read, Crown-Entry, Belfast, 1844.

William Yate, *An Account of New Zealand and of the Church Missionary Society's Mission in the Northern Island*, 1835; Irish University Press, Shannon, 1970.

James Cook, *The Journals of Captain James Cook on his Voyages of Discovery*. Hrsg. J. C. Beaglehole, Bd. 1, *The Voyage of the Endeavour 1768–1771*. Hakluyt Society Extra Series Nr. 34, Cambridge University Press, 1955.

R. D. Crosby, *The Musket Wars*. Reed, Auckland, 1999.

A. P. Vayda, *Maori Warfare*. A. H. und A. W. Reed, Wellington, 1960.

F. E. Maning, *Old New Zealand: A Tale of the Good Old Times and a History of the War in the North told by an old Chief of the Ngapuhi Tribe*. 1887; Gold Press, Auckland, 1973.

10. Turtons Landverträge

Maori Deeds or Old Private Land Purchases in New Zealand, from the year 1815 to 1840, with pre-emptive and other claims. Together with a list of the Old Land Claims and the Report of Mr Commissioner F. Dillon Bell. Government Printer, Wellington, 1882.

Keith Sinclair (Hrsg.), *A History of New Zealand*, überarbeitet. Penguin, Harmondsworth, 1980.

D. Ian Pool, *The Maori Population of New Zealand, 1769–1971*. Auckland University Press, 1977.

Jeffrey Sissons, Wiremu Wi Hongi und Pat Hohepa, *The Puriri Trees are Laughing: A political history of Nga Puhi in the inland Bay of Islands*. The Polynesian Society, Auckland, 1987.

Jack Lee, *The Bay of Islands*. Reed, Auckland, 1983.

John Butler, *Earliest New Zealand: The Journals and Correspondence of the Rev. John Butler*, zusammengestellt von R. J. Barton. Palamontain & Petherick, Masterton, NZ, 1927.

Samuel Marsden, *The Letters and Journals of Samuel Marsden 1765–1838*. Hrsg. John Rawson Elder, Reed/Otago University, Dunedin, 1932.

11. Nana Miri

Alfred W. Crosby, *America's Forgotten Pandemic: The Influenza of 1918*. Cambridge University Press, 1989.

Geoffrey Rice, *Black November: The 1918 Influenza Epidemic in New Zealand*. Allen & Unwin, Wellington, 1988.

J. McLeod Henderson, *Ratana: The Origins and the Story of the Movement.* Polynesian Society, Wellington, 1963.

12. Hawaiki

Philip Houghton, »The Early Human Biology of the Pacific: Some Considerations«, *Journal of the Polynesian Society* 100:2, 1991, 167–96 ff.

Janet Davidson, *The Prehistory of New Zealand.* Longman Paul, Auckland, 1984.

Charles Darwin, *Die Fahrt der Beagle. Tagebuch mit Erforschungen der Naturgeschichte und Geologie der Länder, die auf der Fahrt von HMS Beagle unter dem Kommando von Kapitän Robert Fitz Roy, Rn, besucht wurden* (1839). marebuchverlag, Hamburg, 2006.

David Lewis, *We, the Navigators: The Ancient Art of Landfinding in the Pacific.* 2. Aufl., 1972, University of Hawaii Press, Honolulu, 1994.

Will Kyselka, *An Ocean in Mind.* University of Hawaii Press, Honolulu, 1987.

Ben Finney, *Voyage of Rediscovery: A Cultural Odyssey through Polynesia.* University of California, Berkeley, 1994.

Jeff Evans, *Nga Waka O Nehera: The First Voyaging Canoes.* Reed, Auckland, 1997.

Margaret Orbell, *Hawaiki: A new approach to Maori tradition.* Canterbury University Press, Christchurch, 1991.

David W. Forbes, *Encounters with Paradise: Views of Hawaii and its People 1778–1941.* Honolulu Academy of Arts, 1992.

Roger G. Rose, *Hawai'i: The Royal Isles.* Bishop Museum Press, Honolulu, 1980.

Thor Heyerdahl, *Fatu Hiva. Zurück zur Natur.* Bertelsmann Verlag, München, 1989.

Alan Thorne und Robert Raymond, *Man on the Rim: The Peopling of the Pacific.* Angus & Robertson, North Ryde, 1989.

Apirana Ngata, *Nga Moteatea,* 1959. The Polynesian Society, Auckland, 1972.

13. Once Were Warriors

John Patterson, *Exploring Maori Values.* Dunmore Press, Palmerston North, 1992.

J. Prytz Johansen, *The Maori and his Religion in its Non-ritualistic Aspects.* Ejnar Munksgaard, Copenhagen, 1954.

Alan Duff, *Warriors*. Unionsverlag, Zürich 1998.

Vilsoni Hereniko, »An Interview with Alan Duff«, *Inside Out: Litera-ture, Cultural Politics, and Identity in the New Pacific*, Hrsg. Vilsoni Hereniko und Rob Wilson. Rowman & Littlefield, Boulder, 1999.

»Alan Duff: The Book, the Film, the Interview«, *Meanjin* Bd. 54, Nr. 1, 1995.

14. Gu, Choki, Pa

Growing up Maori. Hrsg. Witi Ihimaera, Tandem Press, Auckland, 1998.

15. Matariki

Will Kylselka und Ray Lanterman, *North Star to Southern Cross*. University of Hawaii Press, Honolulu, 1976.

Will Kyselka, *An Ocean in Mind*. University of Hawaii Press, Honolulu, 1987.

Ben Finney, *Voyage of Rediscovery: A Cultural Odyssey through Polynesia*. University of California, Berkeley, 1994.

Nicholas Thomas, *Possessions: Indigenous Art/Colonial Culture*. Thames & Hudson, London, 1999.

16. Diebe und Indianermörder

Thomson Steele Abbott, *The Descendants of George Abbott of Rowley, Mass, in the Single Line to Everton Judson Abbott, Followed by All the Abbott Descendants of the Twentieth Century*. Grafton, Winsconsin, 1997.

Victoria Freeman, *Distant Relations: How My Ancestors Colonized North America*. Steerforth Press, South Royalton, VT, 2000.

Thomas Gage, *The History of Rowley, Anciently Including Bradford, Box-ford, and Georgetown, from the Year 1639 to the Present Time*. Ferdi-nand Andrews, Boston, 1840.

Amos Everett Jewett, *The Early Settlers of Rowley, Massachusetts*. 1933; New England History Press, Somersworth, NH, 1981.

Winthrop's Journal 1630–1649. Hrsg. James K. Hosmer, 2 Bände, Charles Scribner's Sons, New York, 1908.

Roger G. Kennedy, *Men on the Moving Frontier*. American West Publishing Company, Palo Alto, CA, 1969.

William E. Lass, *Minnesota: a History*. 2. Aufl., W. W. Norton, New York, 1998.

Wilson Porter Shortridge, *The Transition of a Typical Frontier, with illus-*

trations from the Life of Henry Hastings Sibley, Fur Trader, First Delegate in Congress from Minnesota Territory, and First Governor of the State of Minnesota. Collegiate Press, Menasha, WI, 1922.

Dee Brown, Bury My Heart at Wounded Knee: An India History of the American West. Bantam, New York, 1972.

17. Ein Sommer

Adrian Desmond und James Moore, Darwin. List, München, 1995.

Epilog: Neuseeland, 1642

Abel Janszoon Tasman, Entdeckung Neuseelands, Tasmaniens und der Tonga- und der Fidschi-Inseln 1642–1644. Hrsg. Egon Larsen, Erdmann Tübingen, 1982.

Anne Salmond, Two Worlds: first meetings between Maori and Europeans 1642–1772. Viking Penguin, Auckland, 1991.

Jamie Zeppa

Mein Leben in Bhutan

Als Frau im Land der Götter.
Aus dem Englischen von
Karina Of. 367 Seiten mit
15 Farbfotos. Piper Taschenbuch

Bhutan – das ist das geheimnisvolle »Land des Donnerdrachens« im Himalaja zwischen Tibet, Indien und Sikkim. Aus purer Abenteuerlust beschließt die Kanadierin Jamie als 24jährige, für zwei Jahre in Bhutan Englisch zu unterrichten. Dort begegnet sie einer vom Tourismus noch unberührten Welt. Sie entdeckt die sensationelle, wilde Schönheit der Natur, die faszinierende buddhistische Religion, die traditionsreiche Kultur mit ihren überwältigenden Klosterburgen und uralten mystischen Bräuchen. Mehr und mehr erliegt sie dem Zauber dieses einzigartigen Landes. Jamies tiefe Zuneigung zu den einheimischen Kindern und ihre Liebe zu dem Bhutaner Tshewang führen schließlich dazu, daß sie für immer bleiben möchte – gegen alle Widerstände ... Eine mitreißende Reportage einer mutigen jungen Frau und das bewegende Zeugnis einer großen Liebe zwischen den Kulturen.

Andreas Pröve

Meine orientalische Reise

Auf den Spuren der Beduinen durch
Syrien, Jordanien und Persien.
352 Seiten mit 40 Farbfotos.
Piper Taschenbuch

PIPER

Ob im Hamam von Palmyra oder im Baghdad Café mitten in der syrischen Wüste, durch die spektakulären Schluchten von Petra und Wadi Rum, im Großstadtverkehr von Damaskus oder beim persischen Aschura-Fest: Wie Andreas Pröve mit seinem Rollstuhl den Orient bereist, ist Anlaß für tausendundeine außergewöhnlich intensive Begegnung, die uns arabische Gastfreundschaft hautnah miterleben läßt.

»Ein großartiges Unternehmen, an dem sich alle, die ähnliche physische Belastungen zu ertragen haben, aufrichten können und durch das deutlich wird, was trotz einer rücksichtslosen und oft sogar feindlichen Umwelt durch Lebensmut und Abenteuerlust möglich ist.«
Frankfurter Allgemeine Zeitung

Ryszard Kapuściński

Afrikanisches Fieber

Erfahrungen aus vierzig Jahren.
Aus dem Polnischen von Martin
Pollack. 336 Seiten.
Piper Taschenbuch

Im Innersten, so sagte Ryszard Kapuściński, fühlt er sich als »Afrikaner«. Als er 1957 zum ersten Mal nach Afrika fuhr, konnte er nicht ahnen, daß diese Reise der Beginn einer Passion sein würde, die ihn bis zu seinem Tod nicht losgelassen hat. Als Korrespondent der polnischen Nachrichtenagentur PAP bereiste er Ghana, Uganda, Ruanda, Äthiopien, Eritrea, Somalia, Kenia und den Sudan. Er hat Staatsgründungen, Staatsstreiche und Militärputsche miterlebt, Machthaber wie Idi Amin, Haile Selassie, Kenyatta und Nkrumah beobachtet. In seiner faszinierenden Schilderung der großen Politik und des Lebens der Menschen in Afrika gibt sich Ryszard Kapuściński nicht mit oberflächlichen Beschreibungen und Fakten zufrieden. Sein Blick dringt bis zu den Tiefen und Ursprüngen anderer Welten und Kulturen vor und läßt ein unglaublich buntes und vielfältiges Bild von Afrika entstehen – geprägt von großer persönlicher Anteilnahme.

05/2151/02/L

Ryszard Kapuściński

Meine Reisen mit Herodot

Reportagen aus aller Welt. Aus dem
Polnischen von Martin Pollack.
368 Seiten. Piper Taschenbuch

Schon immer war er von ihm fasziniert. Wann und wohin auch immer Ryszard Kapuściński unterwegs war – Herodot war dabei. 1955 kam der junge Reporter mit den jahrtausendealten »Historien« in Berührung, und sie erwiesen sich als Erleuchtung. Da war ein Chronist der Antike, von Neugier und Wissensdurst getrieben, aufgebrochen, die Grenzen der bekannten Welt auszuloten. Wenn ihn die Politik ermüdete, tauchte Kapuściński fortan in die Vergangenheit ab, in die Welt der Perser und Griechen. Und sie bedeutete ihm neben der räumlichen Entgrenzung, die seine eigene Arbeit mit sich brachte, auch eine Überwindung der zeitlichen Provinzialität. Und so erzählt Ryszard Kapuściński, wie er mit Herodot nach Afrika, Asien und in Europa reist, ständig getrieben von dem Wunsch, Neues zu erfahren.

Die literarische Welt

05/2261/02/R

PIPER

Coline Serreau

Pilgern auf Französisch

Roman. Aus dem Französischen
von Gaby Wurster. 240 Seiten.
Piper Taschenbuch

Clara, Claude und Pierre sind
entsetzt: Das Erbe ihrer Mutter
wird erst ausbezahlt, wenn sich
alle drei zusammen als Pilger
auf den Weg nach Santiago de
Compostela machen. Schlimmeres können sich die drei
kaum vorstellen, denn erstens
können sie sich nicht ausstehen, und zweitens ist Wandern
ein Strafe für sie. Doch das
Geld können alle gut gebrauchen, und so schließen sie sich
widerwillig einer illustren Wandergruppe an. Der Weg nach
Santiago de Compostela ist
lang, und die Reise dahin voller
überraschender Einsichten …
Eine wunderbare, tiefsinnige
Komödie über das Leben.

Tim Moore

Zwei Esel auf dem Jakobsweg

Wie ein Engländer sein Herz an
Spanien verlor. Aus dem Englischen
von Theda Krohm-Linke.
368 Seiten. Piper Taschenbuch

Fasziniert von den vielen Heldengeschichten über Wallfahrten zu den Gebeinen St. Jakobs
in der Kathedrale von Santiago
de Compostela, nimmt der
Engländer Tim Moore sein
Herz und die Zügel in die
Hand: In Begleitung eines französischen Esels namens Shinto
begibt sich Tim Moore auf heiliges spanisches Terrain – ausgestattet mit einem Pilgerführer
aus dem 12. Jahrhundert und
ein paar Eseltipps des »Schatzinsel«-Autors Robert Louis Stevenson. Im Lauf seines achthundert Kilometer währenden
Kampfes wider den tierischen
Starrsinn, gegen ständige Wetterkapriolen und unglaublich
durchgelegene Dreistockbetten
erfährt er am eigenen Leib:
Diese Pilgerreise führt mitten
ins eigene Herz. Tim Moore hat
ein wunderbares Reisebuch geschrieben, das von aberwitzigen Erlebnissen erzählt und mit
trockenem britischem Humor
die historische Anekdoten mit
der Gegenwart verbindet.

PIPER

Julie Harris

Der lange Winter am Ende der Welt

Roman. Aus dem Englischen von Hans-Joachim Maass. 314 Seiten. Piper Taschenbuch

Beim Versuch, im Jahr 1926 einen neuen Rekord im Alleinflug aufzustellen, schafft es John Robert Shaw bis Alaska. Doch dann gerät er in einen Sturm und gilt fortan als verschollen. Völlig unvermutet wird John siebzehn Jahre später gefunden – siebzehn Jahre, in denen er mit den Inuit gelebt hat, in einer Einöde aus ewigem Eis und Schnee. Nun sieht er sich gezwungen, zum zweiten Mal ein völlig neues Leben zu beginnen ... Ein bewegender Roman über die Macht der Liebe und den Mut, den eigenen Träumen und Passionen zu folgen.

»Ein großer, berührender Roman über die ureigensten menschlichen Gefühle.«
Ostthüringer Zeitung

Unai Elorriaga

Der Traum vom Himmel über Nepal

Roman. Aus dem Spanischen von Karl A. Klewer. 192 Seiten. Piper Taschenbuch

Der ungewöhnliche Beginn einer wirklich ungewöhnlichen Freundschaft: Als die hochbetagten Geschwister Lucas und María aus dem Krankenhaus zurückkehren, hat sich der Straßenmusiker Marcos in ihrer Wohnung eingenistet. Der junge Marcos darf bleiben, und schon bald wird aus ihnen ein eingeschworenes Trio, das mit Leichtigkeit und feinem Humor den Hindernissen des Älterwerdens begegnet.

»Aus kleinen poetischen Szenen und Notizen hat der junge baskische Autor seinen warmherzigen, humorvollen Roman geknüpft. Das Alter einmal nicht als etwas Bedrückendes, Bedauer- und Befremdliches. Sondern als ein etwas wunderliches Wunder.«
Brigitte

PIPER

Velma Wallis

Zwei alte Frauen

Eine Legende von Verrat und Tapferkeit. Aus dem Amerikanischen von Christel Dormagen. Illustriert von Heinke Both. 128 Seiten. Piper Taschenbuch

Ein Nomadenstamm im hohen Norden von Alaska: Während eines bitterkalten Winters kommt es zu einer gefährlichen Hungersnot. Wie das alte Stammesgesetz es vorschreibt, beschließt der Häuptling, die beiden ältesten Frauen als »unnütze Esser« zurückzulassen, um den Stamm zu retten. Doch in der Einsamkeit der eisigen Wildnis geschieht das Unglaubliche: Die beiden alten Indianerfrauen geben nicht auf, sondern besinnen sich auf ihre ureigenen Fähigkeiten, die sie längst vergessen geglaubt hatten ...

»Die indianische Legende besticht durch die archaische Kraft und außergewöhnliche Naturschilderungen.«
Marie Claire

Jon Krakauer

In die Wildnis

Allein nach Alaska. Aus dem Amerikanischen von Stephan Steeger. 302 Seiten. Piper Taschenbuch

Im August 1992 wurde die Leiche von Chris McCandless im Eis von Alaska gefunden. Wer war dieser junge Mann, und was hat ihn in die gottverlassene Wildnis getrieben? Jon Krakauer hat sein Leben erforscht, seine Reise in den Tod rekonstruiert und ein traurig-schönes Buch geschrieben über die Sehnsucht, die diesen Mann veranlaßte, die Zivilisation hinter sich zu lassen, um tief in die wilde und einsame Schönheit der Natur einzutauchen.

»Ein zutiefst bewegendes, ganz unsentimentales Abenteuerbuch.«
Die Woche

PIPER

Byambasuren Davaa, Lisa Reisch

Die Höhle des gelben Hundes

Eine Reise in die Mongolei.
176 Seiten mit 61 farbigen Fotos
von Monika Höfler und Daniel
Schönauer und 14 Kalligraphien
von Battomor Dashbaldan.
Piper Taschenbuch

»Die Höhle des gelben Hundes« erzählt von der Freundschaft des kleinen Nomadenmädchens Nansaa zu einem herrenlosen Hund. Wir erfahren von dem freien Leben in der Steppe, von den reichen Traditionen der Mongolen und dem besonderen Bund zwischen Mensch und Tier. Die Regisseurin der Filme »Die Geschichte vom weinenden Kamel« und »Die Höhle des gelben Hundes« nimmt uns in ihrem ersten Buch auf eine poetische Reise in eine andere Welt mit.

»Auf der Suche nach der verlorenen Zeit öffnet sich der Blick auf eine kleine Welt in der Weite der endlosen Steppe, die mit den staubigen Grün- und Brauntönen unter strahlend blauem Himmel und den leuchtenden Farben der Trachten atemberaubend schön ist.«
Focus

Jonas Hassen Khemiri

Das Kamel ohne Höcker

Roman. Aus dem Schwedischen
von Susanne Dahmann.
272 Seiten. Piper Taschenbuch

Ein kleines rotes Notizbuch hat er von seiner Freundin Dalanda geschenkt bekommen. Und jetzt führt Halim, ein arabischer Schwede, ein schwedischer Araber, Tagebuch in seiner eigenen, rebellisch kreativen Sprache – hinreißend, witzig, melancholisch.
»Das Kamel ohne Höcker«, Entwicklungsroman und Überraschungsbestseller aus Schweden, wurde zum Kultbuch einer ganzen Generation.

»Halim zeigt uns ein Leben zwischen den Kulturen. Ohne Betroffenheitsgefasel. Ein autobiographischer Multikulti-Roman: Lässig läßt er uns ins Herz eines Heimatlosen blicken.«
Woman

PIPER

Hape Kerkeling

Ich bin dann mal weg

Meine Reise auf dem Jakobsweg.
352 Seiten mit 35 Fotos.
Piper Taschenbuch

Es ist ein nebelverhangener Junimorgen, als Hape Kerkeling, bekennende Couch potato, seinen inneren Schweinehund besiegt und voller Respekt und Unternehmungslust in Saint-Jean-Pied-de-Port aufbricht. Sechs Wochen Fußmarsch auf dem legendären Camino Francés liegen vor ihm, allein mit sich und seinem schweren Rucksack: über die Gipfel der Pyrenäen, quer durch das Baskenland nach Galicien zum Grab des Apostels Jakob, seit über tausend Jahren Ziel für Gläubige aus der ganzen Welt. Mit Humor und Blick für das Besondere erschließt Kerkeling sich die fremden Regionen, lernt die Einheimischen ebenso wie moderne Pilger und ihre Rituale und Eigenarten kennen. Er schildert den Reiz jeder einzelnen Etappe, erlebt Einsamkeit und Stille, Erschöpfung und Zweifel, aber auch Hilfsbereitschaft, Freundschaften und Momente, die für alle Entbehrungen entlohnen – und eine ganz eigene, überraschende Nähe zu Gott.

05/2371/01/L

Favell Lee Mortimer / Todd Pruzan

Die scheußlichsten Länder der Welt

Mrs. Mortimers übellauniger Reiseführer. Herausgegeben und mit einer Einleitung von Todd Pruzan. Aus dem Englischen von Martin Ruben Becker. 256 Seiten mit 28 Abbildungen.
Piper Taschenbuch

PIPER

Von dreckigen Franzosen und tollpatschigen Portugiesen, versoffenen Asiaten und wilden Negern, die Menschen fressen: Obwohl die Bestsellerautorin Mrs. Mortimer (1802–1878) ihr Leben lang nicht aus England hinauskam, schrieb sie doch unbeirrbar Reiseführer. Darin rechnete sie mit der ganzen Welt ab; ihre Bücher wimmeln geradezu vor Vorurteilen. Sie sind überhaupt nicht politically correct – und gerade deshalb hinreißend zu lesen.

»Eine höchst amüsante Sammlung von Boshaftigkeiten.«
Südkurier

05/2320/02/R